הרבנות הראשית לירושלים
המחלקה למצוות הארץ
תעודת כשרות למהדרין
לפירות וירקות טריים בלבד

JERUSALEM

YOTAM OTTOLENGHI

JERUSALEM

SAMI TAMIMI

hachette
CUISINE

Textes liminaires : Nomi Abeliovich et Noam Bar

Photographies des recettes : Jonathan Lovekin

Photographies des lieux : Adam Hinton

SOMMAIRE

Introduction

L'une de nos recettes préférées, un couscous à la tomate et à l'oignon, s'inspire d'un plat que la mère de Sami, Na'ama, avait l'habitude de lui préparer lorsqu'il était enfant dans la partie est, musulmane, de Jérusalem. À peu près à la même époque, dans la partie ouest, juive, de Jérusalem, le père de Yotam, Michael, préparait un plat assez similaire. D'inspiration italienne, il comportait des pâtes en forme de petites boules, appelées *ptitim*. Ces deux plats étaient particulièrement réconfortants et délicieux.

Le plat de Michael est caractéristique de la cuisine juive de Tripoli (Libye). Il porte le nom de *shorba* et résulte de l'influence italienne pendant les années de gouvernement italien dans le pays, au début du XXe siècle. Il est donc possible que les *ptitim* de Michael soient inspirées de la cuisine tripolitaine de Jérusalem, elle-même influencée par sa culture italienne. Et le comble est que le grand-oncle de Michael, Aldo Ascoli, était amiral dans la marine coloniale italienne qui attaqua Tripoli et occupa la Lybie en 1911. Étonnant, non ? Cela résume Jérusalem en quelques mots : des histoires très personnelles et intimes intégrées dans de grandes traditions culinaires qui se recoupent souvent et interagissent de manières imprévisibles, créant des mélanges d'aliments et des associations culinaires appartenant à des groupes spécifiques mais également à tout le monde. Nombre des mets de la ville ont une histoire aussi compliquée que celle-ci.

Ce livre et ce voyage culinaire à Jérusalem font partie d'une sorte d'odyssée personnelle. Nous avons tous les deux grandi dans cette ville, Sami dans la partie est, musulmane, et Yotam, dans la partie ouest, juive, mais nous ne nous connaissions pas. Nous y avons vécu alors que nous étions enfants dans les années soixante-dix et quatre-vingt, puis nous sommes partis dans les années quatre-vingt-dix, d'abord à Tel Aviv, puis à Londres. C'est là que nous nous sommes rencontrés et que nous avons découvert nos histoires parallèles ; nous sommes devenus des amis intimes, puis des partenaires commerciaux, tout comme d'autres à Ottolenghi. Même si nous parlions souvent de Jérusalem, notre ville natale, nous n'évoquions pas particulièrement sa gastronomie. Récemment, pourtant – c'est peut-être l'âge ? –, nous avons commencé à nous remémorer nos anciens lieux de prédilection et nos petits plaisirs culinaires. Le houmous – dont nous n'avions jamais parlé auparavant – est devenu une véritable obsession.

NOUS AVONS TOUS LES DEUX QUITTÉ LA VILLE DEPUIS PLUS DE VINGT ANS. CELA FAIT UN SACRÉ BOUT DE TEMPS, PLUS QUE LE NOMBRE D'ANNÉES OÙ NOUS Y AVONS VÉCU

Nous avons tous les deux quitté la ville il y a plus de vingt ans, plus que le nombre d'années où nous y avons vécu. Pourtant, nous considérons toujours Jérusalem comme notre maison. En fait, Jérusalem est notre maison presque malgré nous, dans le sens où elle nous définit, que cela nous plaise ou non.

Les saveurs et les odeurs de cette ville constituent notre langue maternelle. Nous les imaginons et nous en rêvons, bien que nous ayons appris d'autres langues, peut-être plus sophistiquées. Elles sont synonymes de confort, d'excitation, de joie, de sérénité. Tout ce que nous goûtons et tout ce que nous cuisinons passe par le prisme de nos expériences de l'enfance : des mets que nos mères préparaient pour nous, des herbes sauvages cueillies pendant nos sorties scolaires, des matinées passées sur les marchés, les pains pita frais avec de l'agneau haché, le persil ciselé, les morceaux de foie, les figues noires, les côtelettes fumées, les gâteaux sirupeux, les biscuits friables. La liste est interminable. La plupart des images de mets que nous avons en tête sont presque inconscientes : nous nous contentons de cuisiner et de déguster, nous fiant à notre instinct pour choisir ce qui semble bon, ce qui a l'air beau et ce que nous trouvons délicieux.

Et c'est ce que nous souhaitons explorer dans ce livre. Nous voulons offrir à nos lecteurs un aperçu d'un trésor caché, tout en étudiant en même temps notre propre ADN culinaire, révéler les sensations et l'alphabet de la ville qui a fait de nous des gastronomes.

Il s'agit aussi d'un voyage complaisant et nostalgique. Nous remontons le temps, avant tout pour redécouvrir les merveilleuses saveurs de notre enfance, nos premières expériences culinaires, jamais inégalées par la suite. Nous voulons manger, cuisiner et nous inspirer de la richesse d'une ville qui jouit de quatre mille ans d'histoire, qui n'a pas arrêté de changer de mains, qui se trouve aujourd'hui au cœur de trois grandes religions et qui est habitée par des individus tellement divers qu'elle éclipse l'ancienne tour de Babylone.

La nourriture de Jérusalem

Il n'existe rien de plus varié que la nourriture de Jérusalem. Considérez ce qui suit : Jérusalem accueille des moines grecs orthodoxes ; des prêtres russes orthodoxes ; des Juifs hassidiques de Pologne ; des Juifs non orthodoxes de Tunisie, de Lybie, de France ou de Grande-Bretagne ; des Juifs séfarades présents dans la ville depuis plusieurs générations et d'autres arrivés plus récemment, du Maroc, d'Irak, d'Iran ou de Turquie ; des musulmans palestiniens de Cisjordanie et beaucoup d'autres de Jérusalem et de bien au-delà ; des Juifs ashkénazes séculaires de Roumanie, d'Allemagne et de Lituanie ; il y a des Arabes chrétiens et des orthodoxes arméniens ; il y a des Juifs yéménites et des Juifs éthiopiens mais il y a aussi des coptes éthiopiens ; il y a des Juifs d'Argentine et d'autres d'Inde du Sud ; il y a des sœurs russes en quête de monastères et de nombreux Juifs de Boukhara (Ouzbékistan).

> TOUT LE MONDE, ABSOLUMENT TOUT LE MONDE, UTILISE DES CONCOMBRES ET DES TOMATES COUPÉS EN MORCEAUX POUR PRÉPARER UNE SALADE ARABE OU ISRAÉLIENNE, SELON LES POINTS DE VUE

Tous ces individus créent une immense variété de cuisines. Il est impossible de compter le nombre de cultures et de sous-cultures qui résident dans cette ville. Jérusalem est une mosaïque de peuples complexe et alambiquée. Il est donc très tentant d'affirmer qu'il n'y a rien de tel qu'une cuisine locale. Si vous vous rendez dans le quartier ultra-orthodoxe de Méa Shéarim et que vous comparez les plats préparés vendus par les épiciers à ceux d'une mère palestinienne dans le quartier d'Atur, à l'est de la ville, vous aurez l'impression qu'ils vivent sur deux planètes culinaires différentes.

Cependant, vous remarquerez des éléments communs caractéristiques dans la plupart des cuisines locales. Tout le monde, absolument tout le monde, utilise des concombres et des tomates coupés en morceaux pour préparer une salade arabe ou israélienne, selon les points de vue. Les légumes farcis au riz ou au riz et à la viande figurent également sur presque toutes les tables au dîner, tout comme les *pickles* (légumes marinés au vinaigre). L'huile d'olive, le jus de citron et les olives sont également des ingrédients clés de la cuisine de Jérusalem. Et l'on trouve des pâtisseries garnies de fromage sous toutes sortes de formes dans la plupart des cultures.

Il existe aussi des affinités moins évidentes, partagées par quelques cuisines seulement – les boulettes de boulgour ou de semoule farcies à la viande (*kebbeh*), les salades d'aubergine « brûlée », les soupes de haricots blancs, les mélanges de viande et de fruits secs. Ces liens entre communautés finissent par rassembler tous les groupes autour d'une cuisine locale identifiable. Et au-delà de tout cela, des ingrédients locaux.

Les Jérusalémites ont tendance à manger et à cuisiner différemment selon les saisons. La liste est interminable. Elle compte des dizaines de légumes – tomates, gombos (*okra*), haricots verts, choux-fleurs, artichauts, betteraves, carottes, poivrons, concombres, céleri, choux-raves, courgettes, aubergines ; et de fruits – figues, citrons, pêches, poires, fraises, grenades, prunes et abricots ; sans oublier les herbes, noix, produits laitiers, céréales et légumes secs, agneau et poulet.

La passion dans l'air

La diversité et la richesse de Jérusalem, à la fois en termes d'origine des cuisiniers et d'ingrédients utilisés, la rendent fascinante pour tous les étrangers. Mais ce qui la rend plus passionnante encore, c'est l'énergie sentimentale et spirituelle qui l'inonde. Pour ce qui est des émotions, on n'exagère pas en affirmant qu'il s'agit d'une ville vraiment unique.

Il est impossible de dissimuler quatre mille ans d'intenses batailles politiques et religieuses (VOIR PAGE 18). Où que vous alliez – dans les parties juives de la ville ou à l'intérieur de la cité antique –, les habitants luttent avec zèle pour protéger et conserver ce qu'ils considèrent comme leur bout de terre, leur culture menacée ou leur droit à un certain mode de vie. Ce n'est généralement pas très beau à voir. L'intolérance et le piétinement des droits fondamentaux des autres peuples sont chose courante dans cette ville. Actuellement, la minorité palestinienne en est la cible, et ne semble pas pouvoir reprendre le contrôle de sa destinée, tandis que les Juifs séculaires voient leur mode de vie peu à peu marginalisé par une population orthodoxe croissante.

Le revers de cette médaille, plus positif, est que la passion et l'énergie dont débordent les Jérusalémites font naître une nourriture et une créativité culinaire exceptionnelles. Les meilleurs houmous, améliorés de génération en génération, sont issus de Jérusalem (et les locaux adorent se livrer à des débats passionnés pour savoir lequel est vraiment le meilleur), tout comme certains des restaurants modernes les plus créatifs du pays. Il y a quelque chose dans l'esprit exalté et extrêmement animé des Jérusalémites qui donne une nourriture délicieuse et incomparable. Cela influe sans aucun doute aussi sur les saveurs, puissantes et audacieuses, avec beaucoup d'aigre et de doux. Le houmous palestinien de Jérusalem est particulièrement fort, tout comme les soupes séfarades du vendredi soir.

Par-dessus tout, il existe un esprit chaleureux et généreux, parfois presque autoritaire. On sert toujours des montagnes de nourriture aux hôtes. On ne connaît pas la modération. « Manger plus » est une devise locale. Il est impensable de ne pas manger ce que l'on vous a servi. Si vous allez dans le restaurant d'un ami ou de l'ami d'un ami, on ne s'attend jamais à ce que vous régliez la note. Il s'agit de la célèbre hospitalité moyen-orientale, qui remonte à l'époque d'Abraham, et de la manière particulière dont les Juifs ashkénazes comblaient leurs convives et parents de mets délicieux, de peur qu'ils rentrent chez eux en ayant faim. Inconcevable !

Hélas, bien que les Jérusalémites aient tant de points communs, la nourriture semble, pour le moment, être la seule force qui les unit dans ce lieu tellement divisé. Le dialogue entre Juifs et Arabes, et souvent même entre Juifs, est quasiment inexistant. Il est triste de noter à quel point les communautés s'évitent au

C'EST UN PARI SUR L'AVENIR, MAIS QU'AVONS-NOUS DONC À PERDRE ? – IMAGINER QUE LE HOUMOUS FINIRA PAR RASSEMBLER LES JÉRUSALÉMITES, À DÉFAUT D'AUTRE CHOSE

quotidien, les individus restant « englués » dans des groupes homogènes fermés.

La cuisine semble heureusement parfois faire tomber ces frontières. Certains individus font leurs achats ensemble sur les marchés ou mangent dans les restaurants des autres. Il arrive également, bien que rarement, qu'ils travaillent ensemble dans les lieux de restauration. C'est un pari sur l'avenir, mais qu'avons-nous donc à perdre ? – imaginer que le houmous finira par rassembler les Jérusalémites, à défaut d'autre chose.

Les recettes

Les recettes que nous avons sélectionnées ici incluent de très vieux plats traditionnels, préparés exactement comme ils doivent l'être, sans aucune modification ou touche moderne. D'autres sont plutôt traditionnels, mais nous nous sommes autorisés à les mettre au goût du jour, à les adapter à l'époque ou à nos sensibilités. D'autres recettes enfin ne sont que vaguement inspirées par les saveurs de Jérusalem – de délicieux mélanges qui auraient pu trouver leur place sur de nombreuses tables de la ville, mais qui ne sont pas encore devenus des classiques locaux.

NOUS SOMMES PROFONDÉMENT INSPIRÉS PAR JÉRUSALEM ET SA NOURRITURE, SANS TOUTEFOIS ESSAYER DE REPRÉSENTER SES RÉALITÉS D'UNE QUELCONQUE MANIÈRE

Nous ne prétendons pas évoquer tous les aliments de la ville, voire la majeure partie d'entre eux, ni d'ailleurs toutes ses communautés. C'est tout simplement impossible. Des personnes plus compétentes se sont penchées sur les cuisines juive et arabe et les ont décrites en long et en large. Certains auteurs ont aussi écrit sur la cuisine d'autres communautés de la ville. Nous avons donc laissé de côté un certain nombre d'informations. Des plats locaux typiques, comme le *kugel* (gratin de pâtes à cuisson lente), le *bagel* (arabe ou juif), le *pashtida* (sorte de flan salé), les *pastelikos* (petites tourtes à la viande, recette séfarade), le *tchulent* ou le *hamin* (ragoût mijoté pendant toute une nuit pour le shabbat), le *strudel*, le *challah* (pain sucré pour le shabbat) – ne figurent pas dans ce livre. Les plats ashkénazes sont particulièrement sous-représentés. Cela s'explique par nos origines personnelles et le type de saveurs que nous sommes habitués à cuisiner et à déguster.

Comme nous sommes profondément inspirés par Jérusalem et sa nourriture, sans toutefois essayer de représenter ses réalités d'une quelconque manière, cette sélection de recettes se justifie par nos préférences et nos habitudes culinaires, ainsi que celles de nos lecteurs. Les cuisiniers qui aiment notre style et nos associations de saveurs mènent une vie moderne et (généralement) occidentale. Ils ont un certain nombre d'ingrédients à leur disposition et une mentalité caractéristique du XXIe siècle (ils utilisent moins d'huile pour cuisiner, passent moins de temps dans la cuisine...). Nous espérons qu'à travers cette sélection, peu rigoureuse certes, mais souvent originale, et les modifications apportées à certaines recettes, nous réussiront à vous faire sentir l'esprit de la ville qui a fait de nous ce que nous sommes aujourd'hui.

Quelques mots sur l'origine des plats

Dans la partie du monde qui nous intéresse, chacun veut tout posséder. La vie semble si incertaine et si fragile que les individus luttent avec acharnement et passion pour garder ce qu'ils ont : la terre, la culture, les symboles religieux, la nourriture – tout risque de disparaître brutalement. Il en résulte de fougueux arguments sur la propriété, sur l'origine, sur les personnes et les choses qui sont arrivées en premier.

LA NOURRITURE EST UN PLAISIR HÉDONISTE FONDAMENTAL, UN INSTINCT SENSUEL QUE NOUS PARTAGEONS TOUS ET DONT NOUS NOUS DÉLECTONS. IL EST DOMMAGE DE TOUT GÂCHER

Comme nous l'avons constaté au cours de nos recherches et comme cela deviendra manifeste pour tous ceux qui liront ce livre ou s'en serviront pour cuisiner, ces arguments sont faux.

Ils sont faux car, finalement, peu importe la réponse. Il n'est pas intéressant de revenir sur le passé ou de s'intéresser à des pays lointains. Ce qui fait la beauté de la gastronomie et de la dégustation, c'est précisément qu'elles sont ancrées dans le présent. La nourriture est un plaisir hédoniste fondamental, un instinct sensuel que nous partageons tous et dont nous nous délectons. Il est dommage de tout gâcher.

Deuxièmement, vous pouvez toujours revenir plus en arrière dans le passé. Le houmous, par exemple – un sujet particulièrement explosif – est indéniablement un aliment de base de la population palestinienne locale, mais il était également présent sur toutes les tables des Juifs d'Alep qui vécurent en Syrie pendant des millénaires avant d'arriver à Jérusalem dans les années cinquante et soixante. Qui mérite le plus d'appeler son plat houmous ? Aucun des deux. Personne n'est « propriétaire » d'un plat car il est très probable que quelqu'un d'autre l'a déjà préparé avant et une autre personne encore avant.

Troisièmement, et c'est le point le plus important, dans cette ville si multiple, il est parfaitement impossible de découvrir qui est à l'origine de ce mets délicat et qui l'a apporté avec lui. Les cultures alimentaires sont tellement enchevêtrées qu'on ne peut les démêler. Elles interagissent en permanence et s'influencent sans cesse mutuellement, si bien que plus rien n'est vraiment « pur ». En fait, rien ne l'a jamais vraiment été. Jérusalem n'a jamais été un bastion isolé. Au cours des millénaires, la ville a connu un nombre incalculable d'immigrants, d'occupants, de visiteurs et de marchands – chacun apportant son lot d'aliments et de recettes des quatre coins du monde.

Ainsi, lorsque nous essayons d'attribuer des aliments à des pays pour établir l'origine d'un plat, nous finissons souvent par découvrir une dizaine d'autres plats extrêmement similaires, composés des mêmes ingrédients et préparés de la même manière pour obtenir un résultat très légèrement différent, une variation sur le même thème.

Histoire

La complexité et l'éclat de la nourriture à Jérusalem s'expliquent par sa situation, au carrefour de l'Europe, de l'Asie et de l'Afrique, et l'incroyable richesse de son histoire. Jérusalem était traditionnellement représentée comme le centre de l'univers. Il existe, en effet, peu d'endroits au monde aussi importants. Jérusalem n'a pourtant jamais été une grande métropole. Elle n'a jamais possédé de temples aussi imposants que celui de Louxor, d'œuvres d'art aussi raffinées que celles de la Grèce ou de bâtiments publics aussi magnifiques que ceux de Rome. Elle ne possédait pas de grandes cours impériales comme celles de Chine ou d'Inde, ni de centres commerciaux animés comme en Asie centrale. Elle a toujours été une ville plutôt petite et encombrée, faite de pierres provenant des collines alentour.

L'énergie de Jérusalem est introspective. Elle est née d'une interaction entre les peuples et de l'esprit qui semble planer parmi les oliviers, au-dessus des collines et dans les vallées. Jérusalem est devenue importante pour sa foi, son érudition, sa dévotion et, malheureusement, son fanatisme.

Lorsque le roi David en fait sa capitale, vers 1000 av. J.-C., la ville est constituée, comme aujourd'hui encore, d'une série de collines accidentées avec peu de végétation et peu d'eau. David la choisit pour des raisons stratégiques – Jérusalem se trouve au centre de son royaume. Son fils Salomon, le plus glorieux des rois juifs, construit le premier temple, et sanctifie son site, le Mont du Temple. Après sa mort, le jeune royaume juif est divisé par des querelles et souvent attaqué par le nord. Les attaques culminent en 587 av. J.-C., lorsque Babylone envahit Jérusalem, met le feu à la ville et au temple, et disperse ses habitants.

C'est à ce moment que naît l'une des plus grandes émotions liées à Jérusalem – le désir ardent. On nous raconte l'histoire de deux chefs juifs, Ezra et Nehemiah, qui réussirent à restaurer le temple de Jérusalem et à faire revenir la nation juive dans son pays. Ce désir ardent gagnera tour à tour les juifs, les musulmans et les chrétiens du monde. Il est si fort que des psychiatres ont décrit ce « syndrome de Jérusalem » – des pèlerins qui s'effondrent lorsqu'ils arrivent enfin dans la Ville sainte après un long voyage, objectif de toute leur vie.

> … EN 587 AV. J.-C. … BABYLONE ENVAHIT JÉRUSALEM, MET LE FEU À LA VILLE ET AU TEMPLE, ET DISPERSE SES HABITANTS. C'EST À CE MOMENT QUE NAÎT L'UNE DES PLUS GRANDES ÉMOTIONS LIÉES À JÉRUSALEM – LE DÉSIR ARDENT

En 332 av. J.-C., l'Empire perse tombe entre les mains d'Alexandre le Grand et plusieurs siècles d'influence hellénique s'ensuivent. Une longue guerre culturelle oppose les juifs helléniques, modernes, frivoles et qui se marient entre eux, aux juifs plus traditionnels. Des juifs traditionalistes – les Maccabées – se révoltent et parviennent à contrôler la vie religieuse. Cette révolte est à l'origine d'Hanoucca, fête des lumières, fondée sur cette histoire : lorsque l'on restaura les traditions juives dans le temple, une petite fiole d'huile aurait miraculeusement nourri la lumière sacrée du temple pendant huit jours. Si, pour beaucoup, cette révolte des Maccabées est une histoire de libération et d'inspiration, certains érudits la considèrent comme un nouvel épisode dans une lutte séculaire entre les juifs traditionalistes et cosmopolites. Aujourd'hui encore, cette opposition existe.

Les Romains – suivant de très près l'influence hellénique – font leur apparition à Jérusalem en 63 av. J.-C. et affirment ensuite peu à peu leur autorité face à la résistance juive, qui culmine en une révolte manquée en 70 apr. J.-C., lorsque le second et dernier temple est détruit. Cet événement est particulièrement douloureux dans l'histoire juive et marque le début d'un long processus de déclin qui durera jusqu'à l'avènement du sionisme.

Jésus-Christ vécut plusieurs décennies avant cet événement capital, à une époque de grand bouleversement politique, militaire, culturel et spirituel. Sa présence est très évidente dans de nombreux monuments de la ville, avant tout dans l'église du Saint-Sépulcre, site de la Résurrection. On y trouve une série de grottes faiblement éclairées, de bâtiments et d'églises, racontant dix-sept siècles et attribués à des croyances chrétiennes différentes, mais toutes liées.

Si Jérusalem ne se caractérise pas par sa splendeur, la foule des pèlerins y est en revanche splendide ; les gens s'agenouillent et prient à la lumière d'une bougie dans les petits coins isolés, parmi les œuvres d'art et les pierres chargées de sens – une expérience véritablement émouvante, peut-être même transcendantale.

Parallèlement au lent développement de la religion naissante, le conflit judéo-romain couve et aboutit à une autre révolte en 132, qui conduit à l'expulsion des juifs pendant plusieurs siècles. La ville est renommée *Aelia Capitolina* et avec la christianisation de l'Empire byzantin, elle se pare d'églises chrétiennes et devient chrétienne, sans plus aucune présence juive.

Cette période, et les périodes similaires, sont considérées par les historiens palestiniens comme la preuve que, non seulement les juifs, mais aussi les Palestiniens (dont nombre sont chrétiens) revendiquent historiquement la ville depuis longtemps. Certains Palestiniens affirment, en effet, être des descendants des Jébusites, les habitants d'origine de Jérusalem chassés par le roi David.

PENDANT LE RÈGNE DES CROISÉS, UN RÉSEAU DE MARCHÉS EST CONSTRUIT LE LONG DES ANCIENS CHEMINS ROMAINS… SUR LE MARCHÉ AUX HERBES, ON PEUT SE PROCURER DES PRODUITS FRAIS, LE MALQUISINAT EST LE MARCHÉ DE LA RESTAURATION RAPIDE… ET LE MARCHÉ COUVERT RASSEMBLE DES MARCHANDS DE TISSU

L'islam naît au VIIe siècle et entraîne une nouvelle revendication sur la ville. Jérusalem, ou « *'Al-Qods* » en arabe, signifiant « la Sainte », est la troisième ville sainte pour les musulmans sunnites. D'après eux, c'est de là que le prophète Mahomet est monté au ciel. Après la mort du Prophète, les musulmans poursuivent les conquêtes à grande échelle, dont celle de Jérusalem. Le Mont du Temple, site du temple juif détruit, est consacré par l'Islam avec la construction de deux grandes mosquées, dont le dôme du rocher doré qui domine aujourd'hui encore. Le Mont du Temple demeure exclusivement musulman, les juifs n'utilisant que le mur occidental, ou « mur des Lamentations » – vestige de l'ancien mur qui entourait la cour du temple juif et où certains continuent à pleurer sur ce lieu sacré perdu il y a deux mille ans.

Plus d'un millénaire de contrôle musulman s'ensuit. Les chrétiens revendiquent de nouveau la ville au Moyen Âge, lorsque l'Église catholique réussit à rassembler des forces issues de toute l'Europe pour reconquérir la Terre sainte. Le projet est ambitieux, incluant des chevaliers venant d'aussi loin que de la Norvège. Les croisés contrôlent la ville de 1099 à 1187, avant de la perdre de nouveau. Un réseau de marchés, qui existe aujourd'hui encore, est construit le long des anciens chemins romains dans la vieille ville. Des produits spécifiques y sont vendus : sur le marché aux herbes, on peut se procurer des produits frais ; le Malquisinat (marché dit « de la mauvaise cuisine ») est le marché de la restauration rapide, offrant des repas aux nombreux pèlerins qui affluent vers la ville ; enfin, le marché couvert rassemble des marchands de tissu.

Jérusalem est ensuite plutôt négligée, changeant de mains au rythme des allées et venues des dirigeants (pour la plupart) musulmans. Les autorités musulmanes sont assez tolérantes, certainement plus tolérantes que les chrétiens. Les juifs sont autorisés à rester dans la ville et les chrétiens à y pratiquer leur culte.

Au XIXe siècle, sous contrôle ottoman, Jérusalem connaît une certaine gloire due à sa large présence à l'international. Elle est toutefois décrite par la plupart des visiteurs comme une ville provinciale, pauvre, encombrée et sordide.

Les Britanniques conquièrent Jérusalem en 1917, pendant la Première Guerre mondiale, et la ville est loin de devenir tranquille. Les Britanniques encouragent la modernisation, tandis le sentiment d'identité nationale palestinienne se développe et que les sionistes réclament Israël. Jérusalem se trouve depuis au cœur de la lutte entre ces deux violents mouvements nationalistes, et lorsque l'ONU décide en 1947 de diviser la Palestine entre eux, la ville est placée sous une administration internationale. Mais une guerre s'ensuit : guerre d'Indépendance pour les juifs, acte de courage après le traumatisme de l'holocauste, alors que les Arabes la désignent sous le nom de *nakba* – « catastrophe ». Le jeune État israélien parvient à conserver la partie ouest de la ville mais perd la partie est, ancienne, fortement peuplée par les Arabes. L'est de Jérusalem est contrôlé par la Jordanie jusqu'à la guerre de 1967, lorsque Israël reprend le contrôle de l'ensemble de la ville et de ses environs.

La population augmente rapidement au cours du XXe siècle. La tendance générale est à l'urbanisation ; des Arabes s'établissent dans la cité et des juifs affluent du monde entier. Des communautés entières immigrent et s'installent généralement dans des zones spécifiques, maintenant leurs traditions. Cette tendance insulaire, ajoutée au fait que la plupart des familles – juives et arabes – ont de nombreuses bouches à nourrir et disposent de peu pour vivre, crée un véritable microcosme de traditions.

Jérusalem est revendiquée par Israël comme la « capitale éternelle du peuple juif » et par les Palestiniens comme la capitale de leur État. La question de Jérusalem est sans aucun doute au cœur du conflit israélo-palestinien et il est essentiel de la résoudre pour réaliser le rêve de paix au Moyen-Orient. Naïvement peut-être, nous espérons que la ville soit reconnue comme une partie de l'héritage mondial et devienne synonyme de partage et d'acceptation.

Al Chameiat
PURE VEGETABLE GHEE

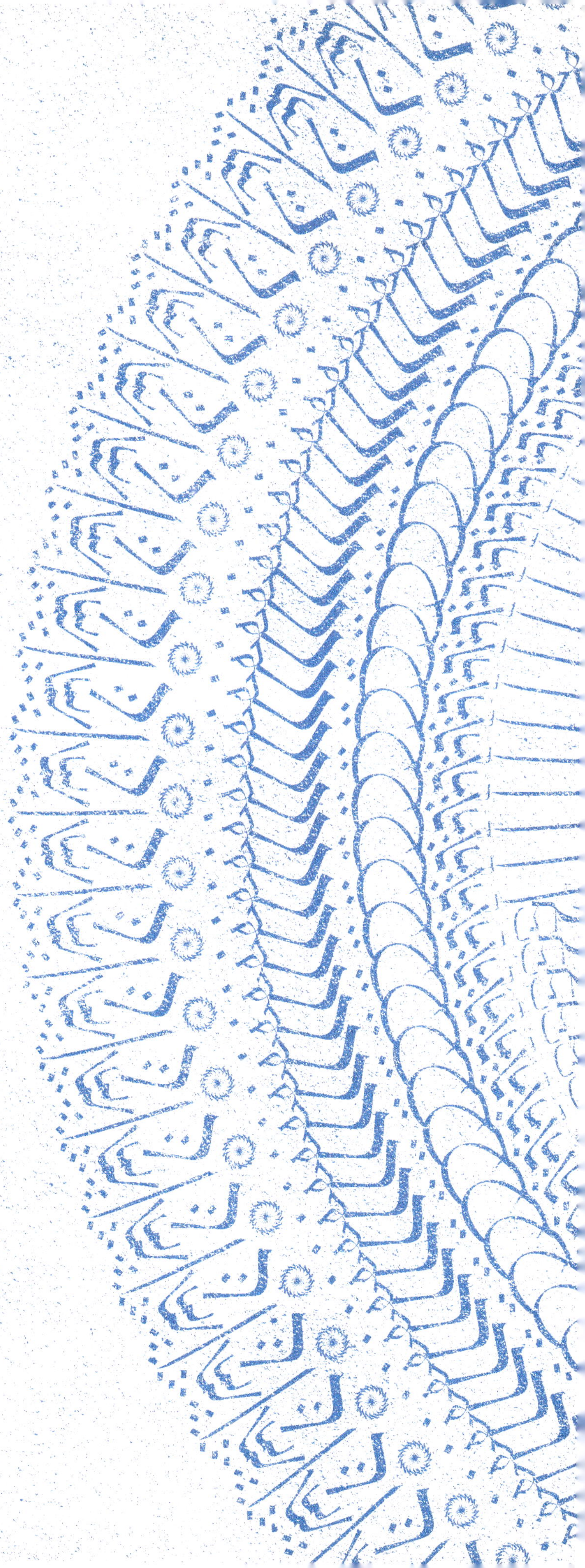

LÉGUMES

POUR 4 PERSONNES

Patates douces rôties & figues fraîches

Les figues abondent à Jérusalem, et les nombreux figuiers n'appartiennent à personne, tout le monde peut donc en profiter. Les mois d'été sont toujours teintés de l'odeur des herbes sauvages et des figues mûres. La mère du voisin d'enfance et ami de Sami, Jabbar, avait l'habitude de faire sécher des tas de figues (et de tomates) sous son toit l'été, passant des heures à les nettoyer et à les trier. Pauvre Um Jabbar – Sami et son fils avaient l'habitude de se glisser sous son toit pour voler ses figues lorsqu'elles étaient bien mûres et de semer la pagaille. Pourtant, ce n'était pas encore assez pour Jabbar. Il avait la dent tellement sucrée qu'il transportait toujours avec lui une vieille boîte d'allumettes remplie de morceaux de sucre, juste pour en avoir sous la main. Cette habitude eut malheureusement des conséquences évidentes sur son « charmant » sourire...

Cette association inhabituelle de fruits frais et de légumes rôtis est particulièrement appréciée à Ottolenghi. Elle dépend toutefois entièrement des figues, qui doivent être sucrées, moelleuses et parfaitement mûres. Choisissez un fruit charnu à la forme irrégulière et à la base légèrement fendue. En appuyant sur la peau, vous devez rencontrer une petite résistance. Essayez de sentir son goût sucré. La réduction balsamique est ici très efficace, pour l'aspect du plat et pour ses saveurs. Si vous ne souhaitez pas la préparer, vous pouvez acheter de la crème ou du glaçage balsamique.

---

4 petites patates douces (1 kg)
5 cuil. à soupe d'huile d'olive
4 cl de vinaigre balsamique (vous pouvez utiliser un vinaigre standard)
20 g de sucre en poudre
12 oignons nouveaux, coupés en deux dans la longueur, puis en morceaux de 4 cm
1 piment rouge, finement émincé
6 figues fraîches et mûres (240 g), coupées en quatre
150 g de fromage de chèvre tendre, émietté (facultatif)
sel de mer de Maldon et poivre noir

Préchauffez le four à 240 °C (th. 8). Lavez les patates douces, coupez-les en deux dans la longueur sans les peler, puis recoupez chaque moitié en trois. Mélangez-les avec 3 cuil. à soupe d'huile d'olive, 2 cuil. à café de sel et un peu de poivre noir. Répartissez-les sur une plaque, côté peau vers le bas, et enfournez pour 25 min environ, jusqu'à ce qu'elles soient tendres mais pas en bouillie. Sortez-les du four et laissez-les refroidir.

Préparez une réduction balsamique. Versez le vinaigre balsamique et le sucre dans une petite casserole. Portez à ébullition, puis baissez le feu et laissez mijoter 2 à 4 min. Retirez du feu tant que le vinaigre est plus liquide que du miel ; il continuera à épaissir en refroidissant. Ajoutez 1 goutte d'eau avant de servir s'il est trop épais.

Disposez les patates douces sur un plat. Faites chauffer le reste d'huile d'olive dans une casserole avec les oignons et le piment. Laissez revenir 4 ou 5 min à feu moyen en remuant souvent et en surveillant bien que le piment ne brûle pas, puis arrosez les patates douces de ce mélange. Répartissez les figues parmi les patates douces, puis versez la réduction balsamique dessus. Servez éventuellement parsemé de fromage de chèvre émietté.

POUR 6 PERSONNES

Fattouch de Na'ama

200 g de yaourt grec et 20 cl de lait entier ou 40 cl de babeurre
2 gros pains plats turcs ou *naans* (250 g)
3 grosses tomates (380 g), en dés de 1,5 cm
100 g de radis, tranchés finement
3 concombres libanais ou mini-concombres (250 g), en dés de 1,5 cm
2 oignons nouveaux, tranchés finement
15 g de menthe
25 g de persil plat, ciselé grossièrement
1 cuil. à soupe de menthe séchée
2 gousses d'ail, écrasées
3 cuil. à soupe de jus de citron
6 cl d'huile d'olive + pour arroser
2 cuil. à soupe de vinaigre de cidre ou de vin blanc
¾ de cuil. à café de poivre noir moulu grossièrement
1 ½ cuil. à café de sel
1 cuil. à soupe de sumac ou plus à votre convenance, pour décorer

Quel que soit le nom que vous lui donnez : salade arabe, salade émincée, salade israélienne, vous ne pouvez pas y échapper. À n'importe quelle heure de la journée, un Jérusalémite vous proposera certainement, en plus d'un tas d'autres plats, une assiette de légumes fraîchement émincés, assaisonnés d'huile d'olive et de jus de citron. C'est une souffrance locale, je suis tout à fait sérieux. Nos amis qui nous rendent visite à Londres se plaignent toujours de ne pas avoir mangé « sain » parce qu'aucune salade fraîche n'accompagnait les repas.

Il existe de nombreuses variantes de cette salade mais l'une des plus populaires est le fattouch, une salade arabe contenant des restes de pain pita grillé ou frit. Mais aussi des poivrons, des radis, de la laitue, du piment, de la menthe, du persil, de la coriandre, du quatre-épices, de la cannelle et du sumac. Chacun a sa propre version. La taille des dés de légumes constitue un petit sujet de discorde. Certains préfèrent les dés minuscules, d'autres les aiment bien plus gros. Tous s'accordent, en revanche, sur une chose : la qualité des légumes est primordiale. Ils doivent être frais, mûrs et goûteux et avoir profité de longues heures de soleil. Cette fabuleuse salade est sans doute une œuvre de la mère de Sami ; Sami ne se souvient pas d'une autre personne du quartier la préparant. Elle l'appelait *fattoush*, ce qui n'est qu'en partie vrai dans la mesure où sa recette inclut des légumes émincés et du pain. Elle ajoutait une sorte de babeurre maison et ne faisait pas frire son pain, ce qui donne une salade particulièrement réconfortante.

Essayez de trouver des petits concombres pour cette salade, tout comme pour n'importe quelle autre salade fraîche. Ils sont vraiment très différents des gros concombres que nous avons l'habitude d'acheter dans la plupart des supermarchés. Vous pouvez éviter l'étape de la fermentation et remplacer le mélange de lait et de yaourt par du babeurre. Pour préparer une salade émincée typique, essayez la recette de la salade de pois chiches épicés et légumes frais (VOIR PAGE 56), *en laissant tomber le sucre et les pois chiches.*

Si vous utilisez du yaourt et du lait, prévoyez au moins 3 h et jusqu'à 1 jour de plus. Versez-les dans un saladier, mélangez bien au fouet et laissez refroidir au frais jusqu'à ce que des bulles se forment à la surface. Vous obtiendrez une sorte de babeurre maison, moins aigre.

Coupez le pain en petits morceaux. Ajoutez le yaourt fermenté ou le babeurre, puis le reste des ingrédients, mélangez bien et laissez reposer 10 min pour que les saveurs se mêlent. Répartissez le *fattouch* dans des bols, arrosez d'huile d'olive et parsemez généreusement de sumac.

POUR 4 PERSONNES

Salade d'épinards, dattes & amandes

1 cuil. à soupe de vinaigre de vin blanc
½ oignon rouge moyen, tranché finement
100 g de dattes medjool dénoyautées, coupées en quatre dans la longueur
30 g de beurre doux
2 cuil. à soupe d'huile d'olive
2 petits pains pita (100 g environ), en morceaux de 4 cm
75 g d'amandes entières non salées, concassées grossièrement
2 cuil. à café de sumac
½ cuil. à café de flocons de piment
150 g de jeunes feuilles d'épinards, lavées
2 cuil. à soupe de jus de citron
sel

Le pain pita est l'aliment qui reste le moins longtemps en rayon à Jérusalem. Dans l'idéal, une fois qu'il est cuit, il faut le déguster dans les 2 h au plus tard. S'il vous reste du pain pita, vous pouvez préparer de croustillants croûtons. Ils pourront agrémenter des soupes, mais aussi des salades ou d'autres hors-d'œuvre. Vous pourrez les conserver pendant une semaine au moins dans un récipient hermétique. Servez cette salade en entrée ; sa grande fraîcheur aiguise vraiment l'appétit.

Avec les mains, mélangez le vinaigre, l'oignon, les dattes et une pincée de sel. Laissez mariner 20 min, puis égouttez pour éliminer tout reste éventuel de vinaigre et jetez-le.

Faites chauffer le beurre et la moitié de l'huile d'olive dans une poêle moyenne. Mettez-y le pain pita et les amandes et laissez cuire de 4 à 6 min à feu moyen, sans cesser de remuer, jusqu'à ce que le pain soit croustillant et bien doré. Retirez du feu et ajoutez le sumac, le piment et le sel en remuant. Laissez refroidir.

Remuez les feuilles d'épinards et le pain pita dans un saladier. Incorporez les dattes et l'oignon rouge, le reste d'huile d'olive, le jus de citron et une pincée de sel. Rectifiez l'assaisonnement et servez.

La modeste aubergine

Peu d'aliments sont autant vénérés que la modeste aubergine ou réussissent à figurer sur presque toutes les tables de Jérusalem, au petit déjeuner, au déjeuner et au dîner. Tout le monde aime être associé à l'aubergine – elle est une sorte de petite célébrité locale. Le nombre de personnes qui affirment avoir inventé le *baba ghanoush* (caviar d'aubergines, VOIR PAGE 76), ou au moins l'avoir élevé au rang de mets délicat, est impressionnant.

Sur les marchés de la ville, on trouve des aubergines de toutes formes et de toutes tailles, de la variété classique, allongée et de taille uniforme aux aubergines zébrées – à la peau rayée et à la chair parfaitement blanche –, mais aussi aux jeunes aubergines et aux aubergines rondes ou encore aux *baladi*, variété locale large et plate, dont la forme rappelle celle d'un éventail.

Selon les variétés, les aubergines peuvent se déguster crues au vinaigre, farcies, en sauce, frites, rôties au four, grillées au feu de bois, « brûlées », en caviar et même cuites avec du sucre et des épices pour préparer une confiture originale (marocaine) ou une *mostarda* aux fruits (alépine) – fruits confits dans un sirop épicé. Elles se marient aussi parfaitement avec les saveurs si caractéristiques de la ville : le tahini (pâte de sésame), les pignons de pin, le sirop de datte, les tomates, les pois chiches, les pommes de terre, le citron, l'ail, l'agneau, le fromage frais et le yaourt, l'huile d'olive, le sumac et la cannelle.

Les Arabes furent les premiers à apporter les aubergines en Italie et en Espagne, mais ce sont les Juifs qui l'introduisirent dans ces cuisines lorsqu'ils se déplacèrent et firent du commerce avec les cultures arabes maures et chrétiennes aux XVe et XVIe siècles. Les Juifs séfarades ont toujours été associés aux aubergines, comme l'étaient les Arabes, à l'époque où les Européens étaient encore très méfiants à leur égard et hésitaient à les utiliser, pensant que ces « pommes folles » – surnom donné aux aubergines – pouvaient déclencher la folie.

POUR 4 PERSONNES

Aubergine rôtie à l'oignon frit & au citron

2 grosses aubergines, coupées en deux dans la longueur, avec leur pédoncule (750 g)
15 cl d'huile d'olive
4 oignons (environ 550 g), épluchés et tranchés finement
1 ½ piment vert
1 ½ cuil. à café de cumin en poudre
1 cuil. à café de sumac
50 g de feta, en gros morceaux
1 citron moyen
1 gousse d'ail, écrasée
sel et poivre noir du moulin

À la fois forte, salée et légèrement sucrée, cette entrée est merveilleusement riche et peut être suivie d'un plat principal léger et simple, comme des burgers de dinde et de courgette à l'oignon nouveau et au cumin (VOIR PAGE 200). *Les bonnes aubergines doivent être légères, sans trop de graines à l'intérieur, et avoir une peau lisse et brillante. Il est bon qu'il y ait un peu d'humidité dans le four lorsque vous les faites rôtir pour éviter qu'elles sèchent et croquent en cuisant. Si le four est assez rempli, cela ne pose pas de problème car l'aubergine est naturellement humide. Mais si vous ne faites rôtir qu'une seule plaque d'aubergines, nous vous recommandons de poser un plat peu profond contenant un peu d'eau en bas du four.*

Préchauffez le four à 220 °C (th. 7-8).

Marquez le côté coupé de chaque aubergine d'une croix, badigeonnez-le avec 10 cl d'huile, salez et poivrez généreusement. Placez les aubergines sur une plaque à pâtisserie et laissez-les rôtir pendant 45 min environ dans le four, jusqu'à ce que la chair soit bien dorée et complètement cuite.

Pendant que les aubergines cuisent, versez le reste d'huile dans une grande poêle et faites chauffer à feu vif. Ajoutez les oignons et une petite pincée de sel et laissez cuire 8 min en remuant souvent, jusqu'à ce que les oignons deviennent vraiment noirs et croustillants. Épépinez et émincez les piments, en séparant bien le piment entier du ½ piment. Ajoutez le cumin en poudre, le sumac et 1 piment aux oignons et prolongez la cuisson de 2 min avant d'intégrer la feta. Laissez cuire encore 1 min, sans trop remuer, puis retirez du feu.

Avec un petit couteau dentelé, enlevez l'écorce et la peau blanche du citron. Coupez la chair en gros morceaux, éliminez les pépins et réunissez la chair et le jus dans un saladier avec le ½ piment restant et l'ail.

Assemblez le plat dès que les aubergines sont prêtes. Transférez les moitiés d'aubergines rôties sur un plat et arrosez-les de sauce au citron. Réchauffez un peu les oignons et répartissez-les sur les aubergines. Servez chaud ou réservez jusqu'à ce que le plat soit à température ambiante.

Le zaatar

S'il y a bien une odeur symbolique de l'ancienne cité de Jérusalem, une odeur qui incarne l'esprit de cette vieille ville nichée au cœur des montagnes de Judée, c'est bien celle du *za'atar*. Difficile à décrire, elle côtoie celle d'herbes comme l'origan, la marjolaine, la sauge ou le thym, mais elle est vraiment unique. Le zaatar est fort, chaud et légèrement piquant, rappelant l'odeur du fumier de chèvres, de la fumée d'un feu lointain, de la terre brûlée par le soleil et, il faut bien l'avouer, de la sueur. Il regorge d'huiles parfumées éthériques, libérées lorsqu'on piétine les buissons secs et robustes qui poussent à l'état sauvage dans les montagnes et sont utilisés pour donner de la saveur au pain local. Le zaatar fait partie intégrante de l'héritage palestinien et son odeur flotte dans les maisons de tous ceux qui ont grandi à Jérusalem ou dans les régions montagneuses de la Terre sainte. Cette plante, largement répandue et connue sous le nom d'hysope en français, est ramassée depuis des millénaires dans toute la Palestine et utilisée fraîche au printemps et au début de l'été ou séchée.

LE ZAATAR FAIT PARTIE INTÉGRANTE DE L'HÉRITAGE PALESTINIEN ET SON ODEUR FLOTTE DANS LES MAISONS DE TOUS CEUX QUI ONT GRANDI À JÉRUSALEM OU DANS LES RÉGIONS MONTAGNEUSES DE LA TERRE SAINTE

Les feuilles fraîches servent généralement à préparer une salade avec des tomates, de l'oignon nouveau, de l'huile d'olive et du jus de citron. Dans la famille de Sami, des radis accompagnaient cette salade. On peut aussi mélanger les feuilles au levain nature et ajouter du curcuma en poudre pour obtenir des pains légers et parfumés. Lorsque Sami et ses frères venaient rendre visite à leur oncle, qui habitait en dehors de la ville, ils escaladaient les rochers entourant la maison pour ramasser du zaatar frais qui poussait en abondance dans les recoins et les fissures des roches.

Pour la plupart, le zaatar est toutefois connu sous la forme d'un mélange d'épices composé de feuilles d'hysope séchées réduites en poudre, de sumac en poudre, de graines de sésame grillées et de sel. Cette poudre vert olive est connue de tous ceux qui visitent Jérusalem et achètent les bagels arabes, légers et avec une croûte au sésame. Ils débordent des charrettes en bois sur lesquelles ils sont vendus et sont toujours accompagnés d'une petite pochette en papier journal contenant une généreuse portion de zaatar. Trempez et goûtez, le mélange est parfumé et délicieux.

Dans la cuisine palestinienne, le *labneh* (yaourt égoutté, VOIR PAGE 302), le houmous (VOIR RECETTE PAGE 114), le poulet, ainsi que de nombreuses salades sont parsemés de zaatar et il est particulièrement apprécié sur un morceau de pâte plat,

généreusement arrosé d'huile d'olive et cuit au four pour préparer un *manakish*, pain plat levantin très populaire.

Le zaatar est aujourd'hui devenu un ingrédient clé de l'alimentation palestinienne et essentiel pour la cuisine israélienne moderne. On peut se procurer ce mélange d'épices dans tous les supermarchés et épiceries et les cuisiniers en saupoudrent généreusement leurs plats pour en rehausser la saveur. Le zaatar a malheureusement aussi rejoint la longue liste des questions épineuses qui entachent la relation tendue entre les Arabes et les Juifs, lorsque Israël déclara l'herbe espèce menacée et interdit de la cueillir à l'état sauvage. Bien qu'il soit compréhensible que l'on cherche à préserver le zaatar sauvage en voie de disparition, ce décret fut pris sans aucun dialogue préalable avec les Arabes, qui le considèrent donc comme une violation délibérée de leur mode de vie.

POUR 4 PERSONNES

Courge butternut rôtie & oignon rouge au tahini & au zaatar

1 grosse courge butternut (1,100 kg), en morceaux de 2 x 6 cm
2 oignons rouges, en morceaux de 3 cm
5 cl d'huile d'olive
3 ½ cuil. à soupe de tahini léger
1 ½ cuil. à soupe de jus de citron
1 petite gousse d'ail, écrasée
30 g de pignons de pin
1 cuil. à soupe de zaatar
1 cuil. à soupe de persil plat, ciselé grossièrement
sel de mer de Maldon et poivre noir

Il existe mille et une façons d'accommoder ce plat, assez simple à préparer mais regorgeant de saveurs très puissantes. Il est idéal en entrée, en plat principal végétarien ou en garniture pour accompagner un plat principal simple, comme le shawarma d'agneau (VOIR PAGE 210) *ou le poulet sofrito, sans les pommes de terre* (VOIR PAGE 190). *La sauce tahini est assez dominante – même si nous l'aimons, il se peut que vous préfériez diminuer un peu la quantité. Goûtez et assaisonnez à votre convenance.*

Préchauffez le four à 240 °C (th. 8).

Réunissez les morceaux de courge et d'oignons dans un grand saladier, ajoutez 3 cuil. à soupe d'huile, 1 cuil. à café de sel et du poivre noir, puis remuez bien. Répartissez les légumes sur une plaque à pâtisserie, côté peau vers le bas, et faites-les rôtir dans le four pendant 30 à 40 min, jusqu'à ce qu'ils soient colorés et bien cuits. Surveillez les oignons qui risquent de cuire plus vite que la courge et sortez-les du four avant si besoin. Sortez du four et laissez refroidir.

Préparez la sauce. Versez le tahini dans un bol avec le jus de citron, 2 cuil. à soupe d'eau, l'ail et ¼ de cuil. à café de sel. Battez au fouet, jusqu'à ce que la sauce ait la consistance du miel, en ajoutant plus d'eau ou de tahini si nécessaire.

Versez le reste d'huile dans une petite poêle et faites chauffer sur feu doux à moyen. Mettez-y les pignons et ½ cuil. à café de sel et faites cuire 2 min, en remuant souvent, jusqu'à ce que les pignons soient bien dorés. Retirez du feu et transférez dans un petit saladier avec l'huile pour arrêter la cuisson.

Pour servir, répartissez les légumes sur un grand plat et arrosez de sauce tahini. Parsemez du mélange pignons de pin et huile, puis de zaatar et de persil.

POUR 6 PERSONNES

Kuku de fèves

500 g de fèves, fraîches ou surgelées
2 cuil. à soupe de sucre en poudre
45 g de baies séchées d'épine-vinette
3 cuil. à soupe de crème fraîche épaisse
¼ de cuil. à café de safran en filaments
5 cuil. à soupe d'huile d'olive
2 oignons moyens, émincés finement
4 gousses d'ail, écrasées
7 œufs fermiers moyens
1 cuil. à soupe de farine ordinaire
½ cuil. à café de levure chimique
30 g d'aneth, ciselé
15 g de menthe, ciselée
sel et poivre noir fraîchement moulu

Ce plat, similaire à la frittata, *est caractéristique de la cuisine juive iranienne. Les baies d'épine-vinette, autre ingrédient typique, sont de minuscules baies piquantes. Vous pouvez vous en procurer sur Internet ou dans des magasins spécialisés dans le Moyen-Orient et l'Iran. Si vous n'en trouvez pas, remplacez-les par des cerises acides coupées en morceaux. Servez ce plat en entrée avec du yaourt au concombre* (VOIR PAGE 299).

Préchauffez le four à 180 °C (th. 6). Réunissez les fèves dans une casserole avec un gros volume d'eau bouillante. Laissez mijoter 1 min, égouttez, rafraîchissez sous l'eau froide et réservez.

Versez 7,5 cl d'eau bouillante dans un saladier moyen, ajoutez le sucre en poudre et remuez pour le dissoudre. Une fois le sirop tiède, incorporez les baies et laissez-les tremper pendant 10 min environ, puis égouttez-les.

Dans une petite casserole, portez à ébullition la crème fraîche épaisse, le safran et 2 cuil. à soupe d'eau. Retirez immédiatement du feu et réservez pendant 30 min pour laisser infuser.

Faites chauffer 3 cuil. à soupe d'huile d'olive dans une poêle antiadhésive de 25 cm de diamètre équipée d'un couvercle et pouvant aller au four. Mettez-y à cuire les oignons sur feu moyen pendant 4 min environ en remuant de temps en temps, puis ajoutez l'ail et prolongez la cuisson de 2 min en mélangeant.
Versez les fèves, remuez et réservez.

Battez bien les œufs dans un grand saladier jusqu'à obtention d'une mousse. Versez la farine, la levure chimique, la crème de safran, les herbes, 1 ½ cuil. à café de sel et ½ cuil. à café de poivre et fouettez pour bien mélanger. Pour finir, intégrez les baies égouttées et le mélange de fèves et d'oignons en remuant.

Nettoyez la poêle, versez-y le reste d'huile d'olive et faites-la chauffer au four pendant 10 min. Versez le mélange aux œufs dans la poêle chaude, couvrez avec un couvercle et enfournez pour 15 min. Retirez le couvercle et prolongez la cuisson de 20 à 25 min environ, jusqu'à ce que les œufs soient tout juste pris. Sortez la poêle du four et laissez reposer 5 min avant de démouler sur un plat. Servez chaud ou tiède.

POUR 2 PERSONNES

Artichaut cru & salade d'herbes

2 ou 3 gros artichauts verts globes (700 g)
3 cuil. à soupe de jus de citron
4 cuil. à soupe d'huile d'olive
40 g de roquette
15 g de feuilles de menthe ciselées
15 g de feuilles de coriandre ciselées
30 g de pecorino toscano ou romano, en fins copeaux
sel de mer de Maldon et poivre noir

L'artichaut est le plus extraordinaire des légumes, aucun autre n'a un goût aussi magique. De nombreux cuisiniers font les difficiles quand il s'agit d'artichauts, leur préparation demandant quelques efforts. À Jérusalem, certaines femmes achètent plusieurs kilos d'artichauts lorsque c'est la saison, au début de l'été, et passent 1 ou 2 h à les parer et à les nettoyer avant de les stocker au congélateur pour en profiter pendant la saison des pluies. Si vous avez un peu de temps, c'est une bonne habitude à prendre. Sinon, préparez-en simplement un ou deux et réalisez cette salade rafraîchissante qui accompagnera idéalement n'importe quel plat gras ou copieux. Dégustez-la, par exemple, avec un shawarma d'agneau (VOIR PAGE 210), *des latkes* (VOIR PAGE 92), *ou des grillades de Jérusalem* (VOIR PAGE 174).

Versez l'eau et la moitié du jus de citron dans un saladier. Ôtez la tige et les feuilles extérieures dures des artichauts. Une fois arrivé aux feuilles plus claires et plus tendres, à l'aide d'un couteau pointu, coupez en travers de la fleur pour ne garder que le quart inférieur de l'artichaut. Toujours avec un petit couteau pointu ou un économe, enlevez les couches extérieures des artichauts jusqu'à ce que le fond soit apparent. Enlevez le foin en grattant et plongez les fonds d'artichauts dans l'eau acidulée. Jetez le reste des artichauts.

Égouttez les artichauts et séchez-les avec du papier absorbant. Avec une mandoline ou un grand couteau pointu, taillez-les en tranches très fines, de 1 mm d'épaisseur environ, et transférez-les dans un grand saladier. Arrosez du reste de jus de citron, ajoutez l'huile d'olive et remuez pour bien imbiber tous les morceaux. L'artichaut peut rester dans le saladier pendant quelques heures à température ambiante. Lorsque vous êtes prêt à servir, incorporez la roquette, la menthe et la coriandre, et assaisonnez avec un peu sel et beaucoup de poivre fraîchement moulu. Remuez délicatement et répartissez sur des assiettes. Garnissez de copeaux de pecorino.

POUR 4 PERSONNES

Salade de haricots variés

On trouve surtout de bons haricots verts frais en été et au début de l'automne, ils représentent un symbole du Nouvel An juif (Rosh Hashana), surtout pour les Juifs séfarades. Le marché aux fruits et légumes, Machne Yehuda, grouille de monde les deux jours précédant Rosh Hashana, jour férié qui donne lieu à un repas familial important. Ce jour-là, le marché est pourtant étrangement calme. Un chauffeur de taxi nous a expliqué que les femmes, intelligentes et prudentes, préfèrent faire leurs courses bien avant le jour J, lorsque les prix sont bas, préparant et faisant cuire tout ce qu'elles peuvent à l'avance ; seuls les « nigauds » vont faire leurs achats à la dernière minute, juste avant le jour J.

---

280 g de haricots verts, équeutés
280 g de haricots beurre, équeutés (si vous n'en trouvez pas, doublez la quantité de haricots verts)
2 poivrons rouges, en lanières de 0,5 cm
3 cuil. à soupe d'huile d'olive + 1 cuil. à café pour les poivrons
3 gousses d'ail, tranchées finement
50 g de câpres, rincées et séchées
1 cuil. à café de graines de cumin
2 cuil. à café de graines de coriandre
4 oignons nouveaux, tranchés finement
10 g d'estragon, ciselé grossièrement
20 g de cerfeuil frais (ou un mélange d'aneth et de persil frais, ciselés)
le zeste de 1 citron, râpé
sel et poivre noir

Les haricots beurre sont merveilleusement tendres. Faites un effort pour en trouver, car ils contribuent à la texture générale et à l'aspect du plat, sinon vous pouvez tout à fait les remplacer comme indiqué. Servez cette salade avec des polpettone (VOIR PAGE 202) *ou du poulet rôti à l'artichaut de Jérusalem et au citron* (VOIR PAGE 180).

Préchauffez le four à 220 °C (th. 7-8).

Portez une grande casserole d'eau à ébullition et plongez-y les haricots beurre. Au bout de 1 min, ajoutez les haricots verts et prolongez la cuisson de 4 min, jusqu'à ce que les haricots verts soient bien cuits mais encore croquants. Rafraîchissez-les sous de l'eau froide, séchez-les et transférez-les dans un grand saladier.

Pendant ce temps, mélangez les lanières de poivrons avec 1 cuil. à café d'huile d'olive, répartissez-les sur une plaque à pâtisserie et enfournez-les pour 5 min environ, jusqu'à ce qu'elles soient tendres. Sortez-les du four et ajoutez-les aux haricots dans le saladier.

Faites chauffer l'huile d'olive dans une petite casserole. Mettez-y l'ail et laissez cuire pendant 20 s, ajoutez les câpres (attention, elles vont crépiter !) et laissez frire pendant 15 s. Versez les graines de cumin et de coriandre et laissez frire 15 s encore. L'ail doit avoir doré. Retirez du feu et versez immédiatement le contenu de la casserole sur les haricots. Remuez et incorporez les oignons nouveaux, les herbes, le zeste de citron, un peu de sel et du poivre noir. Servez ou gardez au réfrigérateur pendant une journée maximum. N'oubliez pas de ramener cette entrée à température ambiante avant de servir.

POUR 4 PERSONNES EN ENTRÉE
8 BOULETTES ENVIRON

Boulettes de viande au poireau citronné

Que fait donc cette recette de viande dans la partie légumes ? En fait, ces boulettes se distinguent par la saveur des poireaux qui se défend vraiment bien face à celle de la viande, plus en arrière-plan. Les rôles sont véritablement inversés. Il en résulte une texture particulièrement légère et une forte saveur citronnée.

Cette recette nous a été donnée par Tamara Meitlis, une excellente cuisinière juive turque et une très bonne amie. Sa cuisine est typique de celle des Juifs d'Izmir. Comme avec la plupart des Turcs, on ne plaisante pas avec les recettes de Tamara. « Bien sûr, vous pouvez la préparer différemment si vous voulez, nous dit-elle avec un sourire généreux, mais seulement si vous souhaitez la rater ! » Tamara a raison. Les recettes séfarades, et turques en particulier, qui sont abouties et sûres, ont été perfectionnées au fil des générations et sont les plus appréciées. C'est vrai pour la plupart des cuisines de Jérusalem, et mieux vaut ne pas s'écarter d'une recette traditionnelle avant d'avoir vérifié qu'une vieille maman ne regarde pas au-dessus de votre épaule.

---

6 gros poireaux parés (800 g environ)
250 g de bœuf haché
90 g de chapelure
2 œufs fermiers moyens
2 cuil. à soupe d'huile de tournesol
20 à 30 cl de bouillon de poulet
8 cl de jus de citron (2 citrons environ)
80 g de yaourt grec
1 cuil. à soupe de persil plat ciselé finement
sel et poivre noir

Ces boulettes constituent une entrée merveilleusement légère après laquelle vous pouvez servir presque n'importe quoi. Vous pouvez aussi opter pour une variante et les faire frire à la poêle. Il suffit de les faire cuire plus longtemps, sans les plonger préalablement dans le bouillon ; servez chaud avec des quartiers de citron.

Coupez les poireaux en morceaux de 2 cm et faites-les cuire à la vapeur pendant 20 min environ, jusqu'à ce qu'ils soient bien tendres. Égouttez et laissez refroidir, puis éliminez l'excédent d'eau en les pressant dans un torchon. Émincez les poireaux dans un robot ménager sans toutefois les réduire en purée. Mettez-les dans un grand saladier avec la viande, la chapelure, les œufs, 1 ¼ cuil. à café de sel et 1 cuil. à café de poivre noir. Formez 8 petits tas plats de 7 x 2 cm environ. Mettez au réfrigérateur 30 min.

Faites chauffer l'huile à feu moyen à vif dans une grande casserole robuste équipée d'un couvercle et saisissez les boulettes des deux côtés, jusqu'à ce qu'elles soient bien dorées ; vous pouvez procéder en plusieurs fois si nécessaire.

Essuyez bien le fond de la casserole avec du papier absorbant, puis remettez les boulettes dedans en les faisant se chevaucher légèrement si besoin. Versez suffisamment de bouillon dessus pour juste les couvrir. Ajoutez le jus de citron et ½ cuil. à café de sel. Portez à ébullition, puis couvrez et laissez mijoter à feu doux 30 min. Retirez le couvercle et laissez cuire encore quelques minutes, jusqu'à ce que la plupart du liquide se soit évaporé. Retirez la casserole du feu et laissez refroidir. Servez les boulettes tout juste chaudes ou à température ambiante avec du yaourt et une pincée de persil ciselé.

POUR 4 PERSONNES

Salade de chou-rave

Le chou-rave est un légume bizarre. Même si nous n'aimons pas trop dire ce genre de chose, c'est pourtant vrai. C'est un chou à la tige enflée qui ressemble à une pomme verte ou violette pleine de bosses et dont la texture et la saveur ne sont pas sans rappeler celles du radis ou du cœur du chou. Il est bizarre en raison de son apparence – il ressemble à un légume extraterrestre, avec une base ronde et trapue d'où partent des tiges feuillues droites dans tous les sens – et parce que les Occidentaux, à l'exception des Allemands, ne savent absolument pas quoi en faire. C'est peut-être pour cet aspect bizarre et excentrique, ou pour le fait qu'il est facile à cultiver et que son goût est tellement frais, que les Israéliens l'aiment. Les Jérusalémites l'utilisent essentiellement pour préparer des salades rafraîchissantes et croquantes, en l'associant parfois à d'autres légumes et fruits fermes, comme le fenouil, le radis, le chou et la pomme. Parfois, ils le font aussi cuire et l'ajoutent à des ragoûts et des gratins crémeux, ou encore le dégustent farci.

Cette salade a été préparée pour la première fois dans notre restaurant NOPI, dans le West End de Londres. Elle est simple, fraîche et permet de commencer ou terminer un repas agréablement. Vous pouvez aussi la servir avec une série d'autres salades de saison ou des légumes cuits pour un repas léger. Choisissez des choux-raves petits, fermes et bien serrés.

---

3 choux-raves moyens (750 g)
80 g de yaourt grec
7 cl de crème aigre (à défaut, crème fraîche et jus de citron)
5 cl de crème fraîche épaisse
1 petite gousse d'ail, écrasée
1 ½ cuil. à café de jus de citron
1 cuil. à soupe d'huile d'olive
2 cuil. à soupe de menthe fraîche, ciselée finement
1 cuil. à café de menthe séchée
20 g de jeunes pousses de cresson
¼ de cuil. à café de sumac
sel et poivre blanc

Épluchez les choux-raves, coupez-les en dés de 1,5 cm et mettez-les dans un grand saladier. Réservez et préparez la vinaigrette.

Versez le yaourt, la crème aigre, la crème fraîche, l'ail, le jus de citron et l'huile d'olive dans un saladier moyen. Ajoutez ¼ de cuil. à café de sel, une bonne dose de poivre et remuez bien au fouet. Versez la vinaigrette sur le chou-rave, puis parsemez de menthe fraîche, de menthe sèche et de la moitié des pousses de cresson. Mélangez délicatement et transférez dans un plat. Répartissez dessus le cresson restant et saupoudrez de sumac.

POUR 6 PERSONNES

Salade de chou & légumes-racines au *labneh*

3 betteraves moyennes (450 g)
2 carottes moyennes (250 g)
300 g de céleri
1 chou-rave moyen (250 g)
4 cuil. à soupe de jus de citron
4 cuil. à soupe d'huile d'olive
3 cuil. à soupe de vinaigre de xeres
2 cuil. à café de sucre en poudre
25 g de feuilles de coriandre, ciselées grossièrement
25 g de feuilles de menthe, en lanières
20 g de feuilles de persil plat, ciselées grossièrement
½ cuil. à soupe de zeste de citron râpé
200 g de *labneh*, fait maison (voir page 302) ou tout prêt
sel et poivre noir moulu grossièrement

Nous préparons cette salade en hiver ou au début du printemps, avant l'arrivée des récoltes de l'été. Elle est particulièrement fraîche, idéale pour commencer un copieux repas. Elle est aussi excellente servie avec un poisson gras grillé. On peut remplacer le labneh *par du yaourt grec, bien assaisonné avec de l'huile d'olive, de l'ail écrasé, du sel et du poivre. Vous pouvez aussi garder le yaourt nature pour une variante simple et légère. Cette recette a été inspirée d'un plat de* Manta Ray, *un excellent restaurant situé sur la plage de Tel Aviv.*

Épluchez tous les légumes et coupez-les en fines tranches de 2 mm d'épaisseur environ. Formez plusieurs petits tas et tranchez-les en bandes semblables à des allumettes. Vous pouvez aussi utiliser une mandoline ou un robot ménager équipé de l'accessoire adéquat. Réunissez tous les légumes dans un grand saladier et recouvrez d'eau froide. Réservez pendant que vous préparez la vinaigrette.

Versez le jus de citron, l'huile d'olive, le vinaigre, le sucre et 1 cuil. à café de sel dans une petite casserole. Portez à petit bouillon et remuez jusqu'à ce que le sucre et le sel soient dissous. Retirez du feu.

Égouttez les légumes et transférez-les sur du papier absorbant pour bien les sécher. Essuyez le saladier et remettez les légumes dedans. Arrosez-les de vinaigrette chaude, mélangez bien et laissez refroidir. Placez au réfrigérateur pendant au moins 45 min.

Lorsque vous êtes prêt à servir, incorporez les herbes, le zeste de citron et 1 cuil. à café de poivre noir dans la salade. Remuez bien, goûtez et ajoutez du sel si besoin. Répartissez dans des assiettes et servez la salade accompagnée de *labneh*.

POUR 2 À 4 PERSONNES

Tomates frites à l'ail

3 grosses gousses d'ail, écrasées
½ petit piment épicé, émincé finement
2 cuil. à soupe de persil plat ciselé
3 grosses tomates mûres mais fermes (450 g environ)
2 cuil. à soupe d'huile d'olive
sel de mer de Maldon et poivre noir moulu grossièrement
pain de campagne, pour servir

Ces tomates, dégustées par les Palestiniens à n'importe quelle heure de la journée, lorsque c'est la saison des tomates, ne constituent pas une révélation stupéfiante, mais sont discrètement et étonnamment fantastiques quand elles accompagnent un simple poisson grillé (VOIR BROCHETTES DE POISSON GRILLÉ AU HAWAYEJ ET AU PERSIL, PAGE 226), *du riz nature* (VOIR RIZ BASMATI ET ORZO, PAGE 103) *ou d'autres plats à base de céréales teintés d'une note salée* (VOIR MEJADRA, PAGE 120). *Pour que ce plat reste simple, servez-le avec une tranche de bon pain. Adaptez le temps de cuisson et la température aux tomates : quelques minutes à feu vif suffisent pour faire cuire une tomate tendre. Dans tous les cas, choisissez uniquement de bonnes tomates goûteuses.*

Mélangez l'ail, le piment et le persil ciselé dans un petit saladier et réservez. Ôtez le haut et le bas des tomates et coupez-les verticalement en rondelles de 1,5 cm environ d'épaisseur.

Faites chauffer l'huile dans une grande poêle à feu moyen. Déposez-y les tranches de tomates, salez, poivrez et laissez cuire 1 min environ, puis retournez-les, assaisonnez de nouveau en sel et poivre et parsemez du mélange d'ail.

Prolongez la cuisson de 1 min environ en secouant la poêle de temps en temps, puis retournez de nouveau les tomates et poursuivez la cuisson quelques secondes jusqu'à ce que les tomates soient tendres mais pas en purée.

Transférez les tomates dans un plat, arrosez-les du jus de la poêle et servez immédiatement.

מובחר
שם המגדל

POUR 6 PERSONNES

Purée de betteraves, yaourt & zaatar

La betterave est l'un des rares légumes très présents dans la cuisine de presque toutes les communautés de Jérusalem : elle colore les sauces vinaigrées sur les tables arabes (VOIR PAGE 307) et on la trouve dans la plupart des plats composant le mezzé, elle constitue la base du *borscht* et de la *hamitsa* ashkénazes, versions froides et rafraîchissantes de la soupe, mais aussi d'une autre soupe, d'origine juive-irakienne et kurde, où elle accompagne le fameux *kebbeh* (VOIR PAGE 162).

La betterave traverse également les frontières culturelles. Pour un documentaire sur la nourriture de Jérusalem, Yotam rencontra Michal Baranes et Yakub Barhum. Elle est juive avec des ancêtres marocains et il est musulman, originaire du village arabe de Ein Rafa, en périphérie de la ville. Dans leur restaurant, Michal, la chef, crée des feux d'artifice transculturels, intégrant des ingrédients issus de son héritage marocain et de nombreux plats traditionnels palestiniens que ses cuisiniers, locaux pour la plupart, lui ont appris. L'un de ses ingrédients phares est le *chrein*, condiment au raifort et à la betterave utilisé par presque toutes les familles ashkénazes. Elle en met dans son « falafel » aux crevettes – crevettes hachées avec du *chrein*, roulées dans des miettes de panko (chapelure japonaise), puis frites – de délicieuses croquettes de poisson qui ressemblent aux falafels.

900 g de betteraves moyennes (500 g cuites et épluchées)
2 gousses d'ail, écrasées
1 petit piment rouge, épépiné et émincé finement
250 g de yaourt grec
1 ½ cuil. à soupe de sirop de datte
3 cuil. à soupe d'huile d'olive + pour arroser
1 cuil. à soupe de zaatar
sel

POUR LA GARNITURE

2 oignons nouveaux, tranchés finement
15 g de noisettes grillées, concassées grossièrement
60 g de fromage de chèvre tendre, émietté

Vous serez surpris de constater à quel point la betterave se marie bien avec le piment et le zaatar. Son goût sucré se teinte de notes salées pour donner l'une des salades les plus appréciées des clients d'Ottolenghi. Vous pouvez tremper des crudités dedans ou la servir dans un mezzé. Si la betterave est gorgée d'eau et la purée trop liquide, ajoutez un peu de purée de pommes de terre pour l'épaissir. Vous pouvez remplacer le sirop de datte par du sirop d'érable.

Préchauffez le four à 200 °C (th. 6-7). Lavez les betteraves et mettez-les dans un plat allant au four. Enfournez et laissez cuire sans couvrir, jusqu'à ce qu'un couteau inséré au centre y pénètre facilement, 1 h environ. Une fois les betteraves suffisamment refroidies, épluchez-les et coupez chacune en 6 morceaux environ. Laissez refroidir complètement.

Réunissez les betteraves, l'ail, le piment et le yaourt dans le bol d'un robot ménager et écrasez le tout en une purée lisse. Transférez dans un saladier et incorporez le sirop de datte, l'huile d'olive, le zaatar et 1 cuil. à café de sel en remuant. Rectifiez l'assaisonnement.

Avec le dos d'une cuillère, répartissez le mélange sur une assiette. Parsemez d'oignons nouveaux, de noisettes et de fromage, arrosez d'un filet d'huile d'olive. Servez à température ambiante.

POUR 4 PERSONNES
EN ENTRÉE

Beignets de blettes

400 g de feuilles de blettes, tiges blanches enlevées
30 g de persil plat
20 g de coriandre
20 g d'aneth
1 ½ cuil. à café de noix muscade râpée
½ cuil. à café de sucre
3 cuil. à soupe de farine ordinaire
2 gousses d'ail, écrasées
2 œufs fermiers moyens
80 g de feta, en petits morceaux
6 cl d'huile d'olive
4 quartiers de citron
sel et poivre noir

Le vert vif de ces beignets d'origine turque coïncide avec la saveur « verte » merveilleusement concentrée des blettes et des herbes. Voici comment bien commencer un repas. Les épinards peuvent tout à fait remplacer les blettes : doublez la quantité et faites-les simplement revenir dans une poêle au lieu de les faire bouillir.

Portez une grande casserole d'eau salée à ébullition, plongez-y les blettes et laissez cuire 5 min à petit feu. Égouttez les feuilles et essorez-les jusqu'à ce qu'elles soient complètement sèches. Transférez-les dans un robot ménager avec les herbes, la noix muscade, le sucre, la farine, l'ail, les œufs, un peu de sel et du poivre noir. Réduisez le tout en une pâte lisse, puis incorporez la feta à la main.

Versez 1 cuil. à soupe d'huile dans une poêle moyenne et faites chauffer à feu moyen à vif. Comptez une bonne cuillerée à soupe bombée de pâte par beignet. Appuyez doucement sur la pâte pour obtenir des beignets de 7 cm de large et de 1 cm d'épaisseur. Vous devriez pouvoir en faire cuire trois à la fois. Laissez cuire chaque « fournée » de beignets pendant 3 ou 4 min en les retournant une fois, jusqu'à ce qu'ils se colorent. Transférez-les au fur et à mesure sur du papier absorbant, puis gardez-les au chaud pendant que vous faites cuire les autres. Servez immédiatement avec des quartiers de citron.

POUR 4 PERSONNES

Salade de pois chiches épicés & légumes frais

100 g de pois chiches secs
1 cuil. à café de bicarbonate de soude
2 petits concombres (280 g)
2 grosses tomates (300 g)
240 g de radis
1 poivron rouge, épépiné et chair blanche enlevée
1 petit oignon rouge, épluché
20 g de feuilles et tiges de coriandre, ciselées grossièrement
15 g de persil plat, ciselé grossièrement
9 cl d'huile d'olive
le zeste râpé de 1 citron + 2 cuil. à soupe de jus
1 ½ cuil. à soupe de vinaigre de xeres
1 gousse d'ail, écrasée
1 cuil. à café de sucre en poudre
1 cuil. à café de cardamome en poudre
1 ½ cuil. à café de quatre-épices en poudre
1 cuil. à café de cumin en poudre
yaourt grec (facultatif)
sel et poivre noir

L'idée de cette salade n'est pas directement venue de Jérusalem mais plutôt du Morito, un merveilleux bar à tapas de Londres possédé et dirigé par Samantha et Samuel Clark, dont la cuisine trouve son inspiration dans le Sud de l'Espagne, l'Afrique du Nord et le Moyen-Orient, et rappelle beaucoup celle de Jérusalem. L'association de la salade, fraîche, et des pois chiches, chauds, donne un résultat étonnamment appétissant. Vous pouvez servir ce plat tel quel, avec un simple pain pita frais bien épais. Mais vous pouvez aussi le compléter idéalement avec une assiette de houmous (VOIR PAGE 114) *ou de chou-fleur frit au tahini* (VOIR PAGE 60). *La salade est également bonne sans pois chiches (il suffit de supprimer le sucre).*

Faites tremper les pois chiches secs pendant toute une nuit dans un grand saladier rempli d'eau froide additionnée de bicarbonate de soude. Le lendemain, égouttez-les, versez-les dans une grande casserole et recouvrez-les de deux fois leur volume en eau. Portez à ébullition et laissez mijoter à petit feu pendant 1 h environ, en écumant jusqu'à ce que les pois chiches soient parfaitement tendres, puis égouttez-les.

Coupez les concombres, les tomates, les radis et le poivron en dés de 1,5 cm ; détaillez l'oignon en dés de 0,5 cm. Réunissez le tout dans un saladier avec la coriandre et le persil.

Dans un bocal ou un récipient hermétique, versez 7,5 cl d'huile d'olive, le jus et le zeste de citron, le vinaigre de xeres, l'ail et le sucre et mélangez bien pour obtenir une vinaigrette, puis salez et poivrez à votre goût. Arrosez la salade de vinaigrette et remuez légèrement.

Mélangez la cardamome, le quatre-épices, le cumin et ¼ de cuil. à café de sel et versez dans une assiette. Enrobez bien les pois chiches cuits de ce mélange d'épices. Faites chauffer le reste d'huile d'olive dans une poêle à feu moyen et mettez-y à frire légèrement les pois chiches pendant 2 ou 3 min, en secouant doucement la poêle afin que la cuisson soit homogène et qu'ils ne collent pas. Gardez au chaud.

Répartissez la salade sur quatre assiettes en formant un grand cercle, puis versez les pois chiches épicés chauds dessus, en laissant apparaître la salade sur le côté. Pour obtenir une salade crémeuse, agrémentez-la de yaourt grec.

POUR 4 PERSONNES

Aubergine à la chermoula, au boulgour & au yaourt

Historiquement, le boulgour était généralement l'aliment des ruraux au Moyen-Orient, tandis que le riz était réservé aux personnes plus aisées. Le boulgour – blé bouilli séché et concassé ou moulu – était l'aliment de base pour de nombreux Palestiniens. Aujourd'hui, cette différenciation est moins pertinente, le boulgour étant de plus en plus apprécié par tous, surtout dans les salades et les mezzés.

La chermoula est une pâte nord-africaine forte dont on badigeonne les poissons et les légumes pour leur donner l'arôme parfumé du citron confit, mêlé à la chaleur et aux épices. Ici, ces aubergines parfumées à la chermoula, agrémentées de yaourt froid, permettent de commencer agréablement n'importe quel repas. Accompagnez-les d'une salade de boulgour sucrée-salée pour un bon repas végétarien tout simple.

2 gousses d'ail, écrasées
2 cuil. à café de cumin en poudre
2 cuil. à café de coriandre en poudre
1 cuil. à café de flocons de piment
1 cuil. à café de paprika doux
2 cuil. à soupe de zeste de citron confit, émincé finement (tout prêt ou voir recette page 303)
14 cl d'huile d'olive + pour arroser
2 aubergines moyennes
150 g de boulgour fin
50 g de raisins secs
10 g de coriandre fraîche, ciselée + pour décorer
10 g de menthe fraîche, ciselée
50 g d'olives vertes dénoyautées, coupées en deux
30 g d'amandes effilées, grillées
3 oignons nouveaux, émincés
1 ½ cuil. à soupe de jus de citron
120 g de yaourt grec
sel

Préchauffez le four à 200 °C (th. 6-7).

Préparez la chermoula. Dans un petit saladier, mélangez l'ail, le cumin, la coriandre, le piment, le paprika, le citron confit, deux tiers de l'huile d'olive et ½ cuil. à café de sel.

Coupez les aubergines en deux dans la longueur. Incisez la chair de chaque moitié de profondes entailles diagonales en croisillons, en veillant à ne pas traverser la peau. Recouvrez chaque moitié de chermoula en l'étalant en une couche régulière et placez les demi-aubergines sur une plaque à pâtisserie, côté coupé vers le haut. Enfournez et laissez rôtir 40 min environ, jusqu'à ce que les aubergines soient bien tendres.

Pendant ce temps, versez le boulgour dans un grand saladier et recouvrez de 14 cl d'eau bouillante.

Faites tremper les raisins secs dans 5 cl d'eau chaude. Au bout de 10 min, égouttez-les et ajoutez-les au boulgour avec le reste d'huile. Incorporez les herbes, les olives, les amandes, les oignons, le jus de citron et une pincée de sel, puis remuez bien. Goûtez et ajoutez du sel si nécessaire.

Servez les aubergines chaudes ou à température ambiante. Comptez 1 demi-aubergine par personne. Garnissez de boulgour en le laissant tomber de chaque côté. Décorez d'un peu de yaourt, parsemez de coriandre ciselée et terminez par un filet d'huile.

POUR 6 PERSONNES

Chou-fleur frit au tahini

Ce plat est généralement proposé dans un grand mezzé au début d'un copieux repas. Ce type de dîner est courant à l'Ouest et devenu assez populaire – comme l'attestent les tables communes d'Ottolenghi –, mais il est difficile d'imaginer à quel point il est ancré dans la culture et le caractère de Jérusalem et des environs.

Les Jérusalémites, les Arabes et les Juifs détestent tous l'idée de dîner seuls. Manger est une fête, c'est une affaire de convivialité, d'abondance et de partage. Le décorum et les bonnes manières à table n'étant absolument pas des priorités, au repas on a toujours tendance à se gaver, à partager tout avec tout le monde, heureux de piocher dans les assiettes des autres, de s'emparer des plats et de les faire passer, jusqu'à ce que chacun trouve son bonheur. Ce n'est pas une manière particulièrement ordonnée ni calme de manger, mais elle est sans aucun doute très joyeuse.

---

2 têtes de chou-fleur moyennes (1 kg), divisées en petits bouquets
8 oignons nouveaux, divisés chacun en 3 longs morceaux
180 g de tahini léger
2 gousses d'ail, écrasées
15 g de persil plat, ciselé
15 g de menthe ciselée + pour décorer
150 g de yaourt grec
le zeste râpé de 1 citron + 6 cl de jus
1 cuil. à café de mélasse de grenade + pour décorer
50 cl d'huile de tournesol
sel de mer de Maldon et poivre noir

Pour les nombreux Occidentaux qui ont été habitués au chou-fleur gratiné au fromage et à d'autres plats similaires assez lourds à cause des produits laitiers, il est difficile d'imaginer des plats différents, plus forts et plus frais, à base de chou-fleur. Cette salade conserve l'aspect crémeux qui rend le chou-fleur agréable à manger mais elle n'est ni grasse ni onctueuse. Vous pourrez la garder au réfrigérateur pendant une journée. N'oubliez pas de la ramener à température ambiante et de l'assaisonner de nouveau avant de servir.

Faites chauffer l'huile de tournesol dans une grande casserole à feu moyen à vif. Avec des pinces ou une cuillère en métal, plongez quelques bouquets de chou-fleur à la fois dans l'huile 2 ou 3 min en les retournant pour qu'ils se colorent d'une façon homogène. Une fois qu'ils sont bien dorés, sortez-les de l'huile avec une écumoire et égouttez-les dans une passoire. Salez légèrement. Répétez l'opération plusieurs fois, jusqu'à ce que tous les bouquets soient cuits. Ensuite, faites revenir l'oignon nouveau 1 min à la poêle en plusieurs fois. Ajoutez-le au chou-fleur. Laissez un peu refroidir.

Versez le tahini dans un grand saladier, ajoutez l'ail, les herbes ciselées, le yaourt, le jus et le zeste de citron, la mélasse de grenade, du sel et du poivre. Remuez bien avec une cuillère en bois en versant 18 cl d'eau environ. La sauce tahini commencera par épaissir, puis deviendra plus liquide. N'ajoutez pas trop d'eau, juste assez pour obtenir une pâte lisse, un peu similaire à du miel.

Incorporez le chou-fleur et l'oignon nouveau au tahini et mélangez bien. Rectifiez l'assaisonnement. Ajoutez éventuellement un peu de jus de citron. Décorez de quelques gouttes de mélasse de grenade et de menthe.

عقبة الشيخ ريحان
SHEIKH RAIHAN ASCENT
GREEN DOOR
PIZZA BAKERY
ABU ALI
02-6276171

POUR 2 À 4 PERSONNES

Chou-fleur rôti & salade aux noisettes

1 tête de chou-fleur, en petits bouquets (660 g)
5 cuil. à soupe d'huile d'olive
1 grosse branche de céleri, coupée en diagonale en tranches de 0,5 cm d'épaisseur (70 g environ)
30 g de noisettes, non épluchées
10 g de petites feuilles de persil plat, fraîchement cueillies
50 g de graines de grenade (prélevées sur ½ grenade moyenne)
1/3 de cuil. à café de cannelle en poudre
1/3 de cuil. à café de quatre-épices en poudre
1 cuil. à soupe de vinaigre de xeres
1 ½ cuil. à café de sirop d'érable
sel et poivre noir

Le chou-fleur, cru ou légèrement cuit, est un ingrédient utile pour les salades, surtout en hiver lorsque les légumes frais ne sont pas très variés. Il s'imprègne particulièrement bien des saveurs, sucrées et fortes. Cette salade, qui se marie bien avec le poulet sofrito (VOIR PAGE 190) *ou les brochettes de poisson grillé au hawayej et au persil* (VOIR PAGE 226), *est inspirée d'une recette d'une brillante chef et écrivain gastronomique australienne, Karen Martini.*

Préchauffez le four à 220 °C (th. 7-8).

Mélangez le chou-fleur avec 3 cuil. à soupe d'huile d'olive, ½ cuil. à café de sel et du poivre noir. Répartissez-le dans un plat allant au four et faites rôtir tout en haut du four pendant 25 à 35 min, jusqu'à ce que le chou-fleur soit croustillant et en partie doré. Transférez dans un grand saladier et réservez pour laisser refroidir.

Baissez la température du four à 170 °C (th. 5-6). Répartissez les noisettes sur une plaque à pâtisserie tapissée de papier sulfurisé et faites-les griller pendant 17 min.

Laissez les noisettes refroidir un peu, puis concassez-les grossièrement et ajoutez-les au chou-fleur avec le reste d'huile et le reste des ingrédients. Remuez, goûtez, salez et poivrez à votre convenance. Servez à température ambiante.

POUR 2 À 4 PERSONNES
8 BEIGNETS ENVIRON

A'ja (beignets de pain)

Cette version tripolitaine est une des innombrables recettes de beignets de pain et omelettes aux herbes ou aux légumes qui circulent dans la ville. Voici un plat cuisiné qui peut garnir un pain pita et que vous pouvez emporter facilement avec vous pour le déjeuner ou encore une idée rapide pour préparer un repas léger avec des restes de pain et des légumes de saison. Même s'il ne vous semble pas appétissant au premier abord, goûtez-le et vous verrez alors ce dont il s'agit exactement.

---

4 tranches de pain blanc, sans croûte (80 g)
4 gros œufs fermiers
1 ½ cuil. à café de cumin en poudre
½ cuil. à café de paprika doux
¼ de cuil. à café de poivre de Cayenne
25 g de ciboulette, ciselée
25 g de persil plat, ciselé
10 g d'estragon, ciselé
40 g de feta, émiettée
huile de tournesol, pour frire
sel et poivre noir fraîchement moulu

Vous pouvez ajouter des légumes râpés, comme de la courgette ou de la patate douce, à vos a'ja, pour remplacer le pain ou le compléter. N'hésitez pas à user des herbes et des épices. Les Tunisiens, par exemple, ajoutent de la menthe ciselée et de l'ail écrasé. Les beignets à base de légumes sont meilleurs servis dans un pain pita, chauds ou à température ambiante, avec du tahini (VOIR PAGE 298) *et des tranches de tomate et de concombre. Ces beignets à base de pain peuvent se déguster seuls, accompagnés d'une salade fraîche* (VOIR FATTOUCH, PAGE 29), *sans pain.*

Faites tremper le pain 1 min dans un gros volume d'eau froide, puis égouttez-le bien.

Émiettez le pain mouillé dans un saladier moyen, puis ajoutez les œufs, les épices, ½ cuil. à café de sel et ¼ de cuil. à café de poivre et battez bien au fouet. Incorporez les herbes ciselées et la feta.

Faites chauffer 1 cuil. à soupe d'huile dans une poêle moyenne à feu moyen à vif. Déposez 3 cuil. à soupe environ du mélange au centre de la poêle et aplatissez avec le dos de la cuillère de manière à former des beignets de 2 ou 3 cm d'épaisseur. Faites-les frire pendant 2 ou 3 min de chaque côté, jusqu'à ce qu'ils soient bien dorés. Répétez l'opération avec le reste de pâte. Vous devriez obtenir 8 beignets environ.

Vous pouvez aussi faire frire toute la pâte en une seule fois, comme si vous prépariez une grande omelette. Ensuite, coupez-la en parts et servez chaud ou à température ambiante.

POUR 4 PERSONNES

Salade de carottes épicées

La plupart des mezzés typiques servis dans les restaurants de la ville proposent une salade de carottes, qui doit inclure de la carotte cuite, de l'huile, de l'ail et du jus de citron ou du vinaigre. Voilà pour les ingrédients de base. Toutefois, comme c'est souvent le cas, les détails font toute la différence et ces derniers varient considérablement d'une version à l'autre.

Selon nous, on trouve les meilleures salades de carottes dans les cuisines nord-africaines, où un piment fort et une pâte d'épices se mêlent à la douceur naturelle de la carotte et en rehaussent la saveur. Les Marocains ajoutent des graines de cumin à leur version. Les Juifs de Tripoli, en Libye, une communauté à la cuisine riche et caractéristique, préparent plusieurs *chershi*, ou condiments piquants. Ils agrémentent le dîner du vendredi, avec des *pickles*, en plus du plat principal, du ragoût et du couscous. Le plus typique est le *chershi kara'a*, salade de citrouille écrasée.

Cette salade de carottes s'inspire d'une recette de Pascale Perez-Rubin, illustre écrivain gastronomique, qui a étudié de près la cuisine tripolitaine. La salade de citrouille de Rubin est très similaire à celle-ci. Vous pouvez remplacer la carotte par de la citrouille ou de la courge doubeurre cuite et l'écraser pour obtenir une belle pâte ou sauce de couleur vive. Il est important de laisser cette salade reposer 30 min au moins, afin que les saveurs se mêlent les unes aux autres et s'adoucissent. La harissa peut remplacer le pilpelchuma *– bien que ce dernier fasse vraiment la différence –, mais avant de l'ajouter, n'oubliez pas de la goûter pour voir si elle est plus ou moins épicée.*

---

6 grosses carottes, épluchées (700 g environ)
300 g d'oignons, émincés finement
1 cuil. à soupe de *pilpelchuma* (voir page 302) ou 2 cuil. à soupe de harissa (toute prête ou voir page 301)
½ cuil. à café de cumin en poudre
½ cuil. à café de graines de cumin, fraîchement moulues
½ cuil. à café de sucre
3 cuil. à soupe de vinaigre de cidre
30 g de feuilles de roquette, pour décorer
3 cuil. à soupe d'huile de tournesol
sel

Réunissez les carottes dans une grande casserole, recouvrez-les d'eau et portez à ébullition. Baissez le feu, couvrez et laissez cuire 20 min environ, jusqu'à ce que les carottes soient tout juste tendres. Égouttez-les et, dès qu'elles sont suffisamment froides pour être manipulées, coupez-les en rondelles de 5 mm.

Pendant que les carottes cuisent, faites chauffer la moitié de l'huile dans une grande poêle. Mettez-y l'oignon à revenir pendant 10 min à feu moyen, jusqu'à ce qu'il soit bien doré.

Versez l'oignon frit dans un grand saladier et ajoutez le *pilpelchuma*, le cumin, les graines de cumin, un peu de sel, le sucre, le vinaigre et le reste d'huile. Incorporez les carottes et remuez bien. Réservez pendant au moins 30 min pour laisser les saveurs se développer.

Disposez la salade dans un grand plat et décorez-la de feuilles de roquette.

POUR 2 À 4 PERSONNES

Shakshuka

La *shakshuka* est un plat d'origine tunisienne mais il est devenu extrêmement populaire à Jérusalem et dans tout Israël, où il constitue un copieux petit déjeuner ou déjeuner. La cuisine tunisienne adore les œufs et cette version particulière de la *shakshuka* est une variante saisonnière pour l'été et le début de l'automne. En hiver, on la prépare avec des pommes de terre et au printemps avec des aubergines.

Ayant déjà publié une ou deux fois des recettes de shakshuka, nous sommes bien conscients du risque de nous répéter. Nous sommes pourtant heureux d'ajouter dans ce livre une autre version de ce merveilleux plat si populaire et facile à préparer. Cette version met en valeur la tomate et les épices. Mais nous vous encourageons à essayer différents ingrédients et à adapter les épices à votre goût. Servez avec du bon pain blanc et rien d'autre.

---

2 cuil. à soupe de *pilpelchuma* (voir page 302) ou de harissa (toute prête ou voir page 301)
2 cuil. à café de concentré de tomate
2 gros poivrons rouges, en dés de 0,5 cm (300 g)
4 gousses d'ail, émincées finement
1 cuil. à café de cumin en poudre
5 grosses tomates très mûres ou en conserve (800 g), en morceaux
4 œufs fermiers moyens + 4 jaunes
120 g de *labneh* (voir page 302, ou tout prêt) ou de yaourt épais
2 cuil. à soupe d'huile d'olive
sel

Faites chauffer l'huile d'olive dans une grande poêle à feu moyen et mettez-y le *pilpelchuma* ou la harissa, le concentré de tomate, les poivrons, l'ail, le cumin et une petite cuil. à café de sel. Remuez et faites ramollir les poivrons à feu moyen pendant 8 min environ. Incorporez les tomates, portez à frémissement et laissez cuire encore 10 min, jusqu'à obtenir une sauce assez épaisse. Goûtez et assaisonnez.

Formez 8 petits « trous » dans la sauce. Cassez délicatement les œufs et versez chacun dans un trou. Faites de même avec les jaunes d'œufs. En vous aidant d'une fourchette, incorporez délicatement les blancs d'œufs à la sauce en veillant à ne pas casser les jaunes. Laissez cuire à petit feu pendant 8 à 10 min, jusqu'à ce que les blancs d'œufs soient pris – les jaunes doivent être encore liquides (pour accélérer la cuisson, vous pouvez couvrir la poêle). Retirez la poêle du feu, laissez durcir pendant 1 ou 2 min, puis transférez sur des assiettes et servez avec du *labneh* ou du yaourt.

POUR 6 À 8 PERSONNES

Courge butternut au tahini

1 grosse courge butternut (1,2 kg environ), en morceaux
3 cuil. à soupe d'huile d'olive
1 cuil. à café de cannelle en poudre
70 g de tahini léger
120 g de yaourt grec
2 petites gousses d'ail, écrasées
1 cuil. à café de graines de sésame mélangées, noires et blanches (ou blanches seulement si vous n'avez pas de noires)
1 ½ cuil. à café de sirop de datte
2 cuil. à soupe de coriandre ciselée (facultatif)
sel

Le sirop de datte, que nous utilisons ici pour ajouter de l'intensité, est un édulcorant naturel populaire très riche et sirupeux. Utilisez-le pour préparer des vinaigrettes pour des salades et des légumes, pour adoucir des ragoûts ou simplement agrémenter crêpes ou pancakes au petit déjeuner. Vous pouvez en trouver dans les magasins d'alimentation diététique ou les épiceries moyen-orientales, mais vous pouvez aussi le remplacer par du sirop de sucre roux, du sirop d'érable ou même de la mélasse.

Voici un plat qui semble vraiment faire l'unanimité auprès de tous ceux qui l'essaient. L'association du tahini et de la citrouille ou de la courge, à laquelle nous revenons souvent, (VOIR ÉGALEMENT COURGE BUTTERNUT RÔTIE, PAGE 36) *est presque magique. Servez ce plat en entrée avec du pain ou avec dans un mezzé.*

Préchauffez le four à 200 °C (th. 6-7).

Répartissez les morceaux de courge dans un plat moyen allant au four. Arrosez d'huile d'olive et saupoudrez de cannelle et de ½ cuil. à café de sel. Mélangez bien le tout, recouvrez le plat de papier d'aluminium et enfournez pour 1 h 10, en remuant une fois en cours de cuisson. Sortez le plat du four et laissez refroidir.

Transférez la courge dans le bol d'un robot ménager avec le tahini, le yaourt et l'ail. Écrasez grossièrement, le but n'étant pas d'obtenir une pâte lisse ; vous pouvez aussi le faire à la fourchette ou avec un presse-purée.

Versez la purée de courge sur une assiette plate, parsemez-la de graines de sésame, arrosez-la de sirop et décorez éventuellement avec un peu de coriandre ciselée.

עטרת ראשנו
שמעון שטרן
גברים

Baba ghanoush

Faire brûler la peau d'une aubergine est sans doute la technique la plus efficace du cuisinier jérusalémite et de beaucoup d'autres dans toute la région. Nous avons préparé des dizaines de salades à partir de cette technique ultra-populaire. La pulpe d'aubergine peut être utilisée de multiples manières – ragoûts, soupes (VOIR SOUPE À L'AUBERGINE « BRÛLÉE » ET AU *MOGHRABIEH*, PAGE 141), avec de la viande ou du poisson grillé (VOIR CROQUETTES DE POISSON AUX CÂPRES, PAGE 221) –, mais c'est dans les salades et les sauces qu'elle se distingue. Les variantes sont nombreuses et dépendent des religions et des cultures. Vous pensiez que tout le monde vivait en harmonie, dans une ambiance enfumée mais tolérante ? À vrai dire, ce n'est pas tout à fait le cas.

Yotam s'est récemment exprimé sur un programme radio de la BBC au sujet de son *baba ghanoush*, plat levantin extrêmement populaire composé d'aubergine « brûlée », écrasée et agrémentée d'assaisonnements variés. Il fut confronté à une personne qui avait une conception très différente du *baba ghanoush*. Rana Jawad, courageuse correspondante libanaise de la BBC qui s'infiltra à Tripoli pendant les derniers mois du règne de Kadhafi, n'était pas là pour parler de nourriture, mais on lui fit goûter une cuillerée de salade. Elle l'adora mais s'opposa farouchement à son nom de *baba ghanoush*. « S'il n'y a pas de tahini dans cette salade, alors on ne peut pas l'appeler ainsi », affirma-t-elle. Yotam dut le reconnaître.

VOUS PENSIEZ QUE TOUT LE MONDE VIVAIT EN HARMONIE, DANS UNE AMBIANCE ENFUMÉE MAIS TOLÉRANTE ? À VRAI DIRE, CE N'EST PAS TOUT À FAIT LE CAS

Nous ne savons pas bien ce qu'aurait dit Rana si elle avait vu le semblant de *baba ghanoush* que le chef jérusalémite Ezra Kedem prépara pour Yotam, avec la chair d'une petite aubergine joliment répartie sur une assiette et accompagnée de tous les autres ingrédients de la salade, dont le tahini, mais sans avoir été ni remuée ni mélangée. Dans tous les cas, tout le monde semblait être d'accord sur un point : le *baba ghanoush* doit contenir du tahini.

Ensuite, les événements prirent une autre tournure. Lorsque nous allâmes parler à Nawal Abu Ghosh, experte en nourriture israélo-arabe et auteur d'un livre complet sur le sujet, elle affirma que le *baba ghanoush* ne contenait absolument pas de tahini – simplement des légumes coupés en dés, du jus de citron, de l'ail et de l'huile d'olive – et que si vous ajoutiez du tahini, vous aviez alors simplement une salade d'aubergines. Allez comprendre !

POUR 4 EN PLAT DE MEZZÉ

Aubergine « brûlée », ail, citron & graines de grenade

4 grosses aubergines (1,5 kg avant cuisson, 550 g cuit et égoutté)
2 gousses d'ail, écrasées
le zeste râpé de 1 citron + 2 cuil. à soupe de jus
5 cuil. à soupe d'huile d'olive
2 cuil. à soupe de persil plat ciselé
2 cuil. à soupe de menthe ciselée
les graines de ½ grosse grenade (80 g)
sel et poivre noir

Cette salade a un arôme délicieusement fumé et se marie bien avec la viande ou le poisson grillé ainsi qu'avec d'autres sauces et salades pour commencer un succulent festin levantin. Mais, pour obtenir cette saveur fumée, respectez scrupuleusement les instructions et laissez bien brûler la peau des aubergines. Si vous voulez obtenir un « vrai » baba ghanoush, *quel qu'il soit* (VOIR PAGE 76), *ajoutez un peu tahini léger à la fin.*

Si vous avez une plaque de cuisson au gaz, protégez-la avec du papier d'aluminium en ne laissant que les brûleurs apparents. Posez les aubergines directement sur les brûleurs réglés à feu moyen et faites-les rôtir pendant 15 à 18 min, jusqu'à ce que la peau soit noire et s'effrite et que la chair soit tendre. Retournez-les de temps en temps avec une pince métallique. Vous pouvez aussi entailler les aubergines en plusieurs endroits avec un couteau sur 1 ou 2 cm de profondeur et les mettre sur une plaque à pâtisserie sous le gril chaud du four pendant 1 h environ. Retournez-les alors toutes les 20 min environ et poursuivez la cuisson, même si elles éclatent en morceaux.

Retirez les aubergines du feu et laissez-les refroidir légèrement. Dès qu'elles sont suffisamment froides pour être manipulées, ouvrez-les en deux dans la longueur et creusez leur chair tendre en la divisant en de longues et fines bandes avec les mains. Jetez la peau. Mettez la chair à égoutter dans une passoire pendant au moins 1 h – plus longtemps de préférence – afin d'éliminer un maximum d'eau.

Placez l'aubergine dans un saladier moyen et ajoutez l'ail, le zeste et le jus de citron, l'huile d'olive, ½ cuil. à café de sel et une bonne dose de poivre noir. Remuez et laissez l'aubergine mariner à température ambiante pendant au moins 1 h.

Lorsque vous êtes prêt à servir, incorporez les trois quarts des herbes et mélangez, puis goûtez avant d'assaisonner. Empilez sur un plat, parsemez de graines de grenade et décorez avec les herbes restantes.

POUR 4 PERSONNES

Salade de persil & d'orge

Nous avions d'abord appelé ce plat « taboulé à l'orge et à la feta », mais plus nous passions de temps sur nos recettes et nos documents, plus nous nous rendions compte de l'importance des noms donnés aux plats. C'est parfaitement compréhensible dans un endroit où les enjeux sont toujours tellement importants.

Cette recette est pourtant largement inspirée de celle du taboulé (VOIR PAGE 85). Elle fut préparée pour la première fois pour Yotam par Tami Rosenbaum, la mère de Yoni, son meilleur ami d'enfance. Tami est une cuisinière fantastique. Elle est issue d'une famille de *Yeke* (Juifs allemands), a reçu une éducation « correcte » et pas particulièrement moyen-orientale. Tami a étudié la cuisine à l'école et a suivi une formation traditionnelle. Lorsque Yotam rendait visite à Yoni, c'était la seule maison parmi celles de ses amis où des petits pains – sucrés et salés – étaient régulièrement cuits au four ; on y préparait aussi des escalopes de veau farcies au bacon et tous les enfants jouaient d'un instrument de musique. Comme à la maison, en Allemagne. Malgré tout, la cuisine de Tami n'échappa pas aux influences moyen-orientales et nombre des plats qu'elle concocte aujourd'hui parviennent à rapprocher délicieusement ces deux mondes.

Les plats « sérieux » de Jérusalem – ces plats copieux, qui cuisent longtemps et que tout le monde adore mais qui font également un peu peur tant ils peuvent être lourds (VOIR POULET À L'OIGNON CARAMÉLISÉ ET RIZ À LA CARDAMOME, PAGE 184, OU GÂTEAU AU NAVET ET AU VEAU, PAGE 156) *– doivent toujours être accompagnés d'une salade fraîche et relevée comme celle proposée ici. Les herbes et le jus de citron nettoient le palais et donnent une impression de légèreté, compensant toute overdose de glucides et de viande tendre. Vous pouvez aussi la servir avec d'autres plats à base de légumes pour un mezzé. L'orge peut être remplacé par de l'épeautre ou du blé entier, en adaptant le temps de cuisson.*

---

40 g d'orge perlé
150 g de feta
5 ½ cuil. à soupe d'huile d'olive
1 cuil. à café de zaatar
½ cuil. à café de graines de coriandre, légèrement grillées et concassées
¼ de cuil. à café de cumin en poudre
80 g de persil plat, feuilles et fines tiges
4 oignons nouveaux, émincés finement (40 g)
2 gousses d'ail, écrasées
40 g de noix cajou, légèrement grillées et concassées
1 poivron vert, épépiné et en dés de 1 cm
½ cuil. à café de quatre-épices en poudre
2 cuil. à soupe de jus de citron
sel et poivre noir

Versez l'orge perlé dans une petite casserole, recouvrez d'un gros volume d'eau et laissez cuire pendant 30 à 35 min environ, jusqu'à ce que l'orge soit tendre mais croquant. Égouttez dans une fine passoire, secouez pour enlever toute l'eau et transférez dans un grand saladier.

Coupez la feta en gros morceaux de 2 cm environ et mélangez-les délicatement avec 1 ½ cuil. à soupe d'huile d'olive, le zaatar, les graines de coriandre et le cumin. Laissez mariner.

Émincez finement le persil et mettez-le dans un saladier avec les oignons nouveaux, les gousses d'ail, les noix cajou, le poivron, le quatre-épices, le jus de citron, le reste d'huile d'olive et l'orge perlé cuit. Mélangez bien et assaisonnez. Pour servir, répartissez la salade sur quatre assiettes et parsemez de feta marinée.

طقش
للخضار والفواكة

POUR 6 PERSONNES

Salade de courgettes & tomates

8 courgettes vert pâle ou standard (1 kg environ)
5 grosses tomates très mûres (800 g)
3 cuil. à soupe d'huile d'olive + pour arroser
300 g de yaourt grec
2 gousses d'ail, écrasées
2 piments rouges, épépinés et émincés
le zeste râpé de 1 citron + 2 cuil. à soupe de jus
1 cuil. à soupe de sirop de datte + pour décorer **(voir page 69)**
200 g de noix, concassées grossièrement
2 cuil. à soupe de menthe ciselée
20 g de persil plat, ciselé
sel et poivre noir

Voici une variante de la mafghoussa*, salade ou pâte à tartiner palestinienne populaire. Les légumes de la* mafghoussa *étaient traditionnellement grillés sur les braises dans le* tabun*, four en argile installé à l'extérieur des maisons dans les villages. La recette originale requiert des tomates et des courgettes grillées, de l'ail, du babeurre et du persil haché. Nous avons ajouté quelques autres ingrédients pour donner une salade un peu plus riche, idéale pour commencer un repas, accompagnée de pain. Vous pouvez faire cuire vos légumes au barbecue plutôt que sur un gril en fonte.*

Préchauffez le four à 220 °C (th. 7-8) et faites chauffer un gril en fonte à feu vif sur la plaque de cuisson.

Ôtez les extrémités des courgettes et coupez-les en deux dans la longueur. Coupez également les tomates en deux. Badigeonnez le côté coupé des courgettes et des tomates d'huile d'olive, salez et poivrez.

Une fois le gril bien chaud, commencez par y faire cuire les courgettes, côté coupé sur le gril, pendant 5 min ; elles doivent être bien grillées d'un côté. Enlevez les courgettes et répétez l'opération avec les tomates. Réunissez les légumes dans un plat allant au four et enfournez pour 20 min environ, jusqu'à ce que les courgettes soient très tendres.

Sortez le plat du four et laissez les légumes refroidir légèrement. Coupez-les ensuite en gros morceaux et mettez-les à égoutter dans une passoire pendant 15 min.

Dans un grand saladier, fouettez le yaourt, l'ail, les piments, le zeste et le jus de citron et le sirop de datte. Ajoutez les morceaux de légumes, les noix, la menthe et les trois quarts du persil et remuez bien. Salez et poivrez.

Transférez la salade sur une grande assiette plate et répartissez-la bien sur l'assiette. Décorez avec le persil restant. Pour finir, arrosez de sirop de datte et d'huile d'olive.

POUR 4 PORTIONS GÉNÉREUSES

Taboulé

« Si tu veux trouver un bon mari, mieux vaut savoir comment hacher correctement ton persil », telle était la mise en garde de la mère de Sami à sa sœur lorsqu'elle était adolescente. Dans le taboulé, tout est, en effet, une question de persil, ce qui n'est pas toujours compris par les Occidentaux. Ce dernier est un ingrédient clé – à la fois dans cette salade et dans la cuisine palestinienne d'une manière générale – et il doit être traité avec beaucoup de respect et de dextérité, comme le suggère la maman de Sami.

Le taboulé est probablement originaire du Liban et de la Syrie, mais il est devenu un élément si essentiel de l'héritage palestinien que plus personne ne semble s'en souvenir. Un bon taboulé se compose de beaucoup de persil plat et de menthe frais, délicatement émincés à la main pour ne pas les abîmer, bien assaisonnés et relevés, mélangés à de la tomate et du boulgour *al dente*. Les proportions exactes du persil par rapport au boulgour varient. Les Libanais utilisent très peu de boulgour, se contentant de quelques grains parsemés au milieu du persil. Les Palestiniens en mettent un peu plus. Les autres ingrédients doivent être ajoutés très préautionneusement. Quoi qu'il en soit, le taboulé est avant tout une salade de persil et non de boulgour.

30 g de boulgour fin
2 grosses tomates, mûres mais fermes (300 g)
1 échalote, émincée finement (30 g)
3 cuil. à soupe de jus de citron + pour arroser
4 gros bouquets de persil plat (160 g)
2 bouquets de menthe (30 g)
2 cuil. à café de quatre-épices en poudre
1 cuil. à café de *baharat* (mélange d'épices du commerce ou voir recette page 299)
8 cl d'huile d'olive de qualité supérieure
les graines de 1 grosse grenade (environ 70 g, facultatif)
sel et poivre noir

Si le paquet n'indique pas si le boulgour est gros ou fin, faites-le tremper dans de l'eau bouillante 5 min, puis égouttez-le et laissez-le sécher dans une fine passoire. On mange traditionnellement le taboulé avec des petites feuilles de laitue romaine, qui peuvent être présentées sur un plat en début de repas. Le taboulé peut aussi accompagner des plats de viande et de poisson.

Versez le boulgour dans une fine passoire et passez-le sous l'eau froide du robinet, jusqu'à ce que l'eau soit transparente et que la plupart de l'amidon ait été éliminé. Transférez dans un grand saladier.

Avec un petit couteau dentelé, coupez les tomates en tranches de 0,5 cm d'épaisseur, recoupez chaque tranche en bandes de 0,5 cm, puis en dés. Ajoutez les dés de tomates et leur jus dans le saladier avec l'échalote et le jus de citron, remuez bien.

Coupez la plupart des tiges de persil et jetez-les. Émincez les feuilles et les tiges restantes du persil aussi finement que possible en essayant de ne pas avoir de morceaux de plus de 1 mm. Versez-les dans le saladier.

Prélevez les feuilles de menthe, superposez-les et coupez-les aussi finement que possible, comme le persil ; ne les hachez pas trop quand même car elles tendent à se décolorer. Ajoutez-les dans le saladier.

Pour terminer, versez le quatre-épices, le *baharat*, l'huile d'olive et éventuellement des graines de grenade ; salez et poivrez. Rectifiez l'assaisonnement ; vous pouvez arroser d'un peu de jus de citron.

POUR 4 PERSONNES

Pommes de terre rôties au caramel & aux pruneaux

Voici notre modeste hommage au *tzimmes*, ragoût polonais et ashkénaze sucré aux carottes et aux fruits secs, généralement pas terrible dans la plupart des manifestations locales. Pourtant, lorsqu'il est bien préparé, avec des morceaux de flanchet, des os à moelle, de la graisse d'oie, de la cannelle, du miel et du jus de citron, c'est l'un des ragoûts d'hiver les plus délicieux. Il existe aussi une version lituanienne, moins connue, dans laquelle les carottes sont remplacées par des pommes de terre.

---

1 kg de pommes de terre farineuses, telles que maris piper
12 cl de graisse d'oie
150 g de pruneaux d'Agen entiers, dénoyautés
90 g de sucre en poudre
sel

Nous avons publié cette recette pour la première fois il y a quelques années dans une brochure de Noël du Guardian. *Elle convient parfaitement aux importants repas familiaux, où l'on mange pendant des heures et où on ne consacre pas trop de temps à la cuisine. Servez ces pommes de terre avec du rôti de bœuf ou du poulet rôti et une salade de chou-rave* (VOIR PAGE 46). *Les végétariens peuvent remplacer la graisse d'oie par de l'huile de tournesol.*

Préchauffez le four à 240 °C (th. 8). Épluchez les pommes de terre, gardez les petites entières et coupez les plus grosses en deux. Rincez-les sous l'eau froide et réunissez-les dans une casserole avec un gros volume d'eau fraîche. Portez à ébullition et laissez cuire de 8 à 10 min. Égouttez bien les pommes de terre, puis secouez-les dans la passoire pour les rendre rugueuses.

Versez la graisse d'oie dans un plat allant au four et enfournez pour 8 min environ, jusqu'à ce qu'elle fume. Sortez précautionneusement le plat du four et déposez-y les pommes de terre en les retournant au fur et à mesure dans la graisse chaude. Posez le plat tout en haut du four et laissez cuire de 50 min à 1 h environ, jusqu'à ce que les pommes de terre soient dorées et croustillantes à l'extérieur. Retournez-les de temps en temps pendant la cuisson.

Une fois que les pommes de terre sont croustillantes, transférez-les dans un saladier résistant à la chaleur pour éliminer la plupart de la graisse. Ajoutez ½ cuil. à café de sel et les pruneaux et remuez délicatement. Remettez au four pour 5 min encore.

Préparez le caramel. Versez le sucre dans une casserole à fond épais et faites chauffer à feu doux. Sans remuer, laissez-le prendre une belle couleur caramel. Ne le quittez pas des yeux. Dès que le caramel est formé, retirez du feu. Tout en tenant la casserole assez loin de votre visage, versez rapidement 5 cl d'eau glacée pour arrêter sa cuisson. Remettez sur le feu et remuez pour éliminer les éventuels grumeaux de sucre. Avant de servir, mélangez le caramel avec les pommes de terre et les pruneaux. Transférez dans un plat et servez immédiatement.

POUR 4 PERSONNES

Blettes au tahini, au yaourt & aux pignons dorés

1,3 kg de blettes
40 g de pignons de pin
2 petites gousses d'ail, tranchées très finement
6 cl de vin blanc sec
paprika doux, pour décorer (facultatif)
40 g de beurre doux
2 cuil. à soupe d'huile d'olive + pour arroser
sel et poivre noir

sauce au tahini et au yaourt
50 g de tahini léger
50 g de yaourt grec
2 cuil. à soupe de jus de citron
1 gousse d'ail, écrasée

Les blettes comptent parmi les légumes verts les plus populaires de Jérusalem. Leur arôme est délicieusement relevé et elles conservent leur texture lorsqu'elles sont cuites. Nous adorons les farcir et les faire sauter avec des herbes et des épices variées. L'ail est essentiel ! Associées au tahini et au yaourt, les blettes constituent une excellente garniture – relevée et pleine de saveur, qui n'éclipse pas pour autant celle de la plupart des plats principaux. Essayez-les avec la mejadra (VOIR PAGE 120) *ou le shawarma d'agneau* (VOIR PAGE 210).

Commencez par préparer la sauce. Versez tous les ingrédients dans un saladier moyen avec 2 cuil. à soupe d'eau et une pincée de sel et remuez bien avec un petit fouet, jusqu'à obtenir une pâte lisse et mi-ferme. Réservez.

Avec un couteau pointu, séparez les tiges des blettes des feuilles vertes et coupez-les en morceaux de 2 cm de large. Portez un gros volume d'eau salée à ébullition dans une casserole et plongez-y les tiges des blettes. Laissez cuire 2 min à petit bouillon, puis incorporez les feuilles et laissez cuire 1 min encore. Égouttez et rincez sous l'eau froide du robinet. Laissez l'eau s'égoutter et, avec vos mains, pressez bien les blettes jusqu'à ce qu'elles soient complètement sèches.

Versez la moitié du beurre et l'huile d'olive dans une grande poêle et faites chauffer à feu moyen. Une fois la poêle bien chaude, versez les pignons de pin et remuez pendant 2 min environ, jusqu'à ce qu'ils soient dorés. Avec une écumoire, retirez les pignons de la poêle et mettez l'ail à la place. Laissez cuire 1 min environ jusqu'à ce qu'il commence à dorer. Versez délicatement le vin (attention, il crépitera !). Laissez chauffer 1 min environ – le vin doit réduire d'un tiers. Ajoutez alors les blettes et le reste de beurre et laissez cuire 2 ou 3 min, en remuant de temps en temps, jusqu'à ce que les blettes soient bien chaudes. Assaisonnez avec ½ cuil. à café de sel et du poivre noir.

Répartissez les blettes dans des bols, garnissez de sauce au tahini et parsemez de pignons de pin. Pour finir, arrosez d'huile d'olive et saupoudrez éventuellement de paprika.

POUR 4 PERSONNES

Sabih (sandwichs à l'aubergine & salade émincée)

Ce plat n'est pas originaire de Jérusalem. Il fut imaginé par des Juifs irakiens qui s'installèrent dans les années cinquante dans la ville de Ramat Gan, près de Tel Aviv. Il inclut toutefois tellement d'ingrédients qu'il est la parfaite illustration des multiples cuisines de la région. Les tranches d'aubergines, simplement frites, constituent un élément de base des cuisines arabe et séfarade. Le tahini a une origine similaire. Le *zhoug* (VOIR PAGE 301) est une pâte de piment juive yéménite qui est devenue l'équivalent israélien du ketchup. Le condiment épicé à la mangue que les Irakiens ont apporté avec eux est d'origine indienne. L'œuf dur est un autre aliment de base de la cuisine séfarade et la salade émincée est à la fois arabe et israélienne (VOIR PAGE 29).

---

2 grosses aubergines (750 g)
4 tranches de bon pain blanc, grillé, ou 4 mini-pains pita frais et moelleux
sauce tahini (voir page 298)
4 œufs fermiers moyens durs, en tranches de 1 cm ou en quartiers
4 cuil. à soupe environ de *zhoug* (voir page 301)
***amba* ou condiment épicé à la mangue (facultatif)**
30 cl environ d'huile de tournesol
sel et poivre noir

SALADE ÉMINCÉE

2 tomates moyennes mûres, en dés de 1 cm (200 g)
2 mini-concombres, en dés de 1 cm (120 g)
2 oignons nouveaux, tranchés finement
1 ½ cuil. à soupe de persil plat émincé
2 cuil. à café de jus de citron
1 ½ cuil. à soupe d'huile d'olive

Ce méli-mélo, servi dans ou sur un pain pita, est l'un des plats les plus délicieux que vous pouvez trouver à déguster dans la rue. Si vous n'arrivez pas à vous procurer des pains pita bien frais et épais chez un épicier moyen-oriental, évitez les supermarchés et remplacez plutôt le pain pita par du pain grillé. Si vous en trouvez, n'hésitez pas à acheter un condiment épicé à la mangue. Les condiments doux ou les chutneys de mangue ne sont pas vraiment adaptés à cette recette.

Avec un économe, enlevez des bandes de peau sur les aubergines de haut en bas, afin d'obtenir des aubergines rayées. Coupez les aubergines dans la largeur en tranches de 2,5 cm d'épaisseur. Salez-les des deux côtés, puis laissez-les dégorger pendant 30 min au moins sur un plat. Essuyez-les avec du papier absorbant.

Faites chauffer l'huile de tournesol dans une grande poêle. Mettez-y à frire les tranches d'aubergines en plusieurs fois pendant 6 à 8 min – attention, l'huile risque de crépiter ! –, jusqu'à ce qu'elles soient bien grillées, en veillant à les retourner une fois en cours de cuisson. Ajoutez un peu d'huile si nécessaire. Une fois cuites, les tranches d'aubergines doivent être bien tendres au milieu. Retirez-les de la poêle et égouttez-les sur du papier absorbant.

Mélangez tous les ingrédients de la salade et assaisonnez.

Pour servir, placez 1 tranche de pain grillé ou 1 pain pita sur chaque assiette. Versez 1 cuil. à soupe de sauce tahini sur le pain, puis garnissez d'aubergines, en les faisant se chevaucher. Arrosez de tahini, sans recouvrir complètement l'aubergine. Salez et poivrez les rondelles d'œuf dur et disposez-les sur les aubergines. Ajoutez du tahini et parsemez de *zhoug* ; attention, c'est épicé ! Terminez éventuellement avec un peu de condiment à la mangue. Servez la salade de légumes à part, en en mettant un peu sur chaque *sabih*.

POUR 4 PERSONNES
12 LATKES

Latkes (galettes de pommes de terre)

600 g de pommes de terre désirée, épluchées et râpées
300 g de panais, épluchés et râpés
30 g de ciboulette, ciselée finement
4 blancs d'œufs
2 cuil. à soupe de Maïzena
80 g de beurre doux
10 cl d'huile de tournesol
sel et poivre noir fraîchement moulu
crème aigre (à défaut, crème fraîche et jus de citron), pour servir

Nous aimerions remercier notre amie Helen Goh, véritable perfectionniste s'il en est, qui a amélioré pour nous cette spécialité ashkénaze d'Hanoucca. Ne réservez pas les latkes *aux jours de fête pour autant car elles sont vraiment délicieuses et permettent de bien commencer n'importe quel repas ou d'accompagner simplement une viande rôtie. Les* latkes *sont aussi souvent servies sucrées. Pour cela, enlevez la ciboulette et diminuez la quantité de sel. Servez-les chaudes avec de la crème aigre et saupoudrées de sucre.*

Rincez les pommes de terre râpées dans un grand saladier d'eau froide. Égouttez-les dans une passoire, éliminez toute l'eau puis étalez les pommes de terre sur un torchon de cuisine propre pour les sécher complètement. Dans un grand saladier, mélangez les pommes de terre, les panais, la ciboulette, les blancs d'œufs, la Maïzena, 1 cuil. à café de sel et beaucoup de poivre noir.

Faites chauffer la moitié du beurre et la moitié de l'huile dans une grande poêle à feu moyen à vif. Avec les mains, prélevez des portions équivalentes à 2 cuillerées à soupe environ du mélange de pommes de terre, pressez fermement pour éliminer l'eau et formez des petites galettes de 1 cm d'épaisseur et 8 cm de large environ. Déposez délicatement les *latkes* dans la poêle sans les serrer et appuyez légèrement dessus pour les aplatir avec le dos d'une cuillère. Faites-les frire 3 min de chaque côté à feu moyen à vif. Les *latkes* doivent être bien dorées à l'extérieur. Retirez-les de l'huile, déposez-les sur du papier absorbant et gardez au chaud pendant que vous faites cuire les autres *latkes*. Ajoutez le reste de beurre et d'huile au fur et à mesure de la cuisson. Servez immédiatement avec de la crème aigre.

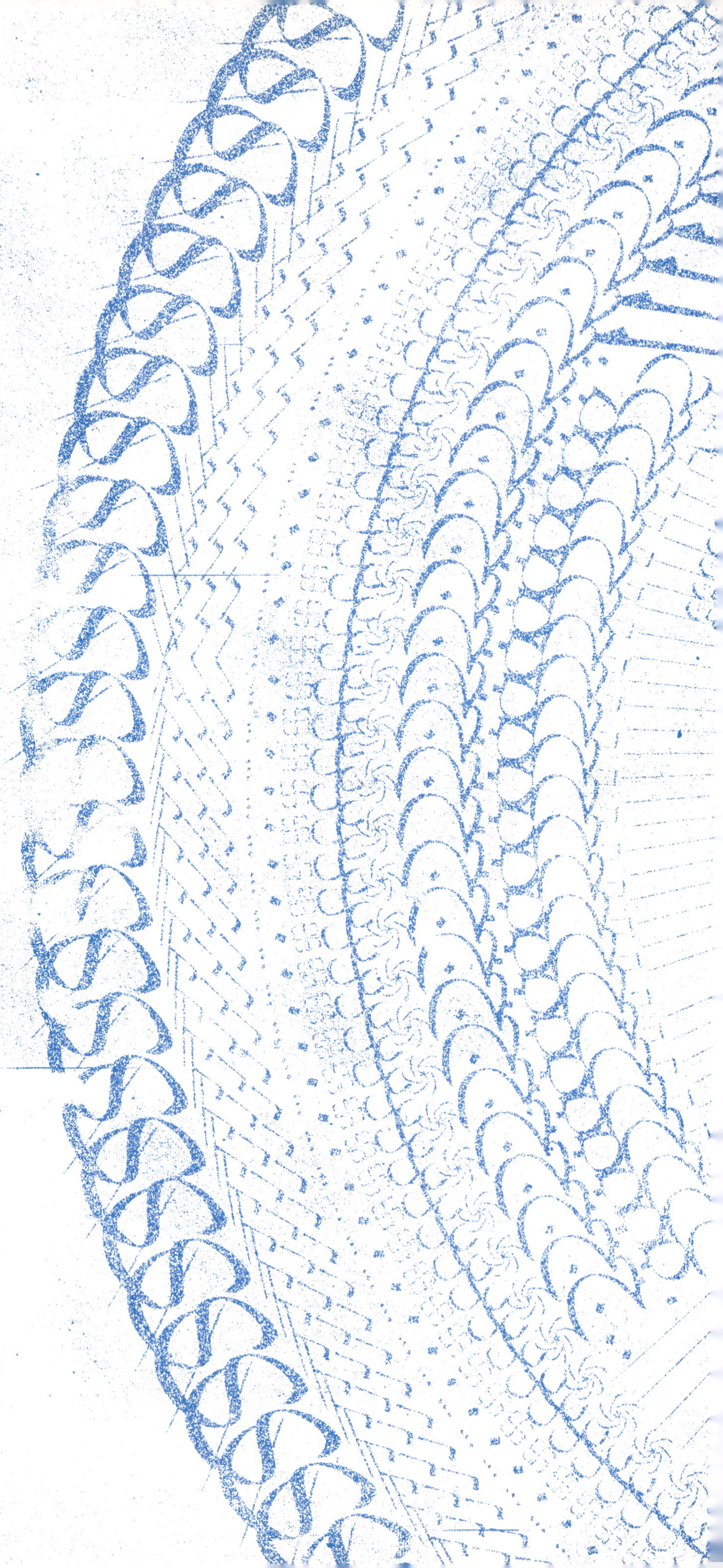

LÉGUMES SECS & CÉRÉALES

POUR 4 PERSONNES
20 FALAFELS ENVIRON

Falafels

Les falafels et le houmous font partie du quotidien alimentaire de la Jérusalem musulmane. Lorsqu'il était petit, Sami était chargé d'aller acheter tous les matins le petit déjeuner de ses frères aînés : du houmous et des falafels fraîchement frits. Il emportait une assiette vide chez Abu Shukri, célèbre pour son houmous dans la vieille ville, et ce dernier étalait la pâte chaude sur l'assiette avec beaucoup de soin, puis la garnissait d'herbes, d'épices et de concombre au vinaigre. Les falafels chauds et les pains pita frais étaient transportés à part dans un sac en papier marron. Sami demandait en échange « un petit quelque chose » à ses frères et le dépensait toujours chez le marchand de bonbons.

Mais les falafels frais étaient aussi vendus comme en-cas dans des pains pita et agrémentés de houmous, sauce tahini, sauce au piment rouge épicée et salade émincée tout au long de la journée. Sami rentrait souvent de l'école avec un uniforme taché et sans appétit pour le déjeuner après en avoir grignoté discrètement sur le chemin de la maison. Na'ama n'était pas contente.

Dans la partie ouest de la ville, Yotam connut une expérience assez similaire : fin de l'école, gros sandwich aux falafels, chemise tachée de tahini, pas d'appétit, mère en colère.

À Jérusalem ouest, tout comme dans le reste d'Israël, ce sont les Juifs yéménites, arrivés dans le pays au cours de la première moitié du XXe siècle, qui commencèrent à vendre des falafels et introduisirent les premiers la nourriture de rue dans la société juive. Le *mana falafel*, pain pita garni de falafels, frites, salade et autres bonnes choses typiquement israéliennes, fit son apparition lorsque des Yéménites commencèrent à agrémenter des falafels de *hawayej* (VOIR PAGE 226) et de *zhoug* (VOIR PAGE 301).

Ne vous inquiétez pas à l'idée de ne pas faire bouillir les pois chiches avant de préparer les falafels. C'est tout à fait normal. Lors de la friture, il est important que les falafels restent dans l'huile pendant le temps indiqué. Si vous n'avez pas de thermomètre adéquat, évaluez la température de l'huile en faisant frire un falafel comme indiqué et en vérifiant qu'il est bien cuit à l'intérieur sans être brûlé à l'extérieur. Servez chaud avec un pain pita, de la sauce tahini (VOIR PAGE 98), *une salade émincée à la tomate et au concombre* (VOIR SALADE DE POIS CHICHES ÉPICÉS ET LÉGUMES FRAIS, PAGE 56), *du zhoug* (VOIR PAGE 301) *et des pickles* (VOIR *PICKLES* DE NAVET ET BETTERAVE, PAGE 307).

250 g de pois chiches secs
½ oignon moyen, émincé finement (80 g)
1 gousse d'ail, écrasée
1 cuil. à soupe de persil plat, ciselé finement
2 cuil. à soupe de coriandre, ciselée finement
¼ de cuil. à café de poivre de Cayenne
½ cuil. à café de cumin en poudre
½ cuil. à café de coriandre en poudre
¼ de cuil. à café de cardamome en poudre
½ cuil. à café de levure chimique
1 ½ cuil. à soupe de farine ordinaire
75 cl environ d'huile de tournesol, pour frire
½ cuil. à café de graines de sésame, pour enrober
sel

Versez les pois chiches dans un grand saladier et recouvrez-les de deux fois leur volume en eau froide. Laissez tremper une nuit.

Le lendemain, égouttez-les et mélangez-les avec l'oignon, l'ail, le persil et la coriandre. Écrasez une première fois le mélange de pois chiches au hachoir à viande, puis choisissez le réglage le plus fin et écrasez-le une deuxième fois. Si vous n'avez pas de hachoir, servez-vous d'un robot ménager. Écrasez le mélange en plusieurs fois avec des pulsions de 30 à 40 s, jusqu'à ce qu'il soit finement haché, sans toutefois former une purée ou une pâte, et se tienne. Incorporez les épices, la levure chimique, une petite cuil. à café de sel, la farine et 3 cuil. à soupe d'eau. Malaxez bien jusqu'à l'obtention d'une pâte lisse et uniforme. Couvrez et laissez reposer 1 h au réfrigérateur.

Remplissez une sauteuse moyenne à fond épais d'huile sur à peu près 7 cm de hauteur. Faites chauffer l'huile à 180 °C. Mouillez-vous les mains et prélevez 1 cuil. à soupe du mélange dans la paume pour former une boulette de la taille d'une petite noix, de 25 g environ (vous pouvez aussi vous servir d'une cuillère à glace trempée dans de l'eau). Serrez bien, les boulettes ayant tendance à s'émietter et se casser. Parsemez-les de graines de sésame et faites-les frire en plusieurs fois pendant 4 min environ. Il est important qu'elles soient bien sèches à l'intérieur, veillez à ce qu'elles restent suffisamment longtemps dans l'huile. Égouttez-les dans une passoire tapissée de papier absorbant et servez immédiatement.

POUR 4 PERSONNES

Blé cassé & blettes à la mélasse de grenade

Cette recette nous a été donnée avec beaucoup d'amour par notre amie Anat Teitelbaum, cuisinière de Jérusalem passionnée qui incarne quelques-unes des merveilles de cette ville. Anat fait ses courses au marché de Machne Yehuda, dont elle connaît tous les vendeurs de rue et tous les propriétaires de restaurants. Elle connaît bien ses ingrédients et les utilise au mieux, avec une grande assurance et à la bonne saison. Tout comme nous, elle aime les saveurs fortes et les techniques culinaires simples et adore « piocher » dans toutes les cuisines différentes qui l'entourent. Ce plat merveilleusement robuste, aux profondes saveurs douces et aigres, est à la fois typique d'Anat et de Jérusalem.

---

600 g de blettes
2 grands poireaux, parties blanche et vert pâle, tranchés finement (350 g)
2 cuil. à soupe de sucre roux léger
3 cuil. à soupe environ de mélasse de grenade
200 g de blé cassé ou blé entier
50 cl de bouillon de poulet
2 cuil. à soupe d'huile d'olive
1 cuil. à soupe de beurre doux
sel et poivre noir
yaourt grec, pour servir

Ce plat puissant est excellent mangé seul pour un souper léger ; il peut aussi accompagner du poulet ou des burgers cuits en toute simplicité (essayez-le, par exemple, avec les BURGERS DE DINDE ET DE COURGETTE À L'OIGNON NOUVEAU ET AU CUMIN, PAGE 200, *sans la sauce). Vous pouvez trouver du blé cassé ou entier sur Internet ou chez les épiciers moyen-orientaux et turcs. L'orge perlé convient aussi pour ce plat mais ne cuit pas aussi longtemps, vous n'obtiendrez donc pas la même saveur profonde, due à la caramélisation des sucres. Les mélasses de grenade peuvent être plus ou moins fortes, nous vous conseillons donc de goûter le plat à la fin et d'ajouter de la mélasse si nécessaire.*

Séparez les tiges blanches des feuilles vertes des blettes avec un petit couteau pointu. Coupez les tiges en tronçons de 1 cm et les feuilles en morceaux de 2 cm.

Faites chauffer l'huile et le beurre dans une grande poêle à fond épais. Ajoutez le poireau et laissez cuire pendant 3 ou 4 min en remuant. Ajoutez les tiges de blettes et poursuivez la cuisson 3 min, puis mettez les feuilles et laissez cuire 3 min encore. Versez le sucre, 3 cuil. à soupe de mélasse de grenade, le blé et mélangez bien. Versez le bouillon, ¾ de cuil. à café de sel et du poivre noir, portez à frémissement et laissez cuire à feu doux et à couvert pendant 1 h à 1 h 10. Le blé doit être *al dente*.

Retirez le couvercle et, si besoin, augmentez le feu afin de permettre au liquide restant de s'évaporer. Le fond de la poêle doit être sec et présenter un peu de caramel brûlé. Retirez la poêle du feu.

Avant de servir, goûtez et rectifiez l'assaisonnement en ajoutant éventuellement de la mélasse, du sel et du poivre ; pour obtenir un plat épicé et sucré, n'hésitez pas à ajouter de la mélasse. Servez chaud avec une bonne cuillerée de yaourt grec.

POUR 4 PERSONNES

Balilah (salade de pois chiches)

À l'angle du souk de la vieille ville se tenait le très populaire vendeur de *balilah*. De gros tas de pois chiches fraîchement cuits étaient empilés sur son étal, fumants et joliment décorés de persil et de citron. Tel un magicien, il avait l'habitude de garnir en un clin d'œil des cônes de papier journal de *balilah* et de les tendre au client impatient.

La *balilah* est une nourriture de rue palestinienne populaire consistant en des pois chiches frais assaisonnés de cumin et de jus de citron pour donner un en-cas très apprécié. Curieusement, dans le quartier juif orthodoxe de Méa Shéarim, on vend aussi un en-cas bon marché, délicieux et très apprécié, appelé arbes, très similaire à la balilah, le cumin étant simplement remplacé par du poivre noir.

---

200 g de pois chiches secs
1 cuil. à café de bicarbonate de soude
60 g de persil plat ciselé
2 oignons nouveaux, tranchés finement
1 gros citron
3 cuil. à soupe d'huile d'olive
2 ½ cuil. à café de cumin en poudre
sel et poivre noir fraîchement moulu

La balilah *peut se manger chaude, froide ou à température ambiante, comme petit en-cas entre les repas. Elle accompagne aussi délicieusement le poulet ou le poisson grillé, ou peut encore être transformée en salade en ajoutant quelques feuilles de salade, de la feta et des dés de tomates.*

Commencez à préparer cette recette la veille au soir en versant les pois chiches dans un grand saladier et en les recouvrant d'une quantité suffisante d'eau pour atteindre deux fois leur hauteur. Ajoutez le bicarbonate de soude et laissez tremper pendant toute une nuit à température ambiante.

Égouttez les pois chiches et versez-les dans une grande casserole. Recouvrez-les d'un gros volume d'eau froide et faites chauffer à feu vif. Portez à ébullition, écumez la surface de l'eau, puis baissez le feu et laissez mijoter de 1 h à 1 h 30 sur feu doux, jusqu'à ce que les pois chiches soient très tendres mais gardent leur forme.

Pendant que les pois chiches cuisent, réunissez le persil et l'oignon nouveau dans un grand saladier. Épluchez le citron et coupez le haut et le bas. Posez-le sur une planche à découper et, avec un petit couteau pointu, enlevez la peau et la peau blanche du citron. Jetez la peau, la peau blanche et les pépins et coupez la chair en morceaux. Ajoutez la chair et le jus du citron dans le saladier.

Une fois les pois chiches prêts, égouttez-les et versez-les dans le saladier alors qu'ils sont encore chauds. Incorporez l'huile d'olive, le cumin, ¾ de cuil. à café de sel et une bonne dose de poivre. Mélangez bien. Laissez refroidir un peu, rectifiez l'assaisonnement et servez.

POUR 4 PERSONNES

Riz basmati & orzo

Tout comme pour les Palestiniens (VOIR PAGE 184), le riz est la céréale de base pour les communautés séfarades, excepté les Nord-Africains. Bien que les méthodes de cuisson du riz et les ingrédients qui l'accompagnent varient considérablement – les Iraniens employant la méthode la plus complexe et obtenant la meilleure texture –, le riz est un ingrédient essentiel de tous les dîners du vendredi. Il est courant de mélanger des pois chiches avec du riz (ou du boulgour) chez les Séfarades (VOIR PAGE 106), car cela rend le riz, servi avec les ragoûts et les plats à cuisson lente, plus intéressant d'aspect et de texture. De nombreux autres ingrédients consistants – les vermicelles, les pommes de terre, les lentilles ou encore les noix – peuvent aussi être ajoutés.

Les Juifs de Boukhara, communauté importante de Jérusalem, préparent un riz pilaf très épicé (gingembre, clou de girofle, cardamome, cannelle), avec beaucoup de menthe, de raisins et de petits pois. C'est un plat chic et riche, qui convient à cette communauté juive anciennement aisée, qui bâtit son propre quartier lorsque ses membres commencèrent à arriver en Palestine à la fin du XIXe siècle et au début du XXe siècle. Plus tard, après la révolution russe, beaucoup furent dépossédés de leurs richesses et le quartier perdit une grande partie de sa gloire passée, mais la nourriture est restée spectaculaire et n'a rien perdu de son éclat.

---

250 g de riz basmati
85 g d'orzo
60 cl de bouillon de poulet
1 cuil. à soupe de beurre clarifié ou beurre doux fondu
1 cuil. à soupe d'huile de tournesol
1 cuil. à café de sel

Le riz long grain, cuit simplement avec des vermicelles natures, est courant dans tout le Levant et la Turquie. Sa saveur neutre et sa texture agréable sont idéales pour de nombreux plats. Notre version utilise de l'orzo – minuscule pâte en forme de grain de riz –, mais vous pouvez aussi employer des vermicelles, évitez simplement de les faire frire aussi longtemps car ils brûlent très vite. Vous n'aurez peut-être plus jamais envie de manger du riz blanc.

Lavez soigneusement le riz, puis versez-le dans un saladier et recouvrez-le d'un gros volume d'eau froide. Laissez tremper 30 min, puis égouttez.

Faites chauffer le beurre et l'huile à feu moyen à vif dans une casserole moyenne à fond épais. Mettez-y l'orzo et faites revenir 3 ou 4 min, jusqu'à ce que les grains soient bien dorés. Versez le bouillon, portez à ébullition et laissez cuire 3 min. Incorporez alors le riz égoutté et le sel, portez à frémissement, remuez une fois ou deux, couvrez et laissez cuire à tout petit feu 15 min. Ne soulevez pas le couvercle en cours de cuisson. Hors du feu, enlevez le couvercle et couvrez rapidement la casserole avec un torchon propre. Remettez le couvercle sur le torchon et laissez-le en place 10 min. Égrainez le riz avant de servir.

POUR 6 PERSONNES

Riz safrané aux épines-vinettes, pistaches & herbes

Ce plat est inspiré du *shirin polo*, plat de fête de la communauté juive irakienne à base de riz. La recette originale inclut du zeste d'orange confit, des cerises acides, des airelles et des amandes et on le sert souvent aux mariages. Nous utilisons des épines-vinettes, un ingrédient de base iranien, pour donner une saveur aigre-douce à ce plat, le riz n'étant pas très sucré. Vous pouvez facilement ajouter des airelles, des abricots secs tranchés ou même des dattes émincées pour lui donner un goût plus sucré. Il plairait beaucoup aux Juifs d'Irak, d'Iran et d'Afrique du Nord qui adorent mélanger le sucré et le salé.

Vous pouvez aussi préparer une version simplifiée du *baghali polo*, un autre plat de riz d'inspiration iranienne, sans épines-vinettes ni pistaches et avec des fèves épluchées et cuites.

Les épines-vinettes sont de minuscules baies séchées aigres-douces iraniennes qui ressemblent à des bijoux et que nous avons un peu commencé à utiliser à tout-va récemment. Difficile de faire autrement. Leur intense âcreté rehausse les autres saveurs du plat et ajoute de « l'émotion ». Vous pouvez vous en procurer sur Internet ou chez les épiciers iraniens et certains épiciers moyen-orientaux. Si vous n'en trouvez pas, remplacez-les par des groseilles trempées dans un peu de jus de citron. Servez ce riz avec du poulet rôti ou des burgers de dinde et de courgette à l'oignon nouveau et au cumin (VOIR PAGE 200).

---

40 g de beurre doux
360 g de riz basmati, rincé sous l'eau froide et bien égoutté
1 cuil. à café de safran en filaments, trempés 30 min dans 3 cuil. à soupe d'eau bouillante
40 g d'épines-vinettes séchées, trempées quelques minutes dans de l'eau bouillante avec 1 pincée de sucre
30 g d'aneth, ciselé grossièrement
20 g de cerfeuil, ciselé grossièrement
10 g d'estragon, ciselé grossièrement
60 g d'éclats de pistaches ou de pistaches non salées écrasées, légèrement grillées
sel et poivre blanc fraîchement moulu

Faites fondre le beurre dans une casserole moyenne et versez-y le riz en remuant ; les grains doivent être bien enrobés de beurre. Ajoutez 50 cl d'eau bouillante, 1 cuil. à café de sel et du poivre blanc. Mélangez bien, couvrez avec un couvercle bien hermétique et laissez cuire à feu très doux pendant 15 min. Ne soulevez pas le couvercle en cours de cuisson, afin que le riz cuise correctement.

Retirez la casserole du feu – le riz devrait avoir absorbé toute l'eau – et versez l'eau safranée sur le riz, d'un côté seulement, en recouvrant un quart environ de la surface, la majorité du riz devant rester blanche. Couvrez tout de suite la casserole avec un torchon et remettez le couvercle en place. Réservez 5 à 10 min.

Transférez le riz dans un saladier et égrainez-le avec une fourchette. Égouttez les épines-vinettes et incorporez-les au riz en remuant, puis versez les herbes et la plupart des pistaches. Mélangez bien. Égrainez le riz safrané avec une fourchette puis incorporez-le délicatement au riz blanc. Ne mélangez pas trop, les grains blancs ne doivent pas être tachés par les jaunes. Rectifiez l'assaisonnement. Parsemez le riz des pistaches restantes. Servez chaud ou à température ambiante.

POUR 6 PERSONNES

Riz basmati & riz sauvage aux pois chiches, raisins secs & herbes

50 g de riz sauvage
2 ½ cuil. à soupe d'huile d'olive
220 g de riz basmati
2 cuil. à café de graines de cumin
1 ½ cuil. à café de curry en poudre
240 g de pois chiches cuits (parfaits en conserve), égouttés
18 cl d'huile de tournesol
1 oignon moyen, tranché finement
½ cuil. à soupe de farine ordinaire
100 g de raisins secs
2 cuil. à soupe de persil plat ciselé
1 cuil. à soupe de coriandre ciselée
1 cuil. à soupe d'aneth ciselé
sel et poivre noir du moulin

Cette recette d'inspiration séfarade peut constituer le plat principal d'un repas végétarien de fête ou accompagner un poulet sofrito (VOIR PAGE 190) *ou un maquereau frit à la betterave dorée et salsa d'orange* (VOIR PAGE 222). *Pour savoir comment associer le riz aux pois chiches, reportez-vous page 103.*

Versez le riz sauvage dans une petite casserole, couvrez avec un gros volume d'eau, portez à ébullition et laissez cuire à petit feu 40 min environ, jusqu'à ce que le riz soit cuit mais encore ferme. Égouttez et réservez.

Versez 1 cuil. à soupe d'huile d'olive dans une casserole moyenne équipée d'un couvercle et mettez à chauffer à feu vif. Versez le riz basmati et ¼ de cuil. à café de sel et remuez. Versez doucement 33 cl d'eau bouillante, baissez le feu, couvrez et laissez cuire pendant 15 min.

Retirez la casserole du feu, soulevez le couvercle, couvrez avec un torchon propre, remettez le couvercle en place et laissez, hors du feu, 10 min environ.

Pendant que le riz cuit, préparez les pois chiches. Faites chauffer le reste d'huile d'olive dans une petite casserole à feu vif. Versez-y les graines de cumin et le curry en poudre, puis les pois chiches et ¼ de cuil. à café de sel ; soyez rapide car les épices pourraient brûler dans l'huile. Remuez sur le feu pendant 1 ou 2 min, juste pour réchauffer les pois chiches, puis transférez dans un grand saladier.

Nettoyez la casserole, versez-y l'huile de tournesol et mettez à chauffer à feu vif. Vérifiez que l'huile est bien chaude en y jetant un petit morceau d'oignon ; il devrait grésiller. Avec les mains, mélangez l'oignon et la farine de manière à l'enrober légèrement. Prélevez un peu d'oignon et déposez-le délicatement (il pourrait sauter !) dans l'huile. Laissez revenir 2 ou 3 min, jusqu'à ce qu'il soit bien doré, transférez sur du papier absorbant pour égoutter et salez. Répétez l'opération plusieurs fois, jusqu'à ce que tout l'oignon soit frit.

Pour finir, ajoutez les deux riz aux pois chiches, puis les raisins, les herbes et l'oignon frit. Remuez, goûtez et rectifiez l'assaisonnement à votre convenance. Servez chaud ou à température ambiante.

POUR 4 PERSONNES

Risotto d'orge à la feta marinée

200 g d'orge perlé
30 g de beurre doux
9 cl d'huile d'olive
2 petites branches de céleri, en dés de 5 mm
2 petites échalotes, en dés de 5 mm
4 gousses d'ail, en dés de 2 mm
4 brins de thym
½ cuil. à café de paprika fumé
1 feuille de laurier
4 bandes de zeste de citron
¼ de cuil. à café de flocons de piment
400 g de tomates en morceaux en conserve
70 cl de bouillon de légumes
30 cl de *passata*
1 cuil. à soupe de graines de cumin
300 g de feta, en gros morceaux de 2 cm
1 cuil. à soupe de feuilles d'origan frais
sel

Ce plat principal végétarien est apprécié de tous et particulièrement des enfants. Contrairement au véritable risotto italien, il ne requiert pas une préparation aussi méticuleuse ni une précision aussi exacte et son goût est toutefois sensationnel.

Rincez bien l'orge perlé sous l'eau froide et laissez-le égoutter.

Faites fondre le beurre et 2 cuil. à soupe d'huile d'olive dans une très grande poêle et mettez-y le céleri, l'échalote et l'ail à feu doux pendant 5 min environ, jusqu'à ce qu'ils soient tendres. Ajoutez l'orge, le thym, le paprika, la feuille de laurier, le zeste de citron, les flocons de piment, les tomates, le bouillon, la *passata* et ½ cuil. à soupe de sel. Mélangez. Portez à ébullition, puis baissez le feu et laissez cuire 45 min à tout petit feu, en remuant fréquemment afin que le risotto n'attache pas au fond de la poêle. Une fois prêt, l'orge doit être tendre et la majeure partie du liquide doit avoir été absorbée.

Pendant ce temps, faites griller les graines de cumin dans une poêle sèche pendant 2 ou 3 min. Ensuite, écrasez-les légèrement en gardant quelques graines entières. Mélangez-les délicatement à la feta avec le reste d'huile d'olive.

Une fois le risotto prêt, vérifiez l'assaisonnement, puis répartissez-le dans quatre assiettes creuses. Garnissez de feta marinée avec son huile et de quelques feuilles d'origan.

POUR 6 PERSONNES

Conchiglie au yaourt, petits pois & piment

Il peut sembler peu ordinaire de préparer ou servir des pâtes dans une sauce au yaourt chaud, mais la *shishbarak* palestinienne classique – pâtes farcies à la viande ressemblant à des raviolis – se prépare ainsi. Les *manti* turcs et arméniens sont des exemples similaires. Le yaourt confère à ce plat un aspect délicieusement crémeux, évitant la lourdeur de la crème, et nous vous le conseillons vraiment comme alternative aux sauces italiennes classiques.

La Turquie et la Syrie produisent plusieurs types de flocons de piment séchés connus dans toute la région, plus ou moins doux, acides, fumés ou épicés. Chacun a son propre arôme qui le distingue et nous adorons les utiliser pour rehausser la saveur de nombre de nos plats. Nous aimons particulièrement le piment urfa, violet foncé et à la saveur presque musquée ; le piment d'Alep, bordeaux et fruité ; ou le plus courant kirmizi biber, *qui se traduit littéralement par « poivron rouge » en français, plus facile à trouver et sous différentes formes. Vous pouvez vous en procurer dans les magasins moyen-orientaux et turcs ou sur Internet. À défaut, utilisez des flocons de piment classiques et ajoutez un tout petit peu de paprika fumé.*

---

500 g de yaourt grec
15 cl d'huile d'olive
4 gousses d'ail, écrasées
500 g de petits pois frais ou surgelés, décongelés
500 g de conchiglie
60 g de pignons de pin
2 cuil. à café de flocons de piment turcs ou syriens (moins si très épicés)
40 g de feuilles de basilic, ciselées grossièrement
240 g de feta, en morceaux
sel et poivre blanc fraîchement concassé

Versez le yaourt, 9 cl d'huile d'olive, l'ail et 100 g de petits pois dans un robot ménager. Réduisez le tout en une sauce homogène vert pâle et transférez dans un grand saladier.

Faites cuire les pâtes dans un gros volume d'eau bouillante salée, jusqu'à ce qu'elles soient *al dente*. Pendant que les pâtes cuisent, faites chauffer le reste d'huile d'olive dans une petite poêle à feu moyen. Versez-y les pignons de pin et les flocons de piment et faites-les revenir 4 min, jusqu'à ce que les pignons soient dorés et l'huile rouge foncé. Faites également réchauffer les petits pois restants dans de l'eau bouillante, puis égouttez-les.

Égouttez bien les pâtes cuites dans une passoire, puis versez-les petit à petit dans la sauce au yaourt ; si vous les ajoutez d'un seul coup, le yaourt risque de se désagréger. Incorporez les petits pois chauds, le basilic, la feta, 1 cuil. à café de sel et ½ cuil. à café de poivre blanc. Remuez délicatement, répartissez dans des bols et parsemez de pignons de pin avec leur huile.

La guerre du houmous

Difficile d'éviter les discussions politiques et nationalistes au sujet du houmous – où est-il né et comment ; qui fut le premier à écraser des pois chiches avec de la pâte de sésame et quand.

La plupart des gens s'accordent pour dire que ce sont les Arabes du Levant ou d'Égypte qui ont préparé pour la première fois le houmous, bien que ceci demeure contestable. Dans un article publié dans un journal local, le célèbre auteur juif Meir Shalev interprétait un certain passage de la Bible comme une preuve que les Juifs mangeaient du houmous aux temps bibliques. Mais personne ne remet sérieusement en cause l'hégémonie palestinienne dans sa préparation, même si les Palestiniens, comme les Juifs, aiment bien dire qu'il s'agit de leur houmous. Les arguments sont sans fin. On continue à se demander qui prépare le meilleur houmous aujourd'hui. Et les questions reprennent – s'agit-il de *Ta'ami*, à Jérusalem Ouest, ou de *Lina*, dans la vieille ville ? de *Pinati* ou d'*Abu Hassan* ?

> L'OBSESSION DU HOUMOUS EST SI FORTE QUE MÊME LES MEILLEURS AMIS DU MONDE PEUVENT FACILEMENT SE BROUILLER S'ILS SE TROUVENT SOUDAINEMENT DANS DES CAMPS OPPOSÉS EN MATIÈRE DE HOUMOUS

Les Juifs en particulier, et plus encore les hommes, ne tarissent jamais d'arguments sur le parfait, le seul et l'unique, le plus fantastique houmous. La *houmoussiya* est un restaurant simple généralement spécialisé dans le houmous, ouvert pour le petit déjeuner et jusque tard dans l'après-midi. C'est un peu comme les friteries anglaises, un savoureux trésor local. Les sentiments qui lui sont liés sont toutefois beaucoup plus forts. L'obsession du houmous est si prégnante que même les meilleurs amis du monde peuvent facilement se brouiller s'ils se trouvent soudainement dans des camps opposés en matière de houmous. Les discussions et les débats animés peuvent durer des heures, entrant dans les détails les plus minutieux concernant la consistance (certains l'aiment lisse et léger, d'autres avec des petits morceaux et épicé), la température (certains le préfèrent chaud, d'autres à température ambiante) et les condiments idéaux (pois chiches cuits, fèves sèches réhydratées, pâte épicée, ou rien du tout). Le débat sur le houmous ne manque pas de piquant.

Comme nous l'avons déjà dit, il est aussi un élément d'identité – personnelle ou nationale – qui peut facilement se transformer en problème identitaire. Voici l'histoire d'une *houmoussiya* dans le village arabe d'Abu Gosh, 10 kilomètres à l'ouest de Jérusalem.

Le restaurant *Abu Shukri* était considéré depuis des années comme l'une des meilleures *houmoussiya* du pays, uniquement égalée par le célèbre *Abu Hassan*, à Jaffa, ou *Said's* à Acre (ou Akko). Un jour, une autre *houmoussiya* ouvrit ses portes de l'autre côté de la route et un petit panneau affiché sur la porte indiquait : « Nous avons déménagé ici. Voici le véritable *Abu Shukri.* » Le nouveau venu, vous me croirez si vous voulez, était le gendre d'Abu Shukri, un ancien serveur. Quel scandale ! Le lendemain, l'ancien restaurant afficha à son tour : « Nous n'avons absolument pas déménagé. Voici le véritable *Abu Shukri.* » Une grande banderole fut installée un peu plus loin en travers de la route : « Le vrai, le seul et unique *Abu Shukri* original. » Pour finir, après des années de violente concurrence et de nombreux visiteurs perdus, une grande société alimentaire vendant du houmous emballé en supermarché lança une campagne à la télévision pour promouvoir sa propre marque. Celle-ci aboutit à une grande réconciliation entre les deux Abu Shukri qui fut appelée « la fin de la guerre du houmous ».

POUR 6 PERSONNES

Houmous de base

250 g de pois chiches secs
1 cuil. à café de bicarbonate de soude
270 g de tahini léger
4 cuil. à soupe de jus de citron
4 gousses d'ail, écrasées
sel

Notre houmous est très lisse et riche en tahini comme nous l'aimons ; il peut se garder au réfrigérateur pendant trois jours et se déguster étalé sur une assiette, simplement arrosé d'huile d'olive, avec du pain ou du pain pita. Les deux recettes qui suivent donnent un houmous très différent, élément clé d'un repas vraiment copieux, comme on l'apprécie le plus souvent à Jérusalem. Si vous préférez vous en tenir à la recette de base, vous pouvez la modifier un peu en ajoutant des pois chiches cuits et écrasés pour lui donner plus de texture, ainsi que du cumin en poudre, et en ajustant la quantité de jus de citron et de tahini à votre goût.

Commencez à préparer la recette la veille en lavant bien les pois chiches et en les versant dans un grand saladier. Recouvrez-les d'au moins deux fois leur volume en eau froide et laissez-les tremper pendant toute une nuit.

Le lendemain, égouttez les pois chiches. Faites chauffer une casserole moyenne à feu vif, versez-y les pois chiches égouttés et le bicarbonate de soude. Laissez cuire 3 min environ, sans cesser de remuer. Ajoutez 1,5 l d'eau froide et portez à ébullition. Laissez cuire en écumant la mousse et les peaux qui pourraient flotter à la surface. Comptez entre 20 et 40 min, parfois même plus, pour que les pois chiches soient cuits, selon le type choisi et leur fraîcheur. Dans tous les cas, ils doivent être très tendres une fois cuits, se casser facilement lorsque vous les pressez entre vos doigts, sans toutefois être réduits en purée.

Égouttez les pois chiches. Vous devriez en avoir 600 g environ. Versez-les dans le bol d'un robot ménager. Réduisez-les en une pâte ferme, puis, tout en continuant à mixer, incorporez le tahini, le jus de citron, l'ail et 1 ½ cuil. à café de sel. Pour finir, versez doucement 10 cl d'eau glacée et continuez à mélanger pendant 5 min environ, jusqu'à obtention d'une pâte très lisse et crémeuse. Transférez le houmous dans un saladier, recouvrez-le d'un film alimentaire et laissez reposer au moins 30 min. Si vous ne vous en servez pas tout de suite, placez-le au réfrigérateur, mais veillez bien à le sortir au moins 30 min avant de le servir.

טרעמידה
חציל מטוגן עם שום
חציל בחמיץ
קישוא בטעם כבד
חציל על האש
מטבוחה
וולדורף
כרוב סגול
ביצה עם בצל ירוק
סלט טונה
אטריות

POUR 6 PERSONNES

Houmous *kawarma* (à l'agneau), sauce citron

HOUMOUS DE BASE

(voir page 114), en réservant 4 cuil. à soupe de pois chiches cuits pour décorer
2 cuil. à soupe de pignons de pin, grillés au four ou frits dans un peu de beurre doux

KAWARMA

300 g de collier d'agneau, émincé finement
¼ de cuil. à café de poivre noir moulu
¼ de cuil. à café de poivre blanc moulu
1 cuil. à café de quatre-épices en poudre
½ cuil. à café de cannelle en poudre
1 bonne pincée de noix muscade fraîchement râpée
1 cuil. à café de zaatar séché ou de feuilles d'origan
1 cuil. à soupe de vinaigre de vin blanc
1 cuil. à soupe de menthe fraîche ciselée
1 cuil. à soupe de persil plat ciselé + pour décorer
1 cuil. à café de sel
1 cuil. à soupe de beurre doux ou clarifié
1 cuil. à café d'huile d'olive

SAUCE AU CITRON

10 g de persil plat, ciselé finement
1 piment vert, émincé
4 cuil. à soupe de jus de citron
2 cuil. à soupe de vinaigre de vin blanc
2 gousses d'ail, écrasées
¼ de cuil. à café de sel

Houmous kawarma *est le nom libanais donné au houmous fraîchement préparé, garni de morceaux d'agneau frits. Servi dans un bol, il constitue un repas léger ou une entrée et il s'agit de l'un des mets les plus sensationnels que l'on puisse déguster. Accompagnez-le de fattouch* (VOIR PAGE 29) *ou d'une salade similaire et d'un pain pita. Vous pouvez remplacer l'agneau émincé à la main par de l'agneau haché, mais vous n'obtiendrez pas une texture aussi agréable. Vous pouvez tout à fait supprimer l'agneau et vous contenter du houmous, agrémenté de pois chiches, de sauce au citron et de pignons de pin.*

Préparez le *kawarma*. Réunissez tous les ingrédients, excepté le beurre et l'huile, dans un saladier moyen. Mélangez bien, couvrez et laissez mariner au réfrigérateur pendant 30 min.

Lorsque vous êtes prêt à faire cuire la viande, versez tous les ingrédients de la sauce au citron dans un bol et remuez bien.

Faites chauffer le beurre ou le beurre clarifié et l'huile d'olive dans une grande poêle à feu moyen à vif. Mettez-y la viande en deux ou trois fois et remuez en laissant cuire chaque poêlée pendant 2 min environ. La viande doit être légèrement rosée au milieu.

Répartissez le houmous dans six assiettes creuses ou bols peu profonds, en laissant un petit creux au centre. Déposez le *kawarma* chaud dans le creux et parsemez des pois chiches réservés. Arrosez généreusement de sauce au citron et décorez de persil ciselé et de pignons de pin.

Voir illustration page précédente

POUR 6 PERSONNES

Musabaha (pois chiches chauds et houmous) & pain pita grillé

250 g de pois chiches secs
1 cuil. à café de bicarbonate de soude
1 cuil. à soupe de cumin en poudre
70 g de tahini léger
3 cuil. à soupe de jus de citron
1 gousse d'ail, écrasée
4 petits pains pita (120 g)
2 cuil. à soupe d'huile d'olive
2 cuil. à soupe de persil plat ciselé
1 cuil. à café de paprika doux
sel et poivre noir

SAUCE TAHINI

75 g de tahini léger
1 cuil. à soupe de jus de citron
½ gousse d'ail, écrasée

SAUCE AU CITRON

10 g de persil plat, ciselé finement
1 piment vert, émincé finement
4 cuil. à soupe de jus de citron
2 cuil. à soupe de vinaigre de vin blanc
2 gousses d'ail, écrasées
¼ de cuil. à café de sel

À Jérusalem, ce plat se sert traditionnellement au petit déjeuner avec des pickles variés, des radis frais et des quartiers d'oignon nouveau ou d'oignon blanc. Vous pouvez aussi le servir pour un brunch le week-end. Dégustez-le avec du pain pita sec.

Suivez la recette du houmous de base (VOIR PAGE 114) concernant le trempage et la préparation des pois chiches, faites-les simplement cuire un peu moins longtemps ; ils doivent être complètement cuits mais présenter toutefois une légère résistance. Égouttez les pois chiches cuits, en réservant 8 cl de l'eau de cuisson, et pesez-les. Vous devriez obtenir 600 g environ de pois chiches cuits. Gardez-en trois quarts (450 g) entiers et mélangez-les avec l'eau de cuisson réservée, le cumin, ½ cuil. à café de sel et ¼ de cuil. à café de poivre noir. Gardez-les dans un endroit chaud.

Versez les pois chiches restants (150 g) dans le bol d'un petit robot ménager et hachez-les jusqu'à obtention d'une pâte ferme ; ensuite, tout en continuant à hacher, incorporez le tahini, le jus de citron, l'ail et ½ cuil. à café de sel. Pour finir, versez doucement 2 cuil. à soupe d'eau glacée et mélangez pendant 3 min environ, jusqu'à obtention d'une pâte très lisse et crémeuse. Réservez le houmous.

Pendant que les pois chiches cuisent, préparez les autres éléments du plat. Pour la sauce tahini, versez tous les ingrédients, 6 cl d'eau et une pincée de sel dans un bol. Mélangez bien et ajoutez un peu d'eau si besoin pour obtenir une consistance un peu plus liquide que celle du miel.

Ensuite, mélangez simplement tous les ingrédients de la sauce au citron et réservez.

Pour finir, ouvrez les pains pita en deux. Placez-les 2 min sous un gril chaud, jusqu'à ce qu'ils soient dorés et complètement secs. Laissez-les refroidir avant de les couper en gros morceaux.

Répartissez le houmous dans quatre assiettes creuses ou quatre bols peu profonds ; n'égalisez pas la surface et n'appuyez pas dessus, mais gardez la hauteur telle quelle. Recouvrez avec les pois chiches chauds, puis la sauce tahini et la sauce au citron ; arrosez d'un filet d'huile d'olive. Décorez de persil ciselé et d'une pincée de paprika. Disposez les morceaux de pain grillé tout autour du *musabaha* et servez.

POUR 6 PERSONNES

Mejadra (riz & lentilles à l'oignon frit)

Ce plat ancien, populaire dans tout le monde arabe, est également d'un de nos préférés. Le secret de cette recette réside dans l'oignon frit, agréablment gras et légèrement croquant. Lorsque la famille de Sami partit pour la journée à Jéricho, elle emporta avec elle un grand pot de *mejadra* comme pique-nique. Il fut réparti dans plusieurs petits bols et garni de sauce fraîche au yaourt. En dessert, ils dégustèrent une énorme pastèque que le père de Sami avait gardée au frais dans un petit ruisseau se jetant dans le Jourdain.

---

250 g de lentilles vertes ou marron
4 oignons moyens (700 g)
3 cuil. à soupe de farine ordinaire
2 cuil. à café de graines de cumin
1 ½ cuil. à soupe de graines de coriandre
25 cl environ d'huile de tournesol
200 g de riz basmati
2 cuil. à soupe d'huile d'olive
½ cuil. à café de curcuma
1 ½ cuil. à café de quatre-épices en poudre
1 ½ cuil. à café de cannelle en poudre
1 cuil. à café de sucre
sel et poivre noir

Nous pouvons tous les deux passer des heures à discuter de ce qui rend un mets vraiment réconfortant, sans toutefois aboutir à aucune conclusion sérieuse. La discussion s'arrête quand même à la mejadra. *Servis avec du yaourt au concombre* (VOIR PAGE 299) *ou simplement du yaourt grec nature, le riz et les lentilles légèrement épicés et parsemés d'oignon frit bien tendre, sont vraiment des plus réconfortants à Jérusalem. Si la* mejadra *est meilleure chaude, on peut aussi la déguster à température ambiante.*

Versez les lentilles dans une casserole, recouvrez-les d'un gros volume d'eau, portez à ébullition et laissez cuire de 12 à 15 min (les lentilles doivent rester croquantes) puis égouttez.

Épluchez et tranchez finement les oignons. Transférez-les sur une grande assiette plate, saupoudrez-les de farine et de 1 cuil. à café de sel et mélangez bien avec les mains. Faites chauffer l'huile de tournesol dans une casserole moyenne à fond épais à feu vif. Baissez le feu sur moyen à vif et ajoutez délicatement (l'huile peut sauter !) un tiers de l'oignon tranché.
Faites frire entre 5 et 7 min en remuant de temps en temps avec une écumoire, jusqu'à ce que l'oignon prenne une belle couleur dorée et devienne croustillant. En vous aidant de l'écumoire, transférez l'oignon dans une passoire tapissée de papier absorbant et saupoudrez-le d'un peu de sel. Répétez l'opération deux fois avec l'oignon restant, en remettant un peu d'huile si besoin.

Essuyez la casserole de l'oignon et versez-y les graines de cumin et de coriandre. Faites chauffer à feu moyen et laissez griller 1 ou 2 min. Versez alors le riz, l'huile d'olive, les épices, le sucre, ½ cuil. à café de sel et une bonne dose de poivre. Remuez pour enrober le riz, puis ajoutez les lentilles cuites et 35 cl d'eau. Portez à ébullition, couvrez et laissez mijoter à feu très doux 15 min.

Retirez la casserole du feu, enlevez le couvercle et couvrez rapidement avec un torchon propre. Remettez le couvercle et réservez 10 min. Pour finir, intégrez la moitié de l'oignon frit au riz et aux lentilles et remuez doucement. Versez dans un plat et garnissez du reste d'oignon frit.

עמדת
כיבוי אש
050-6395343
052-6352571
FIRE
ANSUL
PULL
אש
FIRE

Les merveilleux plats uniques

Le *maqluba* (VOIR PAGE 127) est un plat unique composé de riz, de légumes et de viande « à l'envers ». Il contient du chou-fleur ou de l'aubergine frits, souvent des carottes et des pommes de terre, généralement frites aussi, et de la viande, telle que du poulet, de l'agneau, de la chèvre ou du bœuf. La mère de Sami avait l'habitude de préparer ce plat pour le dîner et elle en profitait pour faire frire plus de légumes que nécessaire. Le lendemain, elle les réchauffait, ajoutait de l'ail et du citron et les servait au déjeuner avec du pain plat fait maison, du tahini et des *pickles*. C'est la meilleure chose que l'on puisse manger quand on est enfant – un sandwich aux légumes frits bien chauds, aillés et citronnés.

Normalement, les femmes avec des enfants s'occupaient essentiellement de subvenir aux besoins généraux de la famille et de gérer la maison. Le *maqluba*, tout comme le tchulent ashkénaze, la *dafina* séfarade et le tebit juif irakien, permet de concocter un repas délicieux et copieux pour nourrir toute une famille à moindres frais, sans nécessiter beaucoup de préparation ni de vaisselle. Si ces plats sont présentés différemment dans la cocotte, requièrent des temps de cuisson spécifiques et incluent des mélanges variés de viandes, céréales, légumes et légumineuses, ils visent tous à nourrir de nombreuses bouches avec une seule cocotte.

LES FAMEUX PLATS À CUISSON LENTE DES ASHKÉNAZES ET DES SÉFARADES CONSTITUENT D'EXCELLENTS EXEMPLES DE LA NÉCESSITÉ DE CRÉER UN ART CULINAIRE

Dans les communautés juives, cette recette offre aussi une solution aux défis du shabbat qui nécessite la préparation de grosses quantités de nourriture le vendredi après-midi et se poursuit tout le week-end. Les fameux plats à cuisson lente des Ashkénazes et des Séfarades constituent d'excellents exemples de la nécessité de créer un art culinaire. Leur statut emblématique dans la culture juive reflète tout l'amour et toutes les réflexions qu'ils suscitent. Le défi consiste à concocter un plat attrayant et varié, même s'il a été préparé ou a commencé à cuire plusieurs heures auparavant. Les solutions sont si créatives et nombreuses que le critique gastronomique israélien Sherry Ansky a même consacré un livre entier au tchulent, ou *hamin* comme on l'appelle également. Chaque communauté a réussi à intégrer ses ingrédients de base dans ce fameux plat unique pour le rendre harmonieux et délicieux. On y trouve, entre autres, des pois chiches et toutes sortes de haricots secs, du blé, du riz ou de l'orge, des saucisses casher, de nombreux beignets, plusieurs viandes, des œufs, des pâtes, des pommes de terre, des courgettes et une grande variété de légumes farcis.

POUR 4 À 6 PERSONNES

Maqluba (gâteau de viande aux légumes)

2 aubergines moyennes (650 g), en tranches de 0,5 cm
320 g de riz basmati
6 à 8 hauts de cuisses de poulet désossés, avec la peau (800 g environ)
1 gros oignon, épluché et coupé en quatre dans la longueur
10 grains de poivre noir
2 feuilles de laurier
1 chou-fleur moyen (500 g), en gros bouquets
3 ou 4 tomates moyennes mûres (350 g), en tranches de 0,5 cm
4 grosses gousses d'ail, coupées en deux
1 cuil. à café de curcuma en poudre
1 cuil. à café de cannelle en poudre
1 cuil. à café de quatre-épices en poudre
¼ de cuil. à café de poivre noir moulu
1 cuil. à café de *baharat* (mélange d'épices du commerce ou voir recette page 299)
huile de tournesol, pour frire
beurre fondu, pour graisser la poêle
30 g de pignons de pin, dorés dans 15 g de beurre clarifié ou doux
yaourt au concombre (voir page 299), pour servir
sel

Même si ce gâteau salé compact ne réussit pas à garder sa forme pour y parvenir, Sami affirme que tous les membres de la famille doivent poser leurs paumes de mains sur la casserole retournée et attendre les fameuses 3 min – préparez-vous à une merveilleuse célébration des saveurs. Pour en savoir plus sur le maqluba*, voir page 125.*

Posez les tranches d'aubergines sur un papier absorbant, saupoudrez-les de sel des deux côtés et laissez dégorger 20 min. Lavez le riz et faites-le tremper dans de l'eau froide avec 1 cuil. à café de sel pendant 30 min.

Faites chauffer une casserole et saisissez le poulet à feu moyen à vif 3 ou 4 min de chaque côté, jusqu'à ce qu'il soit bien doré. Intégrez l'oignon, les grains de poivre, les feuilles de laurier et 90 cl d'eau. Portez à ébullition, puis couvrez et laissez mijoter à feu doux 20 min. Retirez le poulet du bouillon et réservez. Filtrez le bouillon et réservez-le en écumant la graisse.

Faites chauffer une casserole ou une cocotte antiadhésive, de 24 cm environ de diamètre et 12 cm de haut, à feu moyen à vif. Versez 2 cm d'huile de tournesol. Lorsque vous commencez à apercevoir des petites bulles à la surface de l'huile, plongez-y doucement quelques bouquets de chou-fleur et laissez-les frire 3 min environ, jusqu'à ce qu'ils soient bien dorés. Avec une écumoire, enlevez la première « fournée » et déposez les bouquets sur du papier absorbant ; saupoudrez-les de sel. Répétez l'opération avec le chou-fleur restant.

Séchez les tranches d'aubergines avec du papier absorbant et faites-les frire de la même manière en plusieurs fois. Retirez l'huile de la casserole et nettoyez-la bien.

Assemblez le *maqluba*. Commencez par une couche de tomates en les faisant se chevaucher, puis continuez avec les aubergines. Déposez les bouquets de chou-fleur et le poulet. Égouttez bien le riz et répartissez-le dessus, puis parsemez d'ail. Prélevez 70 cl du bouillon de poulet réservé et versez-y les épices et 1 cuil. à café de sel. Arrosez le riz et appuyez délicatement dessus avec les mains en veillant à bien recouvrir tout le riz de bouillon. Ajoutez si besoin un peu de bouillon ou d'eau.

Mettez la casserole sur feu moyen et portez à frémissement ; le bouillon n'a pas besoin de bouillonner fortement, mais vérifiez qu'il bout avant de couvrir et de baisser le feu pour laisser mijoter à feu doux 30 min. N'enlevez pas le couvercle en cours de cuisson.

Retirez la casserole du feu, enlevez le couvercle et posez rapidement un torchon sur la casserole avant de remettre le couvercle. Laissez reposer 10 min.

Pour servir, posez une grande assiette ou un grand plat rond à l'envers sur la casserole et retournez délicatement mais d'un geste rapide. Laissez la casserole retournée 2 ou 3 min, puis retirez-la doucement.

Décorez de pignons de pin et servez avec du yaourt au concombre (VOIR PAGE 299).

POUR 4 PERSONNES

Couscous à la tomate & à l'oignon

1 oignon moyen, émincé finement (160 g)
1 cuil. à soupe de concentré de tomate
½ cuil. à café de sucre
2 tomates très mûres, en dés de 0,5 cm (320 g)
150 g de graines de couscous
22 cl de bouillon de poulet ou de légumes bouillant
40 g de beurre doux
3 cuil. à soupe d'huile d'olive
sel et poivre noir

Ce couscous merveilleusement réconfortant s'inspire d'une recette que la mère de Sami avait l'habitude de lui préparer lorsqu'il était enfant (VOIR PAGE 8). *Nous n'avons fait qu'ajouter une croûte, similaire au tadik iranien, célèbre plat de riz cuit d'une telle manière qu'une croûte croustillante se forme au fond de la casserole ; tout le monde adore ce côté croquant. Il est important que le bouillon soit de bonne qualité pour cette recette. Servez avec des brochettes de poisson grillé au hawayej et au persil* (VOIR PAGE 226), *des burgers de dinde et de courgette à l'oignon nouveau et au cumin* (VOIR PAGE 200) *ou une simple salade pour un repas végétarien léger.*

Versez 2 cuil. à soupe d'huile d'olive dans une poêle antiadhésive de 22 cm de diamètre environ et faites chauffer à feu moyen. Mettez-y l'oignon et laissez cuire 5 min en remuant souvent, jusqu'à ce qu'il ait ramolli, sans toutefois dorer. Versez le concentré de tomate et le sucre en remuant et laissez cuire 1 min. Ajoutez les tomates, ½ cuil. à café de sel et du poivre noir et prolongez la cuisson de 3 min.

Pendant ce temps, versez le couscous dans une assiette creuse, arrosez-le de bouillon chaud et couvrez d'un film alimentaire. Réservez pendant 10 min, puis retirez le film et égrainez la semoule avec une fourchette. Arrosez de sauce tomate et remuez bien.

Nettoyez la poêle et faites chauffer le beurre et le reste d'huile d'olive à feu moyen. Une fois le beurre fondu, mettez le couscous dans la poêle et, avec le dos d'une cuillère, aplatissez-le doucement, de telle sorte qu'il remplisse bien toute la poêle. Couvrez, baissez le feu au plus bas et laissez cuire 10 à 12 min, jusqu'à ce que les bords commencent à dorer légèrement. Décollez le couscous des bords de la poêle en vous aidant d'un couteau palette : une fine couche croustillante doit s'être formée au fond de la poêle et sur les côtés.

Placez une grande assiette plate à l'envers sur la poêle et retournez rapidement le couscous sur l'assiette. Servez chaud ou à température ambiante.

Illustration ci-contre

SOUPES

POUR 4 PERSONNES

Soupe de cresson & de pois chiches à l'eau de rose & au *ras-el-hanout*

2 carottes moyennes (250 g), en dés de 2 cm
¾ de cuil. à soupe de *ras-el-hanout*
½ cuil. à café de cannelle en poudre
240 g de pois chiches cuits, frais ou en conserve
1 oignon moyen, tranché finement
15 g de racine de gingembre frais, émincée finement
60 cl de bouillon de légumes
200 g de cresson
100 g de feuilles d'épinards, lavées
2 cuil. à café de sucre en poudre
1 cuil. à café d'eau de rose
3 cuil. à soupe d'huile d'olive
sel
yaourt grec, pour servir (facultatif)

Le ras-el-hanout *est un mélange d'épices apporté à Jérusalem par les Juifs nord-africains et consistant essentiellement en des épices douces et fortes, grillées et réduites en poudre. Il n'existe pas de recette de référence, chaque boutique d'épices nord-africaine (*hanout *signifie « boutique » en arabe) proposant son propre mélange avec ses ingrédients secrets. Les cuisiniers achètent le mélange ou essaient d'en préparer un eux-mêmes. Dans tous les cas, le résultat sera doux et enivrant. On trouve d'excellents mélanges dans le commerce, mais n'hésitez pas à les rehausser avec vos propres ajouts. Si votre* ras-el-hanout *ne contient pas de cannelle, ajoutez-en comme ici. Si vous n'aimez pas l'eau de rose, oubliez-la.*

Préchauffez le four à 220 °C (th. 7-8).

Mélangez les carottes avec 1 cuil. à soupe d'huile d'olive, le *ras-el-hanout*, la cannelle et une bonne pincée de sel, et versez dans le fond d'un plat allant au four tapissé de papier sulfurisé. Enfournez pour 15 min, puis ajoutez la moitié des pois chiches, remuez bien et prolongez la cuisson de 10 min, jusqu'à ce que les carottes aient ramolli tout en restant croquantes.

Pendant ce temps, réunissez l'oignon et le gingembre dans une grande casserole. Faites revenir avec le reste d'huile d'olive pendant 10 min environ à feu moyen, jusqu'à ce que l'oignon soit bien tendre et doré. Versez le reste des pois chiches, le bouillon, le cresson, les épinards, le sucre et ¾ de cuil. à café de sel, remuez bien et portez à ébullition. Laissez bouillonner 1 ou 2 min jusqu'à ce que les feuilles d'épinards flétrissent.

À l'aide d'un robot ménager ou d'un mixeur, réduisez le mélange en une soupe lisse. Versez l'eau de rose, remuez, goûtez et ajoutez éventuellement du sel ou de l'eau de rose. Réservez jusqu'à ce que les carottes et les pois chiches soient prêts, puis réchauffez avant de servir.

Pour servir, répartissez la soupe dans quatre bols, garnissez de carottes et de pois chiches chauds et éventuellement de 2 cuil. à café de yaourt par bol.

De haut en bas : Soupe de haricots cannellini à l'agneau, Soupe d'orge au yaourt chaud, Soupe de cresson et pois chiches à l'eau de rose et au ras-el-hanout

POUR 4 PERSONNES

Soupe d'orge au yaourt chaud

Voici l'adaptation d'une recette arménienne de soupe au riz et au yaourt chaud, similaire aux soupes séfarades à base de riz, de yaourt, d'oignon, d'herbes et de jus de citron.

Les Arméniens vivent à Jérusalem depuis le ive siècle av. J.-C. et leur nourriture a assimilé nombre des cultures locales. Ils possèdent un petit quartier à l'intérieur des murs de la vieille ville surpeuplée – un sur quatre seulement : musulman, juif, chrétien et arménien –, où ils vivent plutôt isolés, parlant arménien. La cathédrale Saint-James est au cœur de ce quartier qui possède ses propres institutions – églises, écoles et clubs sociaux.

Cette soupe est très réconfortante et rapide à préparer. Réservez-la pour les occasions où il vous faut cuisiner à l'improviste avec des ingrédients trouvés dans vos placards et votre réfrigérateur. Omettez les herbes ou ajoutez-en d'autres fraîches si vous le souhaitez.

200 g d'orge perlé
2 oignons moyens, émincés finement
1 ½ cuil. à café de menthe séchée
60 g de beurre doux
2 œufs moyens
400 g de yaourt grec
20 g de menthe fraîche, ciselée
10 g de persil plat frais, ciselé
3 oignons nouveaux entiers, tranchés finement
sel et poivre noir

Portez 1,6 l d'eau à ébullition avec l'orge et 1 cuil. à café de sel dans une grande casserole et laissez cuire à petit feu pendant 15 à 20 min, jusqu'à ce que l'orge soit cuit mais encore *al dente*.
Retirez la casserole du feu. Réservez 1,1 l du liquide de cuisson pour préparer la soupe ; s'il ne vous en reste pas assez, ajoutez de l'eau.

Pendant que l'orge cuit, faites revenir les oignons et la menthe séchée à feu moyen dans le beurre pendant 15 min environ, jusqu'à ce qu'ils soient tendres. Incorporez-les à l'orge cuit.

Battez les œufs et le yaourt au fouet dans un grand saladier résistant à la chaleur. Ajoutez un peu d'orge et de son eau de cuisson doucement, une louche à la fois, en remuant, jusqu'à ce que le yaourt soit chaud. Il sera ainsi plus doux et cela évitera aussi que les œufs cuisent lorsque vous les ajouterez au liquide chaud. Versez le yaourt dans la casserole contenant la soupe et remettez à chauffer à feu moyen en remuant constamment, jusqu'à ce que la soupe bouillonne très légèrement. Retirez la casserole du feu, ajoutez les herbes ciselées et l'oignon nouveau et rectifiez l'assaisonnement.
Servez chaud.

Illustration page 133

POUR 4 PERSONNES

Soupe de haricots cannellini à l'agneau

1 petit oignon (150 g), émincé finement
¼ de tête de céleri, en dés de 0,5 cm (170 g environ)
20 grosses gousses d'ail, épluchées
1 cuil. à café de cumin en poudre
1 cuil. à soupe d'huile de tournesol
500 g d'agneau (ou bœuf si vous préférez) à braiser, en dés de 2 cm
100 g de haricots cannellini ou pinto secs, trempés 1 nuit dans un gros volume d'eau froide, puis égouttés
les graines de 7 gousses de cardamome, écrasées
½ cuil. à café de curcuma en poudre
2 cuil. à soupe de concentré de tomate
1 cuil. à café de sucre en poudre
4 pommes de terre charlotte (250 g environ), en dés de 2 cm
sel et poivre noir
pain, pour servir
jus de citron, pour servir
coriandre ciselée ou *zhoug* (voir page 301)

Les Juifs yéménites, qui établirent des restaurants simples en Israël après s'y être installés dans les années cinquante, sont célèbres pour leurs soupes et leurs ragoûts, utilisant habilement des os, des morceaux de viande bon marché et des épices variées pour obtenir des saveurs vraiment intenses. Cette soupe peut se préparer pour égayer un triste soir d'hiver. Elle est vraiment fantastique ! Si vous aimez, ajoutez de la cannelle en poudre comme le font les Juifs d'Alep dans une soupe très similaire. N'hésitez pas non plus à y mettre aussi quelques os à moelle.

Cette soupe peut être servie en toute simplicité avec des quartiers de citron et parsemée de coriandre fraîche, mais elle est vraiment meilleure avec un peu de zhoug (VOIR PAGE 301).

Faites chauffer l'huile dans une grande poêle et faites-y revenir l'oignon et le céleri à feu moyen à vif pendant 5 min environ, jusqu'à ce que l'oignon commence à dorer. Ajoutez les gousses d'ail et le cumin et poursuivez la cuisson pendant 2 min. Retirez la poêle du feu et réservez.

Réunissez la viande et 1,75 l d'eau dans une grande casserole sur feu moyen à vif, portez à ébullition, baissez le feu et laissez mijoter 10 min, en écumant fréquemment la surface jusqu'à obtenir un bouillon transparent. Intégrez le mélange d'oignon et de céleri, les haricots égouttés, la cardamome, le curcuma, le concentré de tomate et le sucre. Portez à ébullition, couvrez et laissez mijoter à feu doux pendant 1 h, jusqu'à ce que la viande soit tendre.

Ajoutez les pommes de terre dans la soupe et assaisonnez avec 1 cuil. à café de sel et ½ cuil. à café de poivre noir. Portez de nouveau à ébullition, baissez le feu et laissez mijoter, sans couvrir, pendant 20 min, jusqu'à ce que les pommes de terre et les haricots soient tendres. La soupe doit être épaisse. Mixez-la, puis laissez-la bouillonner un peu plus longtemps si besoin afin qu'elle réduise, ou ajoutez de l'eau si nécessaire. Goûtez et rectifiez l'assaisonnement à votre convenance. Servez la soupe avec du pain, du jus de citron et de la coriandre fraîche ciselée ou du *zhoug*.

Illustration page 133

POUR 4 PERSONNES

Soupe de fruits de mer au fenouil

4 gousses d'ail, tranchées finement
2 bulbes de fenouil (300 g), parés et coupés en quartiers fins
1 grosse pomme de terre farineuse (200 g), en dés de 1,5 cm
70 cl de bouillon de poisson (de poulet ou de légumes, selon vos préférences)
½ citron confit moyen (15 g), émincé (du commerce ou voir page 303)
1 piment rouge, tranché (facultatif)
6 tomates (400 g), pelées et coupées en quatre
1 cuil. à soupe de paprika doux
1 bonne pincée de safran
4 cuil. à soupe de persil plat, ciselé finement
4 filets de bar (300 g environ), avec la peau, coupés en deux
14 moules (220 g environ)
15 palourdes (140 g environ)
10 crevettes tigrées (220 g environ), avec leur carapace ou décortiquées et déveinées
3 cuil. à soupe d'arak, d'ouzo ou de pastis
2 cuil. à soupe d'huile d'olive
2 cuil. à café d'estragon ciselé (facultatif)
sel et poivre noir

On ne voit pas beaucoup de fruits de mer à Jérusalem. Sa distance par rapport à la mer et les règles casher (VOIR PAGE 231) expliquent qu'il s'agisse de mets rares. Nombre des inventions culinaires de Jérusalem ne sont toutefois pas traditionnelles. Le restaurant *Machenyuda*, devenu célèbre pour ses petits bocaux Kilner de polenta garnie d'asperges et de truffe, lance actuellement une nouvelle mode. Dans les années quatre-vingt-dix, l'*Occianus* (océan), rendu célèbre par Eyal Shani, l'enfant terrible de la cuisine israélienne, était tout aussi influent. Les crevettes de Shani, grillées sur du charbon de bois d'oranger, et ses ingrédients puisés dans les montagnes judéennes, associés à ses manières excentriques, ont fait de lui la voix de la cuisine israélienne moderne.

Voici notre interprétation d'une soupe de poisson tunisienne. Parmi toutes les communautés juives, les Tunisiens sont ceux qui utilisent le plus le poisson frais et de la façon la plus créative (VOIR DORADE FRITE À LA HARISSA ET À LA ROSE, PAGE 219, ET SALADE FRICASSÉE, PAGE 227). Les Juifs tunisiens mangeaient traditionnellement du poisson la plupart des jours de la semaine et le servaient sur du couscous. Cette soupe ne figurerait bien évidemment pas sur une table juive tunisienne traditionnelle, mais elle est vraiment délicieuse versée sur du couscous (faites-la simplement réduire un peu).

Versez l'huile d'olive et l'ail dans une large poêle à bord bas et laissez cuire pendant 2 min à feu moyen, sans laisser colorer l'ail. Ajoutez le fenouil et la pomme de terre en remuant et prolongez la cuisson de 3 ou 4 min. Versez le bouillon et le citron confit, assaisonnez avec ¼ de cuil. à café de sel et du poivre noir, portez à ébullition, puis couvrez et laissez mijoter à feu doux 12 à 14 min, jusqu'à ce que la pomme de terre soit cuite. Ajoutez le piment si vous en utilisez, les tomates, les épices et la moitié du persil et poursuivez la cuisson encore 4 ou 5 min.

Versez jusqu'à 30 cl d'eau pour recouvrir tout juste le poisson et le pocher ; portez de nouveau à frémissement. Intégrez le bar et les fruits de mer, couvrez et laissez bouillir 3 ou 4 min, jusqu'à ce que les fruits de mer s'ouvrent et que les crevettes soient roses.

Sortez le poisson et les fruits de mer de l'eau à l'aide d'une écumoire. Si la soupe est un peu liquide, laissez-la bouillir encore quelques minutes. Ajoutez l'arak et rectifiez l'assaisonnement.

Pour finir, remettez les fruits de mer et le poisson dans la soupe afin de les réchauffer. Servez immédiatement, garni du reste de persil et éventuellement d'estragon.

POUR 4 PERSONNES

Soupe aux pistaches

¼ de cuil. à café de safran en filaments
200 g de pistaches non salées épluchées
4 échalotes, épluchées et émincées finement (100 g)
25 g de gingembre frais, épluché et émincé finement
1 poireau, émincé finement (150 g)
2 cuil. à café de cumin en poudre
30 g de beurre doux
70 cl de bouillon de poulet
8 cl de jus d'orange fraîchement pressé
1 cuil. à soupe de jus de citron
sel et poivre noir
crème aigre (à défaut, crème fraîche et jus de citron), pour servir

Ne jugez pas cette recette trop vite. Cette soupe, plat traditionnel de la communauté juive iranienne, ne se révèle vraiment qu'au tout dernier moment, lorsque vous ajoutez le jus d'orange frais et que vous remuez. Servez de petites portions car elle est assez riche. Si vous n'avez pas envie d'éplucher les pistaches, vous pouvez les laisser telles quelles, seule la couleur de la soupe s'en trouvera affectée.

Préchauffez le four à 180 °C (th. 6). Versez 2 cuil. à soupe d'eau bouillante sur les filaments de safran dans une petite tasse et laissez infuser pendant 30 min.

Pour ôter la peau des pistaches, faites-les blanchir dans de l'eau bouillante pendant 1 min, égouttez-les et, tandis qu'elles sont encore chaudes, enlevez leur peau en les pressant entre vos doigts. Contrairement aux amandes, toutes les peaux ne s'en iront pas, mais la peau des pistaches étant très fine, cela n'influera pas sur la qualité de la soupe. En revanche, plus vous enlèverez de peaux, plus la couleur de la soupe sera d'un beau vert vif. Répartissez les pistaches sur une plaque à pâtisserie et faites-les griller dans le four pendant 8 min. Sortez-les et laissez-les refroidir.

Faites chauffer le beurre dans une grande casserole et mettez-y les échalotes, le gingembre, le poireau, le cumin, ½ cuil. à café de sel et du poivre noir. Faites revenir à feu moyen pendant 10 min en remuant souvent, jusqu'à ce que les échalotes soient bien tendres. Versez le bouillon et la moitié de l'eau safranée. Couvrez la casserole, baissez le feu et laissez mijoter 20 min.

Versez toutes les pistaches, excepté 1 cuil. à soupe, dans un grand saladier avec la moitié de la soupe. À l'aide d'un mixeur plongeant, réduisez le tout en une soupe lisse, puis remettez-la dans la casserole. Ajoutez les jus d'orange et de citron, faites réchauffer et goûtez pour rectifier l'assaisonnement.

Pour servir, concassez grossièrement les pistaches réservées. Transférez la soupe chaude dans des bols et garnissez chacun de 1 cuil. à soupe de crème aigre. Parsemez de pistaches et arrosez d'eau safranée.

Couscous & Cie

La position de Jérusalem, au cœur de tellement de cuisines moyen-orientales et nord-africaines, est si particulière qu'il est impossible de distinguer les noms et les caractéristiques de certains ingrédients. Prenons, par exemple, les petites boulettes de pâte – nous ne savons même pas comment les appeler exactement –, que l'on nomme communément la graine de couscous à l'Ouest.

Il existe, en effet, ce que l'on appelle le couscous, de minuscules petites boulettes de semoule qui étaient autrefois fraîchement roulées par les femmes, cuites et servies avec des soupes et des tajines, et qui sont aujourd'hui vendues séchées et emballées et servent aussi à préparer des salades ou à accompagner un plat. Le couscous est relativement nouveau à Jérusalem, devenu de plus en plus populaire depuis l'arrivée de nombreux Juifs nord-africains dans les années cinquante et soixante, surtout en provenance du Maroc. Il s'est toutefois profondément enraciné dans la cuisine juive. De nombreuses femmes de Jérusalem continuent à rouler leur propre couscous, que l'on peut trouver dans les restaurants qui entourent la ville.

L'équivalent palestinien local du couscous s'appelle le *maftoul*. Le *maftoul* a une forme moins régulière, est plus gros que le couscous et se prépare également à la maison ou se vend séché. Similaire à la graine de couscous, le *maftoul* est servi avec des ragoûts et des soupes, souvent mijotés et réservés pour les occasions spéciales (VOIR AUSSI PAGE 141).

Le couscous isréalien, ou *ptitim*, est une autre variante sur le même thème, à base de blé. Il est également bien plus gros que le couscous et fut inventé pendant les pénuries alimentaires des années cinquante par le Premier ministre de l'époque, David Ben Gourion, en tant que solution industrielle pour nourrir les nombreux nouveaux immigrants. Il s'est enraciné dans la culture israélienne et est particulièrement apprécié des enfants lorsqu'il est préparé avec de l'oignon et de la tomate (VOIR PAGE 8).

Le « couscous israélien » s'est répandu à l'Ouest, passant d'un aliment réconfortant à ses débuts à un ingrédient des plus à la mode chez les grands chefs cuisiniers, provoquant du ressentiment parmi les Palestiniens – dont le *maftoul* n'est pas très différent – et parmi les Libanais – dont le *moghrabieh*, ou couscous libanais, est similaire, simplement un peu plus gros. Le *moghrabieh*, qui signifie littéralement « d'Afrique du Nord », affirme clairement son origine et sa source d'inspiration dans son nom, tandis que le « couscous israélien », d'après les critiques, fait exactement le contraire.

POUR 4 PERSONNES

Soupe à l'aubergine « brûlée » & au *moghrabieh*

5 petites aubergines (1,2 kg environ)
1 oignon, tranché (125 g)
1 cuil. à soupe de graines de cumin, fraîchement moulues
1 cuil. à café de concentré de tomate
2 grosses tomates (350 g), pelées et coupées en dés
35 cl de bouillon de poulet ou de légumes
4 gousses d'ail, écrasées
2 ½ cuil. à café de sucre
2 cuil. à soupe de jus de citron
100 g de *moghrabieh*, ou *maftoul*, fregola ou gros couscous (voir page 139)
huile de tournesol, pour frire
2 cuil. à soupe de basilic ciselé ou 1 cuil. à soupe d'aneth ciselé, selon vos préférences (facultatif)
sel et poivre noir

Le moghrabieh, et dans une moindre mesure le maftoul, s'achètent chez certains épiciers moyen-orientaux et sur Internet (POUR EN SAVOIR PLUS SUR LE *MOGHRABIEH* ET LE *MAFTOUL*, VOIR PAGE 139). *On trouve presque partout du gros couscous ou du couscous israélien, tout comme la fregola, son équivalent sarde. Quoi que vous choisissiez pour préparer cette soupe merveilleusement consistante, vérifiez bien le temps de cuisson indiqué sur le paquet, afin d'être certain que les petites boules de pâte soient bien* al dente. *Après cette soupe, dégustez un plat léger, comme le kuku de fèves* (VOIR PAGE 39) *ou le maquereau frit à la betterave dorée et salsa d'orange* (VOIR PAGE 222).

Commencez par faire brûler la peau de 3 aubergines. Pour cela, suivez les instructions de la recette de l'aubergine rôtie à l'ail, au citron et aux graines de grenade (PAGE 79).

Coupez les 2 aubergines restantes en dés de 1,5 cm. Faites chauffer 15 cl d'huile environ dans une grande casserole sur feu moyen à vif et, une fois l'huile chaude, mettez-y les dés d'aubergines. Faites revenir pendant 10 à 15 min, en remuant souvent, jusqu'à ce qu'ils soient colorés de toutes parts ; ajoutez un peu d'huile si nécessaire dans la poêle. Retirez l'aubergine de la poêle, transférez-la dans une passoire pour l'égoutter et salez-la.

Vérifiez qu'il reste au moins 1 cuil. à soupe d'huile dans la poêle, puis ajoutez l'oignon et le cumin et faites revenir pendant 7 min environ, en remuant souvent. Versez le concentré de tomate et poursuivez la cuisson 1 min, avant d'ajouter les tomates, le bouillon, 40 cl d'eau, l'ail, le sucre, le jus de citron, 1 ½ cuil. à café de sel et du poivre noir. Laissez mijoter à feu doux pendant 15 min. Pendant ce temps, portez une petite casserole d'eau salée à ébullition et versez-y le *moghrabieh* ou équivalent. Laissez cuire jusqu'à ce qu'il soit *al dente* ; le temps de cuisson varie selon les marques mais il devrait être de 15 à 18 min (vérifiez sur le paquet). Égouttez et rafraîchissez sous l'eau froide.

Intégrez la chair d'aubergine rôtie dans la soupe et mixez le tout au mixeur plongeant. Une fois la soupe bien lisse, incorporez le *moghrabieh* et l'aubergine frite, en en réservant un peu pour décorer à la fin, et laissez mijoter 2 min encore. Goûtez et rectifiez l'assaisonnement. Servez chaud, garni du *moghrabieh* et de l'aubergine réservés, décorez éventuellement de basilic ou d'aneth.

POUR 4 PERSONNES

Soupe à la tomate & au levain

Ruth, la mère de Yotam, qui nous a gentiment donné cette recette, est une cuisinière juive typique pour de nombreuses raisons. Elle est, tout d'abord, née dans une famille de Juifs allemands qui s'installèrent dans la ville juste avant la Seconde Guerre mondiale. Elle parlait allemand chez elle et mangeait du chou rouge, des pommes de terre et des saucisses délicatement épicés. En dehors de la maison, elle goûta à la nourriture arabe – elle la trouvait tellement exotique – et à la cuisine de nombreux immigrants juifs, essentiellement venus de Pologne et d'Europe de l'Est. Elle connut également les débuts de ce qui deviendrait plus tard une cuisine israélienne bien définie, telle qu'elle était préparée dans le *kibbutzim* – la célèbre salade émincée à la tomate et au concombre, agrémentée de sauce tahini et d'olives.

Ruth épousa Michael, d'origine italienne, et tout un monde culinaire s'ouvrit alors à elle. Elle voyagera un peu, principalement en Europe et aux États-Unis, toujours à la recherche de nouvelles influences, de cuisines à essayer.

Yotam se souvient de Ruth essayant audacieusement toutes sortes de plats. Elle préparait du gaspacho espagnol, du *zabaglione* italien et des currys malais. Elle cuisinait le bœuf bourguignon, le rosbif à l'anglaise et le poulet aigre-doux. Elle concoctait également de nombreuses spécialités issues de son héritage allemand. Sa cuisine manquait toutefois souvent d'ingrédients locaux palestiniens. Yotam ne se souvient pas avoir déjà vu un tube de tahini ou un sachet de boulgour chez elle. Pourtant, au fil des ans, la nourriture arabe devint plus respectée dans la culture israélienne et les gens commencèrent à oser aller au-delà de la visite obligatoire dans un troquet palestinien pour y déguster une brochette de viande et une assiette de houmous en visitant la vieille ville. Ruth, comme de nombreuses autres cuisinières israéliennes, commença à s'intéresser à ce qu'il se passait dans les cuisines de ses voisins et à ce qui se trouvait sur leurs tables. Des ingrédients qui semblaient auparavant exotiques, comme le zaatar, firent leur entrée dans le quotidien, comme s'ils avaient toujours existé.

Aujourd'hui, comme de nombreux autres cuisiniers juifs, Ruth est à l'aise avec son héritage culinaire européen, mais son style a changé et les ingrédients qu'elle emploie sont beaucoup plus locaux. Dans son garde-manger, vous pouvez maintenant trouver du *freekeh* et du tahini à côté d'un paquet de fusillis et d'un bocal de *rollmops*. Sur son étagère à épices, du sumac côtoie du cumin et du bouillon suisse bio en poudre. Et vous pouvez même la surprendre de temps en temps en train de faire rôtir une petite aubergine.

Cette courte liste d'ingrédients permet de réaliser la plus délicate des soupes. Une véritable merveille.

---

1 gros oignon, émincé (250 g)
1 cuil. à café de graines de cumin
2 gousses d'ail, écrasées
75 cl de bouillon de légumes
4 grosses tomates mûres, émincées (650 g)
400 g de tomates italiennes en conserve
1 cuil. à soupe de sucre en poudre
1 tranche de pain au levain (40 g)
2 cuil. à soupe d'huile d'olive + pour arroser
2 cuil. à soupe de coriandre ciselée + pour décorer
sel et poivre noir

Faites chauffer l'huile dans une casserole moyenne et mettez-y l'oignon. Laissez-le revenir pendant 5 min environ, en remuant souvent, jusqu'à ce qu'il soit translucide. Ajoutez le cumin et l'ail et prolongez la cuisson de 2 min. Versez le bouillon, les tomates fraîches et les tomates en conserve, le sucre, 1 cuil. à café de sel et une bonne dose de poivre noir.

Portez la soupe à petit bouillon et laissez mijoter pendant 20 min, en ajoutant le pain coupé en morceaux à mi-cuisson. Pour finir, incorporez la coriandre et mixez la soupe, en gardant toutefois des morceaux de tomates. La soupe doit être assez épaisse ; ajoutez un peu d'eau si vous la trouvez cependant trop épaisse. Servez-la arrosée d'huile et parsemée de coriandre fraîche.

POUR 4 PERSONNES

Bouillon de poulet aux knaidlach

Les *knaidlach*, boulettes à base de farine de *matza* servies dans un bouillon de poulet ou de bœuf, figurent sur la plupart des tables juives de Jérusalem et du monde au moment de la Pâque juive et souvent aussi du Nouvel An juif (Rosh Hashana). Croyez-le ou non, mais Sami, qui n'a pas un os juif dans son corps, est célèbre pour ses *knaidlach*. Au point qu'il a personnellement révélé ses secrets à de nombreuses femmes au foyer respectables du Nord de Londres pour préparer ce savoureux mets ashkénaze qu'il a amélioré au fil du temps.

Les *knaidlach* doivent être légères, mais pas trop mousseuses, tout juste assez savoureuses pour faire ressortir les qualités du bouillon, véritable fierté de la cuisinière.

La soupe de poulet, connue pour ses légendaires vertus thérapeutiques, est profondément ancrée dans la culture juive. Elle constitue la base des repas de shabbat et de fête ashkénazes, chaque femme possédant sa propre recette « secrète ».

On raconte que l'ancien Premier ministre israélien, Golda Meir, était une bonne cuisinière et que, même lorsqu'elle exerçait ses fonctions dans les années soixante-dix, elle n'eut jamais de cuisinière attitrée dans la résidence du Premier ministre mais faisait elle-même la cuisine ou confiait cette tâche à un ou deux membres du personnel. Golda aimait bien goûter de nouveaux plats et était prête à essayer tout ce qu'on lui proposait à travers le monde. Pourtant, chez elle, la cuisine était typiquement ashkénaze. Son bouillon de poulet aux *knaidlach* était la préférée de ses petits-enfants.

Les knaidlach *requérant un peu de préparation, mieux vaut les commencer un jour à l'avance. Vous pouvez vous arrêter à l'étape de la pâte ou une fois les boulettes formées, cuites et refroidies. Dans les deux cas, gardez les* knaidlach *dans le réfrigérateur jusqu'au lendemain. La soupe peut aussi se préparer un jour à l'avance et se conserver au réfrigérateur.*

Vous pouvez tout à fait vous contenter du bouillon. Si vous choisissez cette option, remettez le poulet dans la soupe une fois terminée pour le réchauffer et servez la soupe avec les morceaux de poulet et des vermicelles aux œufs cuits. Si vous agrémentez le bouillon de knaidlach, *servez le poulet chaud sur du riz ou du boulgour cuit (mais pas pendant la Pâque juive !), bien assaisonné d'un filet d'huile d'olive et d'une poignée de pignons de pin grillés, de gros sel de mer, de poivre noir et de persil ciselé.*

1 poulet fermier, de 2 kg environ, divisé en 4 morceaux, avec les os, si possible les abats et éventuellement des ailes ou des os supplémentaires (demandez à votre boucher)
1 ½ cuil. à café d'huile de tournesol
25 cl de vin blanc sec
2 carottes, en rondelles de 2 cm (250 g)
4 branches de céleri, en morceaux de 6 cm (300 g)
2 oignons moyens, en 8 morceaux chacun (350 g)
1 gros navet, en 8 morceaux (200 g)
50 g de persil plat
50 g de coriandre
5 brins de thym
1 petit brin de romarin
20 g d'aneth + pour décorer
3 feuilles de laurier
100 g de racine de gingembre frais, tranchée finement
20 grains de poivre noir
5 baies de quatre-épices
sel

***KNAIDLACH* (POUR 12 À 15)**

2 gros œufs
40 g de margarine ou de graisse de poulet, fondue et légèrement refroidie
2 cuil. à soupe de persil, ciselé finement
75 g de farine de *matza*
4 cuil. à soupe d'eau gazeuse
sel et poivre noir fraîchement moulu

Préparez les *knaidlach*. Battez les œufs au fouet dans un saladier moyen jusqu'à ce qu'ils deviennent mousseux. Ajoutez la margarine ou la graisse en continuant à battre, puis ½ cuil. à café de sel, du poivre noir et le persil. Incorporez peu à peu la farine de *matza* en remuant, puis l'eau gazeuse et mélangez pour obtenir une pâte uniforme. Couvrez le saladier et mettez au réfrigérateur jusqu'à ce que la pâte soit froide et ferme, pendant au moins 1 ou 2 h et jusqu'à 1 journée.

Tapissez une plaque à pâtisserie de film alimentaire. Mouillez-vous les mains et aidez-vous d'une cuillère pour former des boulettes de la taille de petites noix ; déposez-les sur la plaque.

Plongez les boulettes de farine dans une grande casserole d'eau salée frémissante. Couvrez partiellement avec un couvercle et baissez sur feu doux. Laissez bouillonner pendant 30 min environ, jusqu'à ce que les boulettes soient tendres.

À l'aide d'une écumoire, transférez les *knaidlach* sur une plaque à pâtisserie propre pour les laisser refroidir, puis mettez-les au réfrigérateur pendant 1 journée. Si vous préférez, vous pouvez aussi les plonger tout de suite dans le bouillon chaud.

Préparez la soupe. Éliminez tout excès de gras du poulet. Versez l'huile dans une très grande casserole et saisissez-y les morceaux de poulet à feu vif de toutes parts pendant 3 ou 4 min. Retirez la casserole du feu, jetez l'huile et nettoyez la casserole. Versez le vin et laissez-le bouillonner 1 min. Remettez le poulet dans la casserole, recouvrez d'eau et portez à tout petit bouillon. Laissez bouillonner pendant 10 min environ, en éliminant l'écume. Intégrez les carottes, le céleri, les oignons et le navet. Formez un bouquet avec toutes les herbes, attachez-le avec un morceau de ficelle et mettez-le dans la casserole. Ajoutez les feuilles de laurier, les grains de poivre, le quatre-épices, 1 ½ cuil. à café de sel, puis versez suffisamment d'eau pour bien recouvrir le tout.

Portez de nouveau à tout petit bouillon, laissez mijoter 1 h 30, en écumant de temps en temps et en ajoutant de l'eau si besoin pour que tous les ingrédients restent bien couverts. Retirez le poulet de la soupe et désossez-le. Gardez la viande dans un saladier avec un peu de bouillon pour qu'elle reste moelleuse, puis placez-la au réfrigérateur. Remettez les os dans la casserole et laissez mijoter pendant 1 h encore, en ajoutant suffisamment d'eau pour que les os et les légumes restent bien couverts. Filtrez la soupe chaude, jetez le bouquet d'herbes, les légumes et les os. Faites réchauffer les *knaidlach* cuites dans le bouillon, puis servez la soupe et les *knaidlach* parsemées d'aneth dans des bols peu profonds.

POUR 6 PERSONNES

Soupe de *freekeh* épicée aux boulettes

BOULETTES

400 g de bœuf ou d'agneau haché, ou un mélange des deux
1 petit oignon (150 g), en dés
2 cuil. à soupe de persil plat, ciselé finement
½ cuil. à café de quatre-épices en poudre
¼ de cuil. à café de cannelle en poudre
3 cuil. à soupe de farine ordinaire
2 cuil. à soupe d'huile d'olive
sel et poivre noir

SOUPE

1 gros oignon (250 g), émincé
3 gousses d'ail, écrasées
2 carottes (250 g), en dés de 1 cm
2 branches de céleri (150 g), en dés de 1 cm
3 grosses tomates (350 g), émincées
40 g de concentré de tomate
1 cuil. à soupe de *baharat* (mélange d'épices du commerce ou voir recette page 299)
1 cuil. à soupe de coriandre en poudre
1 bâton de cannelle
1 cuil. à soupe de sucre en poudre
150 g de *freekeh* (blé concassé)
50 cl de bouillon de bœuf
50 cl de bouillon de poulet
2 cuil. à soupe d'huile d'olive
10 g de coriandre, ciselée
1 citron, en 6 quartiers

Les Palestiniens, comme de nombreux autres communautés, avaient l'habitude de moissonner leur blé alors que ses grains étaient encore verts. Ces derniers servaient à allumer le feu pour brûler la paille. Les femmes du village se réunissaient ensuite en grands groupes pour battre le blé et ramasser les grains verts. Ceci donne le *freekeh*, ou blé vert, céréale très populaire et légèrement fumée. Il confère un arôme délicieux aux soupes ou aux ragoûts mais peut aussi se préparer comme du riz ou du boulgour.

Aujourd'hui, le *freekeh* est produit et vendu entier ou concassé ; lorsqu'il est concassé, il ressemble à du boulgour, à la seule différence qu'il est vert. Nous l'utilisons pour préparer des pilafs, dans des salades, pour accompagner de l'agneau ou du poulet (VOIR PAGE 182). Sa forte saveur et sa texture légèrement épaisse se marient particulièrement bien avec les épices douces.

Dans notre premier ouvrage, nous avons publié une recette de soupe marocaine harira, plat traditionnel pour rompre le jeûne du Ramadan. Nos lecteurs l'ont beaucoup appréciée, surtout pour ses arômes profonds et réconfortants, contrastés par le piquant du jus de citron et les nombreuses épices. Voici une variante palestinienne dont l'effet est à peu près le même. Vous pouvez vous procurer du freekeh sur Internet ou chez les épiciers moyen-orientaux ou le remplacer par du boulgour, qui cuira moins longtemps – 20 à 25 min.

Préparez les boulettes : mélangez la viande hachée, l'oignon, le persil, le quatre-épices, la cannelle, ½ cuil. à café de sel et ¼ de cuil. à café de poivre. Malaxez bien puis formez des petites boulettes et roulez-les dans la farine – 15 environ. Faites chauffer l'huile d'olive dans une grande cocotte et faites-y revenir les boulettes sur feu moyen quelques minutes, jusqu'à ce qu'elles soient bien dorées. Retirez-les de l'huile.

Nettoyez la cocotte avec du papier absorbant et ajoutez l'huile d'olive pour la soupe. Faites revenir l'oignon et l'ail 5 min à feu moyen. Ajoutez la carotte et le céleri en remuant et laissez cuire 2 min. Incorporez les tomates, le concentré de tomate, les épices, le sucre, 2 cuil. à café de sel et ½ cuil. à café de poivre et laissez cuire 1 min de plus. Versez le *freekeh* en remuant et laissez cuire pendant 2 ou 3 min. Ajoutez les bouillons, 80 cl d'eau chaude et les boulettes. Portez à ébullition, baissez le feu et laissez mijoter à feu très doux 35 à 45 min, en remuant de temps en temps, jusqu'à ce que le *freekeh* soit bien gonflé et tendre. La soupe doit être assez épaisse. Faites réduire ou ajoutez un peu d'eau si besoin. Rectifiez l'assaisonnement. Répartissez la soupe chaude dans des bols et parsemez de coriandre ciselée. Servez les quartiers de citron à part.

METS FARCIS

Mets farcis

Lorsque, en 1974, Henry Kissinger visita Jérusalem pour l'une de ses missions de paix, le chef du meilleur restaurant de la ville à l'époque, *Mishkenot Sha'ananim*, lui prépara une assiette spéciale composée de six mets, correspondant chacun à un des pays visités par le secrétaire d'État : Maroc, Égypte, Syrie, Jordanie, Liban et Israël. L'écrivain gastronomique Rina Valero, qui raconte cette histoire, mentionne les six mets de ce qui devint célèbre sous le nom d'« assiette Kissinger » : *kebbeh*, feuilles de vigne farcies, prunes farcies et poitrine d'oie, pâte filo garnie de foie de poulet et veau, cigares farcis au foie gras et poires farcies aux noix et aux raisins secs. Cette sélection reflète bien la fascination locale pour tous les mets farcis. C'est un phénomène unique qui ne concerne pas seulement les restaurants haut de gamme. Chacune des nombreuses cultures de la ville possède au moins un plat majeur farci, souvent beaucoup plus, et quelques cuisines, notamment kurde, sont identifiées à une série de plats farcis. Les biscuits *ma'amul* (VOIR PAGE 288), très appréciés des Palestiniens, se composent d'un fond de tarte garni d'une farce vraiment savoureuse. On trouve de nombreuses variantes de *mahshi*, légumes farcis, dans toute la région.

LES AUBERGINES, POMMES DE TERRE, COURGETTES, BLETTES, TOMATES, OIGNONS, POIVRONS, NAVETS, FEUILLES DE VIGNE ET FEUILLES DE CHOU COMPTENT PARMI LES INGRÉDIENTS LES PLUS POPULAIRES. MAIS VOUS POUVEZ VRAIMENT TOUT FARCIR

Avant que les femmes travaillent à l'extérieur, et aujourd'hui encore à un degré moindre, des groupes de femmes, juives comme palestiniennes, se réunissaient pour farcir des légumes. Ce travail requiert dextérité et patience, surtout pour évider les carottes et les courgettes, mais les femmes l'accomplissaient avec beaucoup de fierté. La farce est généralement composée de riz assaisonné, additionné ou non de viande hachée, le liquide de cuisson étant soit de l'eau, soit à base de tomate. La version arabe est servie avec du yaourt, du yaourt séché (*kishk*) étant parfois ajouté au liquide de cuisson. Des pieds de mouton ou une tête de mouton entière peuvent aussi être ajoutés dans la casserole pour plus de saveur.

Il est assez miraculeux de voir encore aujourd'hui autant d'aliments farcis, fourrés ou roulés à Jérusalem. Il s'agit, en effet, d'une cuisine du passé, lorsque les gens avaient plus de temps et moins d'argent, que les femmes restaient des heures à la maison et avaient beaucoup moins de moyens qu'aujourd'hui. Lorsque vous fabriquez une farce, vous « étendez » beaucoup plus votre viande ou votre riz, ce qui donne un résultat visuel impressionnant, en raison de sa complexité, et particulièrement délicieux. Les farces incluent aussi de la viande, des légumes et des glucides dans une seule casserole, ce qui limite la vaisselle et évite d'assaisonner les ingrédients un à un.

Pour les Juifs, les mets farcis sont également parfaits pour le shabbat. Ils sont cuits lentement le vendredi et peuvent être servis chauds ou froids. Les Séfarades farcissent aussi des légumes pour des occasions, parfois plongés dans l'œuf, frits, puis cuits sur la cuisinière ou dans le four. Les aubergines, pommes de terre, courgettes, blettes, tomates, oignons, poivrons, navets, feuilles de vigne et feuilles de chou comptent parmi les ingrédients les plus populaires. Mais vous pouvez vraiment tout farcir. Abricots et autres fruits secs peuvent être ajoutés à la farce ou à la sauce – parfois même de la confiture d'abricots ! – ou encore du tamarin. Ce mélange aigre-doux est typique de Jérusalem.

Les Juifs polonais farcissent le chou, résultat de l'interaction avec l'Empire ottoman au XVIIe siècle. Ils farcissent leur chou de bœuf et de riz et le font cuire dans du bouillon. Les Juifs hongrois farcissent les poivrons et les font cuire dans une sauce douce à la tomate et au paprika. Mais on ne farcit pas seulement les légumes. Les *shishbarak*, petites boulettes de pâte similaires aux tortellinis, farcies de viande et cuites dans le yaourt, sont une spécialité arabe. Les nombreuses cuisines ashkénaze et séfarade ont toutes leur propre version.

Les boulettes de *kebbeh* – à base de boulgour ou de semoule et généralement farcies de viande – constituent un ingrédient de base pour les Palestiniens (VOIR PAGE 159), qui les font frire, et pour les Juifs kurdes, qui les font cuire dans des soupes variées (VOIR *KEBBEH HAMOUSTA*, PAGE 162).

Carottes évidées, prêtes à farcir, vendues sur un marché

POUR 4 PERSONNES

Coings farcis à l'agneau, à la grenade & à la coriandre

400 g d'agneau haché
1 gousse d'ail, écrasée
1 piment rouge, émincé
20 g de coriandre, ciselée + 2 cuil. à soupe pour décorer
50 g de chapelure
1 cuil. à café de quatre-épices
2 cuil. à soupe de gingembre râpé finement (40 g)
2 oignons moyens, épluchés et émincés finement (220 g)
1 œuf fermier moyen
4 coings (1,3 kg)
le jus de 1 citron moyen
les graines de 8 gousses de cardamome, écrasées
2 cuil. à café de mélasse de grenade
2 cuil. à café de sucre
50 cl de bouillon de poulet
3 cuil. à soupe d'huile d'olive
les graines de ½ grenade
sel et poivre noir

Voici un plat étonnant auquel nous revenons sans cesse. Nous proposons toujours une version simplifiée dans nos cours du samedi matin à l'école de cuisine de Leith, à Londres. Dans cette version, nous ne farcissons pas les coings, mais les coupons simplement en dés et les faisons cuire dans la sauce, la farce de viande les accompagnant sous forme de boulettes. Nous vous recommandons cette méthode si vous n'avez pas le temps ou l'envie de farcir les coings (c'est un fruit assez coriace !). Vous pouvez éventuellement les remplacer par des poires dures. Il existe une variante de cette recette, qui s'inspire d'un plat persan, le khoresht beh*, composé de dés d'agneau ou de bœuf, d'oignon émincé, de cannelle, de noix muscade, de tranches de coing, de jus de citron et de sucre. Tous ces ingrédients sont cuits ensemble à feu très doux pour donner un ragoût sucré et épicé.*

Dans un saladier, réunissez l'agneau, l'ail, le piment, la coriandre, la chapelure, le quatre-épices, la moitié du gingembre, la moitié de l'oignon, l'œuf, ¾ de cuil. à café de sel et du poivre. Malaxez bien avec les mains et réservez.

Épluchez les coings et coupez-les en deux dans la longueur. Gardez-les dans un saladier d'eau froide additionnée du jus de ½ citron afin qu'ils ne brunissent pas. Avec une cuillère parisienne ou une petite cuillère, enlevez les pépins et évidez les moitiés de coings de manière à ne garder que 1,5 cm de chair environ. Réservez la chair que vous avez creusée. Garnissez les moitiés de coings de farce à l'agneau en appuyant bien avec les mains.

Faites chauffer l'huile d'olive dans une grande poêle équipée d'un couvercle. Transférez la chair des coings réservée dans un robot ménager, écrasez bien, puis versez dans la poêle avec le reste d'oignon, le gingembre et les gousses de cardamome. Faites revenir pendant 10 à 12 min, jusqu'à ce que l'oignon ait ramolli, puis ajoutez la mélasse, 1 cuil. à soupe de jus de citron, le sucre, le bouillon, ½ cuil. à café de sel et du poivre noir. Déposez les moitiés de coings dans la sauce, farce vers le haut, baissez à tout petit feu, couvrez la poêle et laissez mijoter pendant 30 min environ. À la fin, le coing doit être complètement tendre, la viande bien cuite et la sauce épaisse. Enlevez le couvercle et laissez cuire 1 ou 2 min pour faire réduire la sauce si besoin.

Servez chaud ou à température ambiante, parsemé de coriandre et de graines de grenade.

POUR 4 PERSONNES

Gâteau au navet & au veau

300 g de riz basmati
400 g de veau haché (ou agneau, ou bœuf)
30 g de persil plat ciselé
1 ½ cuil. à café de *baharat* (mélange d'épices du commerce ou voir recette page 299)
½ cuil. à café de cannelle en poudre
½ cuil. à café de flocons de piment séchés
2 cuil. à soupe d'huile d'olive
10 à 15 navets moyens (1,5 kg)
40 cl environ d'huile de tournesol
300 g de tomates en morceaux (parfaites en conserve)
1 ½ cuil. à soupe de pâte de tamarin
20 cl de bouillon de poulet chaud
1 ½ cuil. à soupe de sucre en poudre
2 brins de thym effeuillés
sel et poivre noir

Après une bonne heure passée à nous battre avec des ustensiles de cuisine variés et toute une série de petits outils pointus – les coques de navet se cassant ou se fissurant de toutes parts –, nous avons fini par abandonner l'idée d'évider des navets pour préparer un plat palestinien populaire où ils sont farcis de riz et cuits dans une sauce tomate. Nous avons ainsi opté pour ce « gâteau » composé de plusieurs couches, plus facile et plus rapide à réaliser et qui nous laisse également remplis d'admiration et de respect pour des générations de femmes et de mères qui l'ont préparé souvent et sans jamais se plaindre. Similaire au maqluba (VOIR PAGE 127)*, il s'agit d'un plat unique. Il est aigre-doux et l'on distingue bien l'arôme de chacune des épices. Si vous préférez, les navets peuvent être remplacés par des pommes de terre. Servez-le avec du yaourt grec assaisonné ou du yaourt au concombre* (VOIR PAGE 299).

Lavez le riz et égouttez-le bien. Versez-le dans un grand saladier et ajoutez la viande, le persil, le *baharat*, la cannelle, 2 cuil. à café de sel, ½ cuil. à café de poivre, les piments et l'huile d'olive. Mélangez bien et réservez.

Épluchez les navets et détaillez-les en tranches de 1 cm d'épaisseur. Faites chauffer 2 cm d'huile de tournesol à feu moyen à vif dans une grande poêle. Faites-y revenir les tranches de navets pendant 3 ou 4 min en plusieurs fois, jusqu'à ce qu'elles soient dorées. Transférez-les sur une assiette tapissée de papier absorbant, salez un peu et laissez refroidir.

Réunissez les tomates, le tamarin, le bouillon, 25 cl d'eau, le sucre, 1 cuil. à café de sel et ½ cuil. à café de poivre dans un grand saladier. Battez bien au fouet. Versez un tiers environ de ce liquide dans une casserole moyenne (24 cm de diamètre) à fond épais. Disposez un tiers des tranches de navets dans le liquide. Ajoutez la moitié du mélange de riz et égalisez. Formez une autre couche de navets, puis versez le riz restant. Terminez par les navets en appuyant légèrement avec les mains. Arrosez du reste de sauce à la tomate, puis parsemez de thym. Décollez légèrement le « gâteau » des côtés de la casserole à l'aide d'une spatule, afin que le liquide se répartisse bien.

Portez à ébullition à feu moyen. Baissez le feu au minimum, couvrez et laissez mijoter pendant 1 h. Retirez la casserole du feu, ôtez le couvercle et laissez reposer 10 à 15 min. Il est malheureusement impossible de démouler ce « gâteau » sur un plat car il risquerait de se casser, servez-le donc plutôt à l'aide d'une cuillère.

POUR 4 PERSONNES
ENVIRON 16 OIGNONS FARCIS

Oignons farcis

4 gros oignons épluchés (900 g)
40 cl environ de bouillon de légumes
1 ½ cuil. à soupe de mélasse de grenade
sel et poivre noir

FARCE

150 g d'échalotes, émincées finement
100 g de riz à grain court
35 g de pignons de pin, écrasés
2 cuil. à soupe de menthe fraîche ciselée
2 cuil. à soupe de persil plat ciselé
2 cuil. à café de menthe séchée
1 cuil. à café de cumin en poudre
1 pincée de clous de girofle en poudre
¼ de cuil. à café de quatre-épices en poudre
¾ de cuil. à café de sel
½ cuil. à café de poivre noir
1 ½ cuil. à soupe d'huile d'olive
4 quartiers de citron (facultatif)

En raison de leur cuisson lente et du goût très sucré de la mélasse de grenade, ces oignons ont une saveur étonnamment profonde et pourtant fraîche. Servez-les au début d'un repas centré sur la viande ou avec une sélection de petits plats de légumes, tels que les gombos grillés à la tomate, à l'ail et au citron confit (VOIR PAGE 74) *ou le chou-fleur frit au tahini* (VOIR PAGE 60)*. Il existe une variante dérivée d'un plat juif syrien : farcissez les oignons de bœuf haché parfumé à la cannelle et au quatre-épices et faites-les cuire à l'étouffée dans une sauce composée d'eau, de tamarin, de jus de citron, de sucre et d'un peu d'huile.*

Épluchez les oignons et coupez environ 0,5 cm en haut et en bas de chaque oignon. Disposez les oignons parés dans une grande casserole remplie d'eau, portez à ébullition et laissez cuire 15 min. Égouttez et laissez refroidir.

Préparez la farce. Faites chauffer l'huile d'olive dans une poêle moyenne à feu moyen à vif et mettez-y les échalotes. Faites-les revenir pendant 8 min, en remuant souvent, puis ajoutez tous les autres ingrédients, excepté les quartiers de citron. Baissez le feu et poursuivez la cuisson en remuant pendant 10 min.

Avec un petit couteau, entaillez les oignons de haut en bas en passant par le centre, chaque couche ne devant être incisée qu'une seule fois. Séparez délicatement les couches d'oignon l'une après l'autre, jusqu'à atteindre le cœur. Ne vous inquiétez pas si certaines couches se déchirent un peu pendant l'épluchage ; vous pouvez les utiliser quand même.

Tenez une couche d'oignon dans la paume d'une main et garnissez une moitié d'oignon de 1 cuil. à soupe du mélange de riz, en plaçant la farce près d'une extrémité de l'ouverture. Ne la remplissez pas plus que nécessaire afin que la farce soit bien enveloppée. Rabattez le côté vide de l'oignon au-dessus et roulez-le en serrant bien afin que le riz soit recouvert de quelques couches d'oignon, sans air au milieu. Déposez les oignons dans une poêle moyenne équipée d'un couvercle, côté fermé vers le bas, et répétez l'opération avec les autres oignons. Serrez-les les uns contre les autres dans la poêle afin qu'ils ne puissent pas bouger. Comblez les creux avec des morceaux d'oignons non farcis. Versez suffisamment de bouillon pour que les légumes soient recouverts aux trois quarts et ajoutez la mélasse de grenade, puis assaisonnez avec ¼ de cuil. à café de sel.

Couvrez et laissez mijoter à feu minimum pendant 1 h 30 à 2 h, jusqu'à ce que le liquide se soit évaporé. Servez chaud ou à température ambiante, éventuellement avec des quartiers de citron.

La capitale du *kebbeh*

Jérusalem est la capitale mondiale du *kebbeh* ; si ce n'est quant à la quantité, tout au moins quant à la variété. La plupart des gens seraient volontiers d'accord sur ce point. Le problème est qu'ils ont beaucoup plus de mal à se mettre d'accord sur ce qu'on entend vraiment par *kebbeh*. Les définitions alimentaires sont terriblement compliquées dans cette ville, mais si vous êtes prêt à vous laisser piéger, le jeu en vaut vraiment la chandelle. Vous trouverez les mélanges les plus évolués et les plus complexes en examinant la cuisine arabe et son envers, la cuisine séfarade des Juifs du Levant. Plus encore quand il s'agit de *kebbeh*.

Kebbeh, *kebbé* ou *kibbé* signifie « forme d'une balle » en arabe. C'est effectivement ainsi que tout a commencé. La variante la plus familière à l'Ouest et à Jérusalem Est, est le plat national syrien et libanais, où de la viande hachée et du boulgour sont mélangés pour préparer une farce de viande parfumée aux épices douces et pignons de pain, transformée en boulettes ou torpilles et frite. Ces boulettes de *kebbeh* sont délicieusement croustillantes et saines.

FORMER DÉLICATEMENT DES ENVELOPPES AUSSI FINES QUE POSSIBLE, SANS LES DÉCHIRER NI LES CASSER, ÉTAIT AUTREFOIS CARACTÉRISTIQUE DE LA DEXTÉRITÉ DES FEMMES ET DE LEUR APTITUDE GÉNÉRALE À TENIR UNE MAISON

Former délicatement des enveloppes aussi fines que possible, sans les déchirer ni les casser, était autrefois caractéristique de la dextérité des femmes et de leur aptitude générale à tenir une maison. Pour des générations de femmes juives et arabes, être capable de préparer un beau *kebbeh* était considéré comme l'une des conditions essentielles pour être une « bonne » femme d'intérieur ; une preuve de raffinement et d'élégance. Il existe une variante moins difficile – pourquoi personne n'en a-t-il parlé à toutes ces pauvres femmes ? – : le *kebbeh b'siniyah*, où les enveloppes et leur farce sont disposées sous forme de couches dans un plat pour former une sorte de gâteau. Et il y a aussi le *kebbeh nayyeh* libanais, similaire au steak tartare, à base de viande hachée crue et de boulgour – extrêmement simple à préparer.

Les Juifs d'Irak, de Syrie et du Kurdistan préparent de nombreux *kebbeh* avec du riz ou de la semoule réduits en poudre et cuits dans des soupes ou des ragoûts (ainsi que le *kebbeh* frit que nous avons décrit). Ces derniers leur sont vraiment propres mais on les considère aujourd'hui comme la nourriture ethnique juive typique de Jérusalem (VOIR *KEBBEH HAMOUSTA*, PAGE 162).

POUR 6 PERSONNES

Gâteau au *kebbeh*

125 g de boulgour fin
2 gousses d'ail, écrasées
2 oignons moyens, émincés finement
1 piment vert, émincé finement
350 g d'agneau haché
1 cuil. à café de quatre-épices
1 cuil. à café de cannelle en poudre
1 cuil. à café de coriandre en poudre
2 cuil. à soupe de coriandre fraîche, ciselée grossièrement
60 g de pignons de pin
3 cuil. à soupe de persil plat, ciselé grossièrement
2 cuil. à soupe de farine autolevante + si besoin
50 g de tahini léger
2 cuil. à café de jus de citron
1 cuil. à café de sumac
9 cl d'huile d'olive
sel et poivre noir

Cette variante du kebbeh (VOIR PAGE 159) *n'est absolument pas traditionnelle. Il s'agit plus d'un « gâteau » salé constitué de couches superposées intégrant les ingrédients essentiels – boulgour, viande hachée, épices et pignons de pin – et accompagné de l'indispensable sauce au tahini étalée sur le dessus. Servez-le chaud ou à température ambiante pour un repas léger, avec une salade très aromatique, telle que le taboulé ou le fattouch* (VOIR PAGES 85 ET 29).

Préchauffez le four à 200 °C (th. 6-7). Tapissez un moule à manqué de 20 cm de diamètre à fond amovible de papier sulfurisé. Recouvrez le boulgour de 20 cl d'eau. Laissez reposer 30 min.

Faites chauffer 4 cuil. à soupe d'huile d'olive dans une grande poêle. Mettez-y à revenir l'ail, l'oignon et le piment à feu moyen à vif, jusqu'à ce qu'ils soient bien tendres. Retirez-les de la poêle, remettez-la sur feu vif et ajoutez l'agneau. Laissez cuire pendant 5 min, sans cesser de remuer, jusqu'à ce qu'il soit bien roussi.

Remettez le mélange à l'oignon dans la poêle, avec les épices, la coriandre, ½ cuil. à café de sel, une bonne dose de poivre noir et la plupart des pignons de pin et du persil, en en réservant un peu. Faites cuire 2 ou 3 min, retirez du feu, rectifiez l'assaisonnement.

Vérifiez le boulgour pour voir si toute l'eau a été absorbée. Égouttez-le bien pour éliminer l'excédent d'eau. Incorporez la farine, 1 cuil. à soupe d'huile d'olive, ¼ de cuil. à café de sel et une pincée de poivre noir et, avec les mains, travaillez le mélange de manière à obtenir une pâte souple qui ne désagrège pas ; ajoutez un peu de farine si le mélange est très collant. Garnissez le fond du moule de cette pâte en appuyant bien afin qu'elle forme une couche homogène et plate. Répartissez le mélange d'agneau en une couche régulière sur la pâte et appuyez un peu dessus. Enfournez pour 20 min environ, jusqu'à ce que la viande soit bien grillée et très chaude.

Battez au fouet le tahini et le jus de citron, 5 cl d'eau et une pincée de sel pour obtenir une sauce très épaisse mais fluide. Si besoin, ajoutez un peu d'eau.

Sortez le gâteau du four, tartinez le dessus de sauce au tahini, parsemez des pignons et du persil ciselé réservés et remettez au four. Laissez cuire 10 à 12 min, jusqu'à ce que le tahini ait tout juste durci et se soit un peu coloré et que les pignons de pin soient dorés.

Sortez du four et laissez un peu refroidir. Avant de servir, parsemez le dessus de sumac et arrosez d'un filet d'huile d'olive. Démoulez doucement le gâteau en décollant les bords du moule et coupez le *kebbeh* en tranches. Soulevez-les délicatement afin qu'elles ne se cassent pas.

POUR 6 PERSONNES

Kebbeh hamousta

Le déjeuner du vendredi autour du marché de Machne Yehuda se résume à une soupe au *kebbeh*, une tradition des Juifs kurdes et autres Juifs d'Irak, de Syrie et de Turquie devenue populaire, mets local réconfortant par excellence, servi dans des restaurants spécialisés simples installés autour du marché. Contrairement au *kebbeh* frit, plus classique, à base de boulgour (VOIR PAGE 160), celui-ci est généralement composé de semoule ou de riz moulu, farci à la viande et poché dans des soupes variées. Les trois principales sont à la tomate (et souvent aux gombos) et à la betterave, aigre à la *hamousta* verte ou encore, pour la plus populaire, aux blettes, céleri, courgette, ail et jus de citron. Elles sont toutes particulièrement fortes et épicées, typiques de Jérusalem.

Pour les Juifs syriens, dont la merveilleuse cuisine est renommée dans le monde entier, le meilleur repas de shabbat est une soupe similaire à la *hamousta*. Le *chamot*, ou *hamud*, se prépare également avec du céleri et du citron, à la différence que des boulettes de viande remplacent les boulettes de pâte.

L'histoire de la soupe au *kebbeh* est un autre exemple de la nécessité de faire preuve d'ingéniosité culinaire. De retour au Kurdistan, les Juifs ne pouvaient pas se permettre d'acheter tous les jours de la viande. Lorsqu'ils en achetaient, ils choisissaient un animal entier et en profitaient au maximum. Ils faisaient cuire leur viande pendant très longtemps en gros morceaux, ajoutant du céleri vers la fin. Ensuite, tout était haché, conservé dans un endroit très sec pendant quelques mois (!) et utilisé avec modération pour farcir les boulettes de *kebbeh* et les faire cuire dans une soupe fraîche.

Inutile d'entreprendre la préparation des boulettes pour cette soupe si vous êtes pressé ou si vous n'avez pas l'esprit parfaitement tranquille. Il s'agit d'une sorte d'activité méditative qui se pratique surtout le week-end lorsqu'on a le temps ou quand on cuisine à plusieurs. Il existe toutefois des alternatives plus rapides et que nous vous recommandons d'essayer car cette soupe est assez spectaculaire. Vous pouvez, par exemple, laisser tomber les boulettes et ajouter simplement des dés de pommes de terre, du céleri, ou les deux, et les faire cuire dans la soupe. Vous pouvez aussi préparer de petites boulettes de viande toutes simples et les pocher dans la soupe (SUIVEZ LA RECETTE DES BOULETTES DE BŒUF AUX FÈVES ET AU CITRON, PAGE 196, EN OMETTANT LES CÂPRES). *Cette variante, qui équilibre travail et saveur, serait notre option préférée. Si vous tenez aux enveloppes de semoule dans la soupe, préparez de petites boulettes rondes et faites-les cuire à côté des boulettes de viande. Le* kebbeh *farci peut être cuit, réfrigéré, puis réchauffé dans la soupe.*

FARCE DU *KEBBEH*

½ oignon moyen, émincé très finement (75 g)
350 g de bœuf haché
½ cuil. à café de quatre-épices en poudre
1 grosse gousse d'ail, écrasée
2 branches de céleri, ou les feuilles, émincées très finement (60 g)
1 ½ cuil. à soupe d'huile de tournesol
sel et poivre noir

ENVELOPPES DU *KEBBEH*

325 g de semoule
40 g de farine ordinaire

SOUPE

4 gousses d'ail, écrasées
5 branches de céleri, feuilles et tiges coupées diagonalement en tranches de 1,5 cm (230 g)
300 g de feuilles de blettes, partie verte seulement, en bandes de 2 cm
1 gros oignon, en gros morceaux (200 g)
2 l de bouillon de poulet
1 grosse courgette, en dés de 1 cm (200 g)
10 cl de jus de citron + si nécessaire
2 cuil. à soupe d'huile de tournesol
quartiers de citron, pour servir

Commencez par préparer la farce. Faites chauffer l'huile dans une poêle moyenne et mettez-y l'oignon. Laissez cuire à feu moyen pendant 5 min environ, jusqu'à ce que l'oignon soit translucide. Ajoutez le bœuf haché, le quatre-épices, ¾ de cuil. à café de sel et une bonne dose de poivre noir, remuez et laissez cuire 3 min, juste pour roussir. Baissez le feu sur moyen à doux et laissez la viande cuire à petit feu pendant 20 min environ, jusqu'à ce qu'elle soit bien sèche, en remuant de temps en temps. Pour finir, intégrez l'ail et le céleri, prolongez la cuisson de 3 min et retirez du feu. Goûtez et rectifiez l'assaisonnement. Laissez refroidir.

Pendant que le bœuf cuit, préparez les enveloppes du *kebbeh*. Mélangez la semoule, la farine et ¼ de cuil. à café de sel dans un grand saladier. Versez peu à peu 20 cl d'eau chaude en remuant avec une cuillère en bois puis avec les mains, jusqu'à obtention d'une pâte collante. Couvrez avec un torchon humide et laissez reposer 15 min.

Pétrissez la pâte pendant quelques minutes sur un plan de travail. Elle doit être souple et vous devez pouvoir l'étaler sans la casser. Ajoutez un peu d'eau ou de farine si besoin. Préparez les boulettes. Mouillez-vous les mains dans un bol d'eau (veillez qu'elles restent mouillées pendant toute la préparation pour éviter qu'elles collent). Prélevez un morceau de pâte de 30 g environ et aplatissez-le dans votre paume – vous devez obtenir des disques de 10 cm de diamètre. Déposez 2 cuil. à café environ de farce au centre de chaque disque. Rabattez les bords au-dessus de la farce et appuyez pour bien fermer. Faites rouler le *kebbeh* entre vos mains pour former une boule et aplatissez-la pour obtenir une forme ronde et plate de 3 cm environ d'épaisseur. Déposez les boulettes sur une plaque à pâtisserie recouverte de film alimentaire et arrosée d'un peu d'eau, puis réservez.

Préparez la soupe. Réunissez l'ail, la moitié du céleri et la moitié des blettes dans le bol d'un robot ménager et réduisez en une pâte épaisse. Faites chauffer l'huile dans une grande casserole et faites-y revenir l'oignon à feu moyen pendant 10 min, jusqu'à ce qu'il soit jaune pâle. Ajoutez la pâte de céleri et de blettes et laissez cuire pendant 3 min encore. Versez le bouillon, la courgette, le reste de céleri et de blettes, le jus de citron, 1 cuil. à café de sel et ½ cuil. à café de poivre noir. Portez à ébullition, laissez cuire 10 min, puis goûtez et rectifiez l'assaisonnement. Il doit être relevé, donc n'hésitez pas à ajouter 1 cuil. à soupe de jus de citron.

Pour finir, déposez délicatement les boulettes de *kebbeh* dans la soupe – quelques-unes à la fois, afin qu'elles ne se collent pas entre elles – et laissez mijoter sur feu doux 20 min. Réservez une bonne demi-heure afin qu'elles prennent forme et se ramollissent, puis réchauffez et servez. Accompagnez-les de quartiers de citron pour renforcer le goût citronné.

POUR 4 PORTIONS GÉNÉREUSES

Poivrons romano farcis de Ruth

8 poivrons romano moyens
1 grosse tomate, en morceaux (170 g)
2 oignons moyens, en morceaux (250 g)
50 cl environ de bouillon de légumes

FARCE

140 g de riz basmati
1 ½ cuil. à soupe de *baharat* (mélange d'épices du commerce ou voir recette page 299)
½ cuil. à café de cardamome en poudre
2 cuil. à soupe d'huile d'olive
1 gros oignon, émincé finement (200 g)
400 g d'agneau haché
2 ½ cuil. à soupe de persil plat ciselé
2 cuil. à soupe d'aneth ciselé
1 ½ cuil. à soupe de menthe séchée
1 ½ cuil. à café de sucre
sel et poivre noir

Voici une recette de la mère de Yotam. Elle est délicieuse, vous n'avez pas besoin de lui ajouter grand-chose. Servez-la avec une salade de chou-rave (VOIR PAGE 46). *Vérifiez que vous possédez bien une poêle ou une casserole suffisamment grande pour contenir tous les poivrons bien serrés en une seule couche ; vous pouvez les écraser un peu si besoin. Sinon, utilisez deux poêles ou casseroles.*

Commencez par préparer la farce. Versez le riz dans une casserole et recouvrez-le d'eau légèrement salée. Portez à ébullition et laissez cuire pendant 4 min. Égouttez, rafraîchissez sous l'eau froide et réservez.

Faites griller les épices à sec dans une poêle. Ajoutez l'huile d'olive et l'oignon et faites revenir pendant 7 min environ, en remuant souvent, jusqu'à ce que l'oignon soit tendre. Réunissez l'oignon cuit, le riz, la viande, les herbes, le sucre et 1 cuil. à café de sel dans un grand saladier. Avec les mains, malaxez bien le tout.

En commençant par le côté pédoncule, à l'aide d'un petit couteau pointu, coupez les trois quarts de chaque poivron dans la longueur, sans enlever le pédoncule, afin d'obtenir ainsi une longue ouverture. Sans trop ouvrir les poivrons, épépinez-les et farcissez chacun d'environ 100 g de farce.

Réunissez tomates et oignons dans une très grande poêle équipée d'un couvercle bien ajusté. Déposez les poivrons dessus, bien serrés les uns contre les autres, et versez suffisamment de bouillon pour les couvrir sur 1 cm de haut. Assaisonnez avec ½ cuil. à café de sel et du poivre noir. Couvrez et laissez mijoter à feu minimum pendant 1 h. Il est important que la farce soit juste cuite et donc que le couvercle ferme bien hermétiquement ; vérifiez qu'il reste toujours un peu de liquide au fond de la poêle. Servez les poivrons chauds, mais pas brûlants, ou à température ambiante.

POUR 4 PORTIONS GÉNÉREUSES

Aubergine farcie à l'agneau & aux pignons de pin

4 aubergines moyennes (1,2 kg environ), coupées en deux dans la longueur
1 ½ cuil. à café de cumin en poudre
1 ½ cuil. à soupe de paprika doux
1 cuil. à soupe de cannelle en poudre
2 oignons moyens (340 g), émincés finement
500 g d'agneau haché
50 g de pignons de pin
20 g de persil plat, ciselé
2 cuil. à café de concentré de tomate
3 cuil. à café de sucre en poudre
6 cuil. à soupe d'huile d'olive
1 ½ cuil. à soupe de jus de citron
1 cuil. à café de pâte de tamarin
4 bâtons de cannelle
sel et poivre noir

Elran Shrefler est le cadet des neuf enfants d'Ezra et de Rachela Shrefler, qui dirigent l'*Azura*, un restaurant situé au cœur du marché de Machne Yehuda qui propose des recettes kurdes traditionnelles de Jérusalem teintées d'une note turque – Ezra étant originaire de Turquie. Membre du mouvement Slow Food, Elran commence le travail à 4 h tous les matins et fait cuire tous ses ingrédients dans d'énormes casseroles posées sur de petits poêles à mazout (VOIR ILLUSTRATION PAGES 122-123), tout comme sa famille l'a fait pendant des générations. Ses plats – des ragoûts à cuisson lente et des soupes consistantes – sont prêts pour les hôtes qui arrivent vers 8 h (!). Il s'agit essentiellement de restauration rapide – malgré de longues heures de cuisson, quelques secondes suffisent pour présenter les plats et les servir. Elran nous a montré comment préparer son aubergine farcie à la turque, notre plat préféré de l'*Azura*. Voici notre interprétation.

Dans leur livre *La Saveur de Jérusalem*, Joan Nathan et Judy Stacey Goldman donnent une recette peu orthodoxe de l'aubergine farcie au foie de veau et aux pommes. Il s'agit d'une création du diacre William Gardiner-Scott, à la tête de St. Andrew's, seule église presbytérienne de Jérusalem, dans les années soixante-dix. Cette église fut construite en 1927 pour commémorer la prise de Jérusalem par les Britanniques pendant la Première Guerre mondiale. Il s'agit de l'une des quelques empreintes culinaires que les Britanniques ont laissées derrière eux.

Ces aubergines farcies sont délicieusement copieuses et meilleures servies avec du pain ou du riz blanc (VOIR RIZ BASMATI ET ORZO, PAGE 103) *et des pickles* (VOIR *PICKLES* DE NAVET ET BETTERAVE, PAGE 307).

Préchauffez le four à 220 °C (th. 7-8). Placez les demi-aubergines, côté peau vers le bas, dans un plat à four suffisamment large pour les contenir bien serrées. Badigeonnez la chair avec 4 cuil. à soupe d'huile d'olive et assaisonnez de 1 cuil. à café de sel et de beaucoup de poivre noir. Faites-les rôtir 20 min environ, jusqu'à ce qu'elles soient bien dorées. Sortez-les du four et laissez-les refroidir légèrement.

Préparez la farce en faisant chauffer le reste d'huile d'olive dans une grande poêle. Mélangez le cumin, le paprika et la cannelle en poudre, versez la moitié de ce mélange dans la poêle avec les oignons. Faites cuire à feu moyen à vif 8 min environ, en remuant souvent, avant d'ajouter l'agneau, les pignons, le persil, le concentré de tomate, 1 cuil. à café de sucre, 1 cuil. à café de sel et du poivre noir. Poursuivez la cuisson en mélangeant pendant 8 min, jusqu'à ce que la viande soit cuite. Versez le reste d'épices dans un saladier avec 15 cl d'eau, le jus de citron, le tamarin, le reste de sucre, les bâtons de cannelle et ½ cuil. à café de sel ; mélangez bien.

Baissez la température du four à 195 °C (th. 6-7). Versez le mélange d'épices au fond du plat contenant les aubergines. Farcissez chaque moitié d'aubergine. Recouvrez le plat d'une feuille de papier d'aluminium bien serrée, enfournez 1 h 30 ; les aubergines devraient être complètement tendres et la sauce épaisse ; en cours de cuisson, badigeonnez à deux reprises les aubergines de sauce, en ajoutant un peu d'eau si la sauce devient trop sèche. Servez chaud ou à température ambiante.

POUR 4 À 6 PERSONNES
10 À 12 POMMES DE TERRE FARCIES

Pommes de terre farcies

La cuisine des Juifs libyens, ou tripolitains, est luxueuse et complexe et a laissé une empreinte importante sur la culture alimentaire locale. Elle est très proche de la cuisine nord-africaine, qui aime les aliments sucrés, la semoule, les cuissons lentes et les plats colorés d'une manière générale, mais est aussi influencée par les cuisines italienne et arabe.

Si vous pensez que farcir des légumes est une activité compliquée qui requiert beaucoup de temps, les cuisiniers tripolitains ont réussi à en faire quelque chose de complètement différent.
Leurs « gâteaux » *mafrum* sont très appréciés, bien que leur préparation soit longue. Il faut éplucher et trancher les légumes (généralement des pommes de terre), préparer une farce à la viande hachée et en intercaler de petites portions entre deux couches de légumes, les plonger dans la farine et l'œuf et les faire frire, puis faire cuire les sandwichs obtenus pendant un certain temps dans une sauce tomate parfumée.

Nos pommes de terre farcies s'inspirent du *mafrum* et des *medyas* d'Alep – pommes de terre évidées, farcies de viande et cuites dans la sauce tomate. Nous aimons aussi les versions « simples » – *bastil* (Tripoli), *pastel* (Maroc), *bantash* (Tunisie), *kebbeh* de pommes de terre (Séfarades), qui nécessitent d'écraser une pomme de terre cuite en purée pour préparer une enveloppe, de la farcir de viande cuite et d'œuf dur, de la plonger dans la farine et l'œuf et de la faire frire. Elles sont toutes servies telles quelles, simplement accompagnées de quartiers de citron. Les Ashkénazes préparent, eux, des *pirogen* – gâteaux garnis d'une farce à base de pommes de terre, de beurre, de jaune d'œufs et de crème aigre, pochés comme des gnocchis et servis avec de l'oignon frit.

500 g de bœuf haché
200 g de chapelure
1 oignon moyen, émincé finement (120 g)
2 gousses d'ail, écrasées
20 g de persil plat, ciselé finement
2 cuil. à soupe de thym, ciselé
1 ½ cuil. à café de cannelle en poudre
2 œufs fermiers moyens
1,5 kg de pommes de terre moyennes, charlotte ou nicola, de 9 x 6 cm environ, épluchées et coupées en deux dans la longueur
2 cuil. à soupe de coriandre ciselée
sel et poivre noir

SAUCE TOMATE

5 gousses d'ail, écrasées
1 oignon moyen, émincé finement (120 g)
1 ½ branche de céleri, émincée finement (80 g)
1 petite carotte, épluchée et émincée finement (70 g)
1 piment rouge, émincé finement
1 ½ cuil. à café de cumin en poudre
1 cuil. à café de quatre-épices en poudre
1 pincée de paprika fumé
1 ½ cuil. à café de paprika doux
1 cuil. à café de graines de cumin, écrasées
800 g de tomates en morceaux (en conserve)
1 cuil. à soupe de pâte de tamarin
1 ½ cuil. à café de sucre en poudre
2 cuil. à soupe d'huile d'olive

Préparez ce plat lorsque vous n'êtes pas pressé ou que vous cuisinez à plusieurs. Les pommes de terre farcies sont amusantes à réaliser et sont un véritable régal, mais elles demandent du temps et de la patience. Choisissez des pommes de terre farineuses assez petites, mais suffisamment grosses pour être coupées en deux, évidées et farcies, soit d'environ 9 x 6 cm. Vous pouvez plonger les pommes de terre farcies dans la farine et l'œuf, puis les faire frire dans l'huile avant de les faire cuire dans la sauce, elles seront ainsi plus onctueuses. Si toutes les pommes de terre ne tiennent pas dans une casserole, prenez-en deux petites. S'il vous reste de la pomme de terre crue, vous pouvez la couper en morceaux et l'utiliser pour préparer des latkes (VOIR PAGE 92). *Servez avec du couscous, du riz ou du pain de campagne blanc.*

Commencez par préparer la sauce tomate. Faites chauffer l'huile d'olive dans votre plus grande poêle équipée d'un couvercle. Mettez-y l'ail, l'oignon, le céleri, la carotte et le piment. Faites revenir les légumes à feu doux pendant 10 min, jusqu'à ce qu'ils soient tendres. Ajoutez les épices, remuez bien, puis laissez cuire 2 ou 3 min. Versez les tomates, le tamarin, le sucre, ½ cuil. à café de sel et du poivre noir et portez à ébullition. Retirez du feu.

Préparez les pommes de terre farcies. Réunissez le bœuf, la chapelure, l'oignon, l'ail, le persil, le thym, la cannelle, 1 cuil. à café de sel, du poivre noir et les œufs dans un saladier. Malaxez bien tous les ingrédients avec les mains.

Évidez chaque moitié de pomme de terre avec une cuillère parisienne ou une cuillère à café pour obtenir des coques de 1,5 cm d'épaisseur. Farcissez chaque coque en appuyant avec les mains pour remplir complètement la pomme de terre. Enfoncez doucement les pommes de terre dans la sauce tomate – elles doivent être bien serrées les unes contre les autres, farce vers le haut. Versez 30 cl d'eau environ, ou tout juste assez pour quasiment recouvrir toutes les pommes de terre farcies, portez à petit bouillon, couvrez et laissez cuire à feu doux pendant au moins 1 h, voire plus longtemps, jusqu'à ce que la sauce ait épaissi et que les pommes de terre soient très tendres. Si la sauce n'est pas suffisamment épaisse, retirez le couvercle et faites-la réduire pendant 5 à 10 min. Servez brûlant ou chaud, parsemé de coriandre fraîche.

POUR 4 PERSONNES

Artichauts farcis aux petits pois & à l'aneth

400 g de poireaux, parés et en tranches de 0,5 cm
250 g de bœuf haché
1 œuf fermier moyen
1 cuil. à café de quatre-épices en poudre
1 cuil. à café de cannelle en poudre
2 cuil. à café de menthe séchée
12 artichauts verts globes moyens, ou fonds d'artichauts surgelés (voir introduction)
farine ordinaire, pour enrober les artichauts
50 cl environ de bouillon de poulet ou de légumes
9 cl de jus de citron (+ si vous utilisez des artichauts frais)
200 g de petits pois surgelés
10 g d'aneth, ciselé grossièrement
8 cl d'huile d'olive
sel et poivre noir

Les cuisiniers économes de Jérusalem font bon usage des nombreux choux précoces et mettent en conserve les fèves, les jeunes feuilles de vigne et les artichauts lorsque c'est la saison. Les artichauts sont parés et leurs cœurs surgelés, prêts à l'emploi (VOIR PAGE 41). *On trouve toutefois de plus en plus souvent des fonds d'artichauts surgelés assez bons dans les supermarchés. Vous pourrez en acheter dans les boutiques moyen-orientales, ce qui vous épargnera beaucoup de travail. Servez-les en plat principal avec du riz basmati et de l'orzo* (VOIR PAGE 103).

Blanchissez les poireaux 5 min. Égouttez-les, rafraîchissez-les et éliminez l'excès d'eau. Coupez les poireaux en gros morceaux et mettez-les dans un saladier avec la viande, l'œuf, les épices, la menthe, 1 cuil. à café de sel et beaucoup de poivre. Malaxez bien.

Si vous utilisez des artichauts frais, remplissez un saladier d'eau additionnée du jus de ½ citron. Ôtez la tige des artichauts et les feuilles extérieures dures. Une fois les feuilles pâles et plus tendres atteintes, servez-vous d'un grand couteau pointu pour couper en travers de la fleur de manière à ne conserver que le quart inférieur. Avec un petit couteau pointu ou un économe, enlevez les couches extérieures de l'artichaut jusqu'à ce que le fond soit apparent. Grattez le foin et plongez les fonds d'artichauts dans l'eau citronnée.

Faites chauffer 2 cuil. à soupe d'huile d'olive dans une casserole suffisamment grande pour contenir les artichauts à plat. Garnissez chaque fond d'artichaut de 1 ou 2 cuil. à soupe du mélange au bœuf, en appuyant bien sur la garniture. Roulez-les délicatement dans la farine et secouez-les pour éliminer l'excès. Faites-les revenir dans l'huile chaude pendant 1 ½ min de chaque côté à feu moyen.
Nettoyez la casserole et remettez les artichauts dedans, à plat et bien serrés les uns contre les autres.

Mélangez le bouillon, le jus de citron et le reste d'huile, salez et poivrez généreusement. Arrosez les artichauts de ce liquide, jusqu'à ce qu'ils soient presque, mais pas complètement, recouverts ; vous n'aurez peut-être pas besoin d'utiliser tout le liquide. Placez un morceau de papier sulfurisé au-dessus des artichauts, couvrez la casserole avec un couvercle et laissez mijoter à feu doux pendant 1 h. Une fois qu'ils sont prêts, il devrait rester environ 4 cuil. à soupe de liquide. Si besoin, retirez le couvercle et le papier et faites réduire la sauce. R
éservez la casserole jusqu'à ce que les artichauts soient tout juste chauds ou à température ambiante.

Lorsque vous êtes prêt à servir, blanchissez les petits pois 2 min. Égouttez-les et ajoutez-les avec l'aneth dans la casserole, assaisonnez à votre goût et mélangez délicatement.

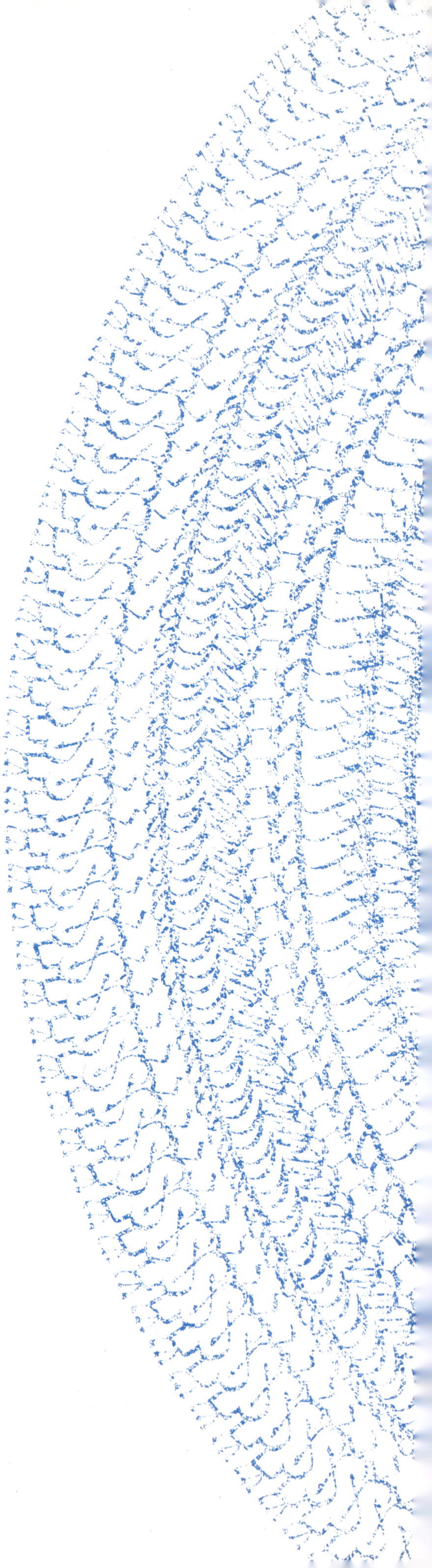

VIANDE

POUR 4 PERSONNES

Mixed grill de Jérusalem

Excepté le *kugel* (VOIR PAGE 206), peu de plats se sont vu ajouter « Jérusalem » à leur nom. Pourtant, les artichauts de Jérusalem, par exemple, ne doivent pas leur nom à la ville. Le *me'orav Yerushalmi*, traduit littéralement par « *mixed grill* de Jérusalem », a été inventé dans la rue Agripas, près du marché de Machne Yehuda, à la fin des années soixante. Plusieurs restaurants-grils s'attribuent cette invention, mais selon le critique gastronomique Sherry Ansky, le *mixed grill* original de Jérusalem est né au gril de Makam et, presque du jour au lendemain, les abats de poulet et les oignons frits dans un mélange d'épices sont devenus l'un des plats les plus emblématiques de la ville. Aujourd'hui, de nombreux grils spécialisés servent des *mixed grills* à une clientèle locale, essentiellement composée de chauffeurs de taxi qui affluent ici en début de soirée ou tard dans la nuit.

Pendant ce temps, dans la partie est de Jérusalem, des Palestiniens préparent leur propre version de ce plat depuis des siècles. Ils garnissent un pain pita d'abats cuits, légèrement assaisonnés de jus de citron fraîchement pressé, de piment, de persil et de graines de cumin concassées. Ce plat, quelle que soit la version, permet d'utiliser les parties les moins chères et les moins « nobles » de la viande la plus appréciée de Jérusalem, le poulet. Nous l'adorons.

Servez le mixed grill *comme un repas complet avec du pain pita frais, un chutney de mangue salé, une sauce au tahini* (VOIR PAGE 298) *et des pickles.*

---

300 g de blancs de poulet, en dés de 2 cm
200 g de cœurs de poulet, coupés en deux dans la longueur (facultatif)
250 g de foies de poulet, en dés
2 gros oignons, tranchés finement (500 g environ)
1 ½ cuil. à café de curcuma en poudre
1 cuil. à soupe de *baharat* (mélange d'épices du commerce ou voir recette page 299)
4 cuil. à soupe d'huile d'olive
sel

Faites chauffer un grand gril en fonte ou une poêle à fond épais à feu moyen à vif, jusqu'à ce qu'il commence à fumer. Déposez-y les blancs de poulet et laissez cuire 1 min, retournez puis laissez bien dorer de toutes parts 2 ou 3 min. Réservez.

Faites griller les cœurs de poulet en remuant de temps en temps pendant 2 ou 3 min, jusqu'à ce qu'ils soient dorés mais pas complètement cuits. Ajoutez-les dans le saladier avec les blancs. Versez 1 cuil. à café d'huile d'olive dans la poêle et mettez-y les foies. Laissez cuire 2 ou 3 min, en mélangeant une fois ou deux, puis retirez-les de la poêle. Versez 2 cuil. à soupe d'huile d'olive dans la poêle et mettez-y la moitié des oignons. Laissez cuire sans cesser de remuer 4 ou 5 min, jusqu'à ce que les oignons ramollissent et grillent légèrement. Versez le reste d'huile dans la poêle et répétez l'opération avec le reste des oignons. Remettez la première fournée d'oignons dans la poêle, avec les épices et les morceaux de poulet, les cœurs et les foies cuits. Assaisonnez avec ¾ de cuil. à café de sel et poursuivez la cuisson pendant 3 min environ en grattant la poêle, jusqu'à ce que le poulet soit bien cuit. Servez immédiatement.

POUR 4 PERSONNES EN ENTRÉE

Cailles braisées aux abricots, raisins secs & tamarin

Le *tamarhindi*, nom arabe du tamarin, se traduit littéralement par « datte indienne ». Il est arrivé au Levant vers le VIIe siècle, se frayant un chemin à partir de l'Inde *via* la Perse, mais il n'a jamais vraiment réussi à s'imposer comme un ingrédient de base dans la cuisine régionale. Hormis à Jérusalem, où il est surtout connu sous forme de boisson ultra-sucrée, vendue froide sous le soleil brûlant de l'été.

Avec son mélange aigre-doux de viande et de fruits secs, ce plat est typique de la cuisine séfarade traditionnelle. Il est assez spécial et peut occuper fièrement le centre d'une table de fête (Noël par exemple). Les cailles peuvent être remplacées par des cuisses de poulet désossées. Servez avec du riz blanc, parsemé d'amandes ou de pignons de pin grillés.

---

4 très grosses cailles, 190 g environ chacune, coupées en deux le long du sternum et du dos
¾ de cuil. à café de flocons de piment séchés
¾ de cuil. à café de cumin en poudre
½ cuil. à café de graines de fenouil, légèrement concassées
1 cuil. à soupe d'huile d'olive
7,5 cl de vin blanc
80 g d'abricots séchés, en tranches épaisses
25 g de raisins secs
1 ½ cuil. à soupe de sucre en poudre
1 ½ cuil. à soupe de pâte de tamarin
2 cuil. à soupe de jus de citron
1 cuil. à café de thym effeuillé
sel et poivre noir
2 cuil. à soupe de coriandre et persil plat ciselés, pour décorer (facultatif)

Essuyez les cailles avec du papier absorbant et mettez-les dans un saladier. Parsemez-les de flocons de piment, de cumin, de graines de fenouil, de ½ cuil. à café de sel et de poivre noir. Massez-les bien avec les mains, couvrez et laissez mariner au réfrigérateur pendant au moins 2 h ou toute une nuit.

Faites chauffer l'huile à feu moyen à vif dans une poêle équipée d'un couvercle, suffisamment grande pour contenir les cailles bien serrées. Faites-les roussir de toutes parts pendant 5 min environ afin qu'elles soient bien dorées.

Retirez les cailles de la poêle et éliminez la plupart de la graisse en n'en gardant que ½ cuil. à soupe environ. Versez 30 cl d'eau, le vin, les abricots, les raisins secs, le sucre, le tamarin, le jus de citron, le thym, ½ cuil. à café de sel et du poivre noir. Remettez les cailles dans la poêle. Elles devraient être recouvertes aux trois quarts de liquide ; si ce n'est pas le cas, ajoutez un peu plus d'eau. Portez à ébullition, couvrez et laissez mijoter à feu très doux 20 à 25 min, en retournant les cailles une ou deux fois, jusqu'à ce qu'elles soient tout juste cuites.

Sortez les cailles de la poêle, disposez-les sur un plat et gardez-les au chaud. Si le liquide n'est pas suffisamment épais, remettez-le à chauffer à feu moyen et laissez réduire quelques minutes pour obtenir une sauce de la consistance désirée. Arrosez les cailles de sauce et décorez-les éventuellement de coriandre et de persil.

POUR 4 PERSONNES

Poulet rôti aux clémentines & à l'arak

10 cl d'arak, d'ouzo ou de pastis
4 cuil. à soupe d'huile d'olive
3 cuil. à soupe de jus d'orange fraîchement pressé
3 cuil. à soupe de jus de citron
2 cuil. à soupe de moutarde en grains
3 cuil. à soupe de cassonade
2 bulbes de fenouil moyens (500 g)
1 gros poulet bio ou fermier, en 8 morceaux, ou cuisses de poulet avec peau et os (1,3 kg environ)
4 clémentines, non épluchées (400 g), coupées horizontalement en tranches de 0,5 cm d'épaisseur
1 cuil. à soupe de thym effeuillé
2 ½ cuil. à café de graines de fenouil, légèrement concassées
sel et poivre noir
persil plat ciselé, pour décorer

Toutes ces saveurs intenses ajoutées au poulet – arak, moutarde, fenouil, clémentines avec leur peau, cassonade – se mêlent pour donner un plat agréablement réconfortant que vous aurez sans aucun doute envie de refaire. Servez-le avec du riz blanc ou du boulgour.

Fouettez l'arak, l'huile, les jus d'orange et de citron, la moutarde et la cassonade dans un grand saladier, ajoutez 2 ½ cuil. à café de sel et 1 ½ cuil. à café de poivre noir. Battez bien et réservez.

Parez le fenouil et coupez chaque bulbe en deux dans la longueur, puis chaque moitié en 4 morceaux. Mettez-les dans le liquide réservé, ainsi que les morceaux de poulet, les tranches de clémentines, le thym et les graines de fenouil. Remuez bien avec les mains et laissez mariner au réfrigérateur quelques heures ou toute une nuit (si vous êtes pressé, vous pouvez omettre cette étape).

Préchauffez le four à 220 °C (th. 7-8). Transférez le poulet, côté peau vers le haut, et sa marinade sur une plaque à pâtisserie suffisamment grande pour contenir le tout en une seule couche (environ 30 x 37 cm). Enfournez pour 35 à 45 min, jusqu'à ce que le poulet soit coloré et bien cuit. Sortez la plaque du four.

Disposez le poulet, le fenouil et les clémentines dans un plat ; couvrez et gardez au chaud. Versez les liquides de cuisson dans une petite casserole sur feu moyen à vif, portez à ébullition et laissez mijoter jusqu'à ce que la sauce ait réduit d'un tiers environ, de telle sorte qu'il vous reste environ 8 cl de sauce. Arrosez le poulet de sauce chaude, décorez de persil ciselé et servez.

POUR 4 PERSONNES

Poulet rôti à l'artichaut de Jérusalem & au citron

Les artichauts de Jérusalem (qui ne sont autre que des topinambours) sont bien appréciés dans la ville à laquelle ils ne doivent absolument pas leur nom, tout au moins officiellement. Ce dernier est, en effet, une déformation du nom italien de ce tubercule de tournesol au goût proche de celui de l'artichaut. On est ainsi passé de *girasole articiocco* à « artichaut de Jérusalem ».

Le mélange de safran et de tranches de citron entières donne un plat joliment présenté, mais il se marie aussi extrêmement bien avec le petit goût de noisette de l'artichaut. Voici une recette facile à préparer – il vous suffit d'avoir un peu de temps et de bien laisser mariner l'artichaut. Servez avec de la mejadra (VOIR PAGE 120).

---

450 g d'artichauts de Jérusalem, en 6 morceaux de 1,5 cm d'épaisseur dans la longueur
3 cuil. à soupe de jus de citron
8 cuisses de poulet, avec os et peau, ou 1 poulet entier moyen, en 4 morceaux
12 échalotes bananes, pelées et coupées en deux dans la longueur
12 grosses gousses d'ail, tranchées
1 citron moyen, coupé en deux dans la longueur, puis en tranches très fines
1 cuil. à café de safran en filaments
5 cl d'huile d'olive
1 ½ cuil. à soupe de grains de poivre rose, légèrement concassés
10 g de thym frais effeuillé
40 g d'estragon frais, ciselé
2 cuil. à café de sel
½ cuil. à café de poivre noir

Mettez les artichauts dans une casserole moyenne, recouvrez-les d'un gros volume d'eau et ajoutez la moitié du jus de citron. Portez à ébullition, baissez le feu et laissez mijoter 10 à 20 min, jusqu'à ce qu'ils soient tendres mais pas mous. Égouttez et laissez refroidir.

Réunissez les artichauts, tous les ingrédients restants, excepté le jus de citron et la moitié de l'estragon, et 15 cl d'eau froide dans un grand saladier et mélangez bien le tout avec les mains. Couvrez et laissez mariner au réfrigérateur pendant toute une nuit, ou 2 h minimum.

Préchauffez le four à 240 °C (th. 8). Disposez les morceaux de poulet, côté peau vers le haut, au centre d'un plat allant au four et répartissez les ingrédients restants autour. Faites rôtir pendant 30 min. Couvrez avec du papier d'aluminium et prolongez la cuisson de 15 min. Le poulet devrait alors être complètement cuit. Sortez-le du four et ajoutez l'estragon et le jus de citron réservés. Remuez bien, goûtez et salez si besoin. Servez sans attendre.

POUR 4 PORTIONS GÉNÉREUSES

Poulet poché au *freekeh* doucement épicé

De nombreux plats palestiniens succulents requièrent de préparer la viande et les féculents en même temps d'une manière pratique et amusante. La technique consiste à pocher du mouton ou du poulet dans l'eau, souvent parfumée avec des épices douces, puis à utiliser le bouillon obtenu pour faire cuire une céréale – riz, boulgour, *freekeh* ou *maftoul* (sorte de gros couscous). La viande est ensuite servie sur la céréale, parsemée de beurre clarifié et de noisettes, ou accompagnée de yaourt ou de sauce tomate.

Lorsque nous avons filmé un documentaire pour la BBC sur la nourriture à Jérusalem, une famille du quartier d'Atur, à l'est de la ville, faisait cuire du poulet et de l'agneau ensemble de cette manière et les servait sur du *matfoul* avec une sauce à la tomate et aux pois chiches, simple mais délicieuse. Ce qu'il y a de plus incroyable, c'est la saveur de ce plat.

Le *mansaf* et le *kidreh* sont deux exemples de plats de fête à base d'agneau et de riz parfumé au safran, servis généreusement sur de grands plats ronds. Pour faire cuire le *kidreh*, le riz et la viande sont disposés en couches dans une casserole spéciale en cuivre et arrosés de bouillon. Le temps de cuisson de ce plat étant long, la casserole était souvent confiée au boulanger local, qui la mettait dans son four pendant plusieurs heures afin qu'elle profite de la chaleur résiduelle de la cuisson du pain. Le *maqluba* (VOIR PAGE 127) est plutôt un plat de tous les jours.

Voici un plat copieux facile à préparer et qui plaira à tout le monde. Servez-le avec du yaourt au concombre (VOIR PAGE 299). *Le freekeh est un blé vert concassé merveilleusement aromatique* (POUR EN SAVOIR PLUS, VOIR PAGE 148) *; vous pourrez en trouver dans les épiceries moyen-orientales. Le boulgour est un bon substitut, il suffit de faire réduire la quantité de bouillon de 10 % environ et de limiter le temps de cuisson à 5 min seulement.*

---

1 petit poulet fermier (1,5 kg environ)
2 grands bâtons de cannelle
2 carottes moyennes, en tranches de 2 cm
2 feuilles de laurier
2 bouquets de persil plat (70 g environ)
2 gros oignons
300 g de *freekeh* concassé
½ cuil. à café de quatre-épices en poudre
½ cuil. à café de coriandre en poudre
2 cuil. à soupe d'huile d'olive
40 g de beurre doux
60 g d'amandes effilées
sel et poivre noir

Mettez le poulet dans une grande casserole avec la cannelle, les carottes, les feuilles de laurier, 1 bouquet de persil et 1 cuil. à café de sel. Coupez 1 oignon en quatre et ajoutez-le dans la casserole. Versez de l'eau froide de manière à presque recouvrir le poulet ; portez à ébullition et laissez mijoter à couvert pendant 1 h. Écumez l'huile et la mousse à la surface de temps en temps.

À mi-cuisson du poulet, coupez le deuxième oignon en fines tranches et mettez-le dans une casserole moyenne avec l'huile d'olive. Faites revenir à feu doux à moyen 12 à 15 min, jusqu'à ce qu'il devienne bien doré et tendre. Ajoutez le *freekeh*, le quatre-épices, la coriandre, ½ cuil. à café de sel et du poivre noir.

Remuez bien et versez 60 cl du bouillon de poulet. Augmentez le feu sur moyen à vif. Dès que le liquide bout, couvrez et baissez le feu. Laissez mijoter à feu doux 20 min, retirez du feu et laissez couvert 20 min. Ciselez grossièrement les feuilles du persil restant . Ajoutez-en les trois quarts au *freekeh* cuit et mélangez avec une fourchette. Retirez le poulet du bouillon et déposez-le sur une planche à découper. Tranchez finement les blancs en diagonale ; ôtez la viande des pilons et des hauts de cuisses. Gardez le poulet et le *freekeh* au chaud.

Au moment de servir, réunissez le beurre, les amandes et du sel dans une petite poêle et faites griller les amandes. Répartissez le *freekeh* dans des assiettes individuelles ou un plat. Garnissez avec la viande et les tranches de blancs sur le dessus. Terminez par les amandes et le beurre, parsemez du persil restant.

POUR 4 PERSONNES

Poulet à l'oignon caramélisé & riz à la cardamome

Bien que le riz n'ait jamais été cultivé localement, il est devenu l'ingrédient de base de tous les plats de fête (les personnes moins fortunées et originaires de la campagne devaient souvent se contenter de boulgour, moins coûteux). Faire cuire la viande avec le riz et l'eau dans une seule et même casserole permet de donner une bonne saveur de viande au riz en toute simplicité. Les Juifs de Boukhara (Ouzbékistan) préparent une variante plus sophistiquée que la recette présentée ci-dessous, appelée *plov*, qui est au cœur de toutes leurs fêtes. Ici, le poulet et le riz sont délicatement disposés en couche, de telle sorte que lorsqu'on retourne la casserole à la fin, le dessous du poulet est parfaitement roussi et couronne cette recette recherchée.

Ce plat de poulet et de riz est le type même du mets réconfortant. Pour une variante alépienne, remplacez le poulet par des morceaux de 5 cm de bon bœuf à braiser. Faites-les bouillir dans l'eau avec les épices 1 ou 2 h, jusqu'à ce qu'ils soient tendres. Vous devez avoir 50 cl de liquide avant d'ajouter le riz et l'oignon. À la fin, vous pouvez aussi incorporer des fèves cuites et épluchées.

---

40 g de sucre
25 g d'épines-vinettes (ou de raisins secs, voir page 105)
2 oignons moyens, tranchés finement (250 g)
1 kg de hauts de cuisses de poulet, avec os et peau, ou 1 poulet entier, en 4 morceaux
les graines de 10 gousses de cardamome, écrasées
⅓ de cuil. à soupe de clous de girofle
2 longs bâtons de cannelle, coupés en deux
4 cuil. à soupe d'huile d'olive
300 g de riz basmati
5 g de persil, ciselé
5 g d'aneth, ciselé
5 g de coriandre, ciselée
100 g de yaourt grec, mélangé avec 2 cuil. à soupe d'huile d'olive (facultatif)
sel et poivre noir

Versez le sucre dans une petite casserole avec 4 cl d'eau et faites chauffer jusqu'à ce qu'il se dissolve. Retirez la casserole du feu, ajoutez les épines-vinettes et laissez tremper. Si vous utilisez des raisins secs, vous pouvez omettre cette étape. Faites chauffer la moitié de l'huile d'olive dans une grande sauteuse, mettez-y les oignons et laissez cuire 10 à 15 min à feu moyen en remuant de temps en temps, jusqu'à ce qu'il soit bien doré. Transférez les oignons dans un petit saladier et nettoyez la poêle.

Mettez le poulet dans un grand saladier et assaisonnez avec 1 ½ cuil. à café de sel et du poivre noir. Ajoutez le reste d'huile d'olive, la cardamome, les clous de girofle et la cannelle et mélangez bien le tout avec les mains. Faites de nouveau chauffer la poêle et mettez-y le poulet et les épices. Saisissez la viande 5 min de chaque côté, puis retirez-la de la poêle (c'est important car cela cuit le poulet en partie). Les épices peuvent rester dans la poêle, mais ne vous inquiétez pas si elles collent au poulet. Enlevez la plupart de l'huile en ne gardant qu'1 mm au fond. Versez le riz, l'oignon caramélisé, 1 cuil. à café de sel et beaucoup de poivre noir. Égouttez les épines-vinettes et ajoutez-les. Remuez bien et remettez les morceaux de poulet en les poussant vers le riz.

Arrosez le riz et le poulet de 55 cl d'eau bouillante, couvrez et laissez cuire 30 min à feu très doux. Retirez la poêle du feu, ôtez le couvercle et recouvrez rapidement d'un torchon propre, puis remettez le couvercle. Laissez reposer 10 min. Mélangez les herbes au riz et égrainez le riz. Rectifiez l'assaisonnement. Servez chaud ou tiède, accompagné de yaourt.

POUR 4 À 6 PERSONNES

Émincé de foie

L'aubergine parfumée au foie est une invention bizarre et pourtant populaire, parfaite pour découvrir l'histoire unique et souvent paradoxale de la ville ces soixante dernières années.

Pendant les jours de rationnement, dans les années cinquante, les Juifs ashkénazes n'avaient pas les moyens de préparer l'un de leurs plats préférés, l'émincé de foie, en deuxième position après le *gefilte fish* (carpe farcie). Ils utilisèrent alors des aubergines, ingrédient local bon marché et abondant. Au fil des ans, ce plat fondé sur un ingrédient que leurs ancêtres ashkénazes d'Europe de l'Est auraient considéré comme une aberration, est devenu un mets apprécié et vendu partout, particulièrement populaire dans les quartiers orthodoxes. Le foie s'est transformé en aubergine en deux générations, le nom de ce plat rappelant encore ses origines.

Notre « véritable » émincé de foie est une manière fantastique de commencer un repas. Servez-le avec des petits toasts ou des tranches de bon pain blanc.

---

2 gros oignons, tranchés (400 g environ)
400 g de foies de poulet, nettoyés, en morceaux de 3 cm environ
5 gros œufs fermiers durs
10 cl de graisse d'oie ou de canard fondue
4 cuil. à soupe de vin doux
1 cuil. à café de sel
½ cuil. à café de poivre noir en grains moulu
2 ou 3 oignons nouveaux, tranchés finement, pour servir
1 cuil. à soupe de ciboulette ciselée

Mettez les deux tiers de la graisse d'oie dans une grande poêle et faites revenir les oignons à feu moyen pendant 10 à 15 min en remuant de temps en temps, jusqu'à ce qu'ils soient bien dorés. Retirez les oignons de la poêle, en essayant de garder un peu de graisse dans la poêle. Si besoin, ajoutez un peu plus de graisse. Saisissez les foies pendant 10 min en remuant de temps en temps, jusqu'à ce qu'ils soient bien cuits au milieu.

Émincez les foies avec les oignons. Dans l'idéal, utilisez un hachoir en écrasant le mélange à deux reprises. À défaut, utilisez un robot ménager : hachez les oignons et le foie en deux ou trois fois, de manière à ne pas trop remplir le bol du robot. Appuyez 20 à 30 s, puis vérifiez la texture, vous devez obtenir une pâte bien lisse avec toutefois quelques morceaux. Transférez dans un grand saladier.

Écalez les œufs, puis râpez-en 2 grossièrement et 2 finement ; ajoutez-les au mélange de foie, ainsi que le reste de graisse, le vin doux, le sel, le poivre et remuez délicatement. Transférez le mélange sur une assiette plate non métallique et couvrez la surface avec du film alimentaire. Laissez refroidir, puis stockez au réfrigérateur pendant au moins 2 h pour faire durcir un peu.

Pour servir, émincez finement l'œuf restant. Répartissez le foie coupé en morceaux dans des assiettes, décorez avec l'œuf émincé et parsemez d'oignon nouveau et de ciboulette.

De la neige en altitude

Lorsque nous étions enfants, on ne trouvait que des oranges de Jaffa et de Jéricho. Jérusalem se situe à une altitude assez élevée et il y fait donc très froid en hiver, tandis que l'air est sec toute l'année – ce qui n'est pas bon pour les oranges, qui ont besoin d'être abritées et de températures chaudes !

NOUS ÉTIONS ALORS DEHORS EN DEUX SECONDES, À NOUS ENVOYER DES BOULES DE NEIGE, À FAIRE DES BONSHOMMES DE NEIGE ET À FABRIQUER DES LUGES DE FORTUNE ; UN TRÈS PETIT PRIX À PAYER POUR NE PAS AVOIR D'ORANGERAIES

Nous, les Jérusalémites, avons la chance – ou non, selon les personnes à qui vous posez la question – de profiter d'un climat continental : des étés chauds et des hivers froids. Il n'y avait qu'à Jérusalem que nous avions du chauffage central dans les maisons et les classes – une notion complètement étrangère à la plupart des individus des autres parties du pays. Lorsque vous arriviez à Jéricho ou Tel Aviv, vous aviez l'impression de pénétrer dans un pays tropical : un air humide, une végétation luxuriante et des enfants sans manteau. Mais nous avions la chance d'avoir de la neige.

Jérusalem est la seule grande ville d'Israël (bien qu'elle ne soit pas en Palestine) à être enneigée. Il ne neigeait pas tous les ans, seulement occasionnellement, mais, enfants, nous adorions cela et en profitions bien. Le soir précédant l'arrivée d'un front froid, nous avions l'habitude de nous réunir autour de la radio et d'attendre l'information tant espérée de la « neige en altitude ». Et la cerise sur ce beau gâteau blanc était l'annonce de la fermeture des écoles pendant la journée. Nous étions alors dehors en deux secondes, à nous envoyer des boules de neige, à faire des bonshommes de neige et à fabriquer des luges de fortune ; un très petit prix à payer pour ne pas avoir d'orangeraies.

POUR 6 PERSONNES

Poulet au safran & salade d'herbes

1 orange
50 g de miel
½ cuil. à café de safran en filaments
1 cuil. à soupe de vinaigre de vin blanc
1 kg de blancs de poulet sans peau
2 petits bulbes de fenouil, tranchés finement
15 g de feuilles de coriandre, ciselées
15 g de feuilles de basilic, ciselées
15 feuilles de menthe, ciselées
2 cuil. à soupe de jus de citron
1 piment rouge, tranché finement
1 gousse d'ail, écrasée
4 cuil. à soupe d'huile d'olive
sel et poivre noir

Cette salade colorée est extraordinairement rafraîchissante. Elle fut imaginée par les chefs d'Ottolenghi, dans le quartier londonien de Belgravia, et est très appréciée ici. L'astuce – faire bouillir une orange entière et la réduire en purée – est très efficace pour de nombreux gâteaux, sauces et salsas. Si vous n'aimez pas le fenouil, remplacez-le par un mélange d'oignon nouveau et de roquette.

Préchauffez le four à 200 °C (th. 6-7). Tranchez un morceau de 1 cm en haut et en bas de l'orange, puis coupez-la en 12 quartiers, en gardant la peau. Éliminez tous les pépins.

Réunissez les quartiers d'orange dans une petite casserole avec le miel, le safran, le vinaigre et suffisamment d'eau pour recouvrir l'orange (30 cl environ). Portez à ébullition et laissez mijoter à feu doux 1 h environ. À la fin, vous devriez obtenir de l'orange molle et 3 cuil. à soupe environ de sirop épais ; ajoutez de l'eau pendant la cuisson si besoin. Réduisez l'orange et le sirop en une pâte lisse dans un robot ménager ; là encore, ajoutez un peu d'eau si nécessaire.

Mélangez le blanc de poulet avec la moitié de l'huile d'olive et beaucoup de sel et de poivre et faites-le cuire sur un gril en fonte strié à feu très vif. Saisissez le poulet pendant 2 min environ de chaque côté afin qu'il soit marqué de lignes de toutes parts. Transférez-le dans un plat allant au four et enfournez pour 15 à 20 min, jusqu'à ce qu'il soit tout juste cuit.

Une fois le poulet suffisamment refroidi pour être manipulé, mais encore chaud, découpez-le avec les mains en assez gros morceaux. Réunissez-les dans un grand saladier, recouvrez avec la moitié de la purée d'orange et remuez bien. (Vous pouvez garder l'autre moitié au réfrigérateur pendant quelques jours, par exemple pour l'ajouter à une salade d'herbes et accompagner un poisson gras, tel qu'un maquereau ou un saumon.) Incorporez les ingrédients restants, y compris le reste d'huile d'olive, et remuez délicatement. Goûtez, salez et poivrez et, si besoin, ajoutez un peu plus d'huile d'olive et de jus de citron.

POUR 4 PERSONNES

Poulet sofrito

Nombre des plats les plus emblématiques de Jérusalem – et sans doute des plus intéressants – sont le résultat de la nécessité et des circonstances tendues. La population palestinienne de la ville et des zones environnantes inclut de nombreux citadins aisés, mais surtout des villageois aux moyens très limités. Parmi les Juifs, la majorité des nouveaux arrivants du XXe siècle étaient pauvres dans leurs pays d'origine ou, si ce n'était pas le cas, devinrent relativement pauvres dans les années qui suivirent leur installation à Jérusalem. Ce que toutes ces personnes cuisinaient, et continuent à cuisiner dans une certaine mesure, reflète la rareté et le prix élevé de nombreux ingrédients.

Le sofrito séfarade – qui est en fait plus une méthode de cuisson qu'un plat – illustre parfaitement combien la frugalité donne de superbes mets délicats et est devenu extrêmement populaire à Jérusalem. Le nom de ce plat vient du verbe *sofreír* (frire légèrement), cela consiste à faire cuire à feu doux de la viande dans une casserole sur la cuisinière pendant un long moment, avec simplement de l'huile et très peu de liquide. La cuisson lente de la viande à l'étouffée, dans son propre jus, donne une texture très tendre et une saveur réconfortante, reconnaissable entre toutes. Cette méthode de cuisson lente – employée par les Séfarades depuis des siècles – permettait de préparer le plat le vendredi pour le shabbat et était parfaitement adaptée au style de vie à Jérusalem, lorsque, jusqu'à il n'y a pas si longtemps encore, seuls des morceaux de viande bon marché étaient raisonnablement disponibles alors que les autres ingrédients étaient chers.

---

1 petit poulet fermier, 1,5 kg environ, ouvert en papillon ou coupé en quatre
1 cuil. à café de paprika doux
¼ de cuil. à café de curcuma en poudre
¼ de cuil. à café de sucre
2 ½ cuil. à soupe de jus de citron
1 gros oignon, pelé et coupé en quatre
750 g de pommes de terre charlotte, en dés de 2 cm
25 gousses d'ail, non pelées
1 cuil. à soupe d'huile de tournesol + pour frire
sel et poivre noir

Nous ajoutons des pommes de terre à notre sofrito, ce qui n'est pas nécessaire, mais faites-nous confiance, vous ne le regretterez pas car elles se gorgent des meilleures saveurs du fond de la poêle. Si vous avez une poêle suffisamment grande pour contenir le poulet entier à plat, ouvrez-le en papillon en le coupant par le milieu de la poitrine avec un grand couteau, entre les deux côtés ; vous pouvez aussi demander à votre boucher de le faire pour vous. Dans la poêle, appuyez fermement sur le poulet pour qu'il se retrouve complètement à plat.

Versez 1 cuil. à soupe d'huile dans une grande poêle peu profonde ou une cocotte et faites-la chauffer à feu moyen. Mettez le poulet à plat dans la poêle, côté peau vers le bas, et saisissez-le 4 ou 5 min, jusqu'à ce qu'il soit bien doré. Assaisonnez-le de toutes parts avec le paprika, le curcuma, le sucre, une bonne pincée de sel, une bonne dose de poivre noir et 1 ½ cuil. à soupe de jus de citron.
Retournez le poulet de telle sorte que la peau se retrouve vers le haut, ajoutez l'oignon dans la poêle et couvrez. Baissez à feu doux et laissez

cuire pendant 1 h. Soulevez le couvercle de temps en temps pour vérifier la quantité de liquide au fond de la poêle. L'idée est que le poulet cuise à l'étouffée dans son propre jus, mais vous devrez peut-être ajouter un peu d'eau bouillante, afin qu'il reste toujours 5 mm de liquide au fond de la poêle.

Après 30 min de cuisson du poulet, versez 3 cm d'huile de tournesol dans une casserole moyenne. Faites-y revenir les pommes de terre et l'ail en plusieurs fois à feu moyen à vif pendant 6 min environ, jusqu'à ce que les pommes de terre se colorent et deviennent croustillantes. Avec une écumoire, retirez pommes de terre et ail de l'huile et déposez-les sur du papier absorbant avant de les saler.

Au bout de 1 h de cuisson, retirez le poulet de la poêle et mettez-y les pommes de terre et l'ail en les remuant bien dans le jus de cuisson de la viande. Remettez le poulet sur les pommes de terre et poursuivez la cuisson pendant 30 min encore. La chair du poulet doit se détacher des os et les pommes de terre doivent être bien tendres et imbibées de jus de cuisson. Arrosez du reste de jus de citron au moment de servir.

Boulettes de viande

Les boulettes de viande sont l'un des plats omniprésents à Jérusalem, célébrées par tous sans exception – les Juifs traditionnels, les fervents chrétiens, les restaurants palestiniens et les excellents chefs de la cuisine fusion.
Mais, comme les *polpette al sugo* en Italie, elles sont essentiellement un plat de *mamma* : quelque chose de simple, basique et familier, pourtant chargé de souvenirs, et chaque Jérusalémite a sa propre version.

LES FEMMES PALESTINIENNES DEMANDENT PARFOIS AU BOUCHER DE HACHER LA VIANDE POUR LEURS KEFTAS AVEC DU PERSIL, DE L'AIL ET DE L'OIGNON, CE QUI LEUR ÉPARGNE AINSI DU TRAVAIL ET PERMET AUX SAVEURS ET AUX TEXTURES DE BIEN SE MÊLER

Il existe des centaines de variétés de boulettes de viande – les *kefta* (en arabe) et les *ktsitsot* (en hébreu) –, avec leur propre héritage et leur technique de préparation spécifique. Les boulettes sont surtout devenues une part essentielle de la nourriture locale par nécessité.
Dans un lieu où servir des morceaux de viande entiers était considéré comme une folle extravagance, les boulettes de viande, les kebabs et les légumes farcis (VOIR PAGE 152) constituaient une alternative sensée.

Les boulettes de viande peuvent être rondes, en forme de cigare ou de petits pâtés. On peut leur ajouter des légumes émincés, du blé concassé, du riz, du pain ou de la graine de couscous. Elles sont parfois cuites dans des sauces – à la tomate, au citron, au tamarin ou à base de bouillon – ou dégustées natures avec un quartier de citron ou une sauce salsa légère.

La différence entre kefta et kebab peut être source de confusion pour les étrangers. Il s'agit dans les deux cas de boulettes de viande fabriquées avec de l'agneau, du bœuf ou du veau haché, ou encore d'un mélange des trois.
La viande est souvent habilement émincée à la main avec deux grands couteaux, tout comme l'oignon, l'ail et le persil, puis assaisonnée. Sur les marchés de la vieille ville, les kebabs sont vendus dans la rue et dans des restaurants spécialisés, souvent servis avec du pain pita, de la salade émincée, des oignons grillés et de la sauce tahini. Le kebab est toujours cuit sur de longues piques en acier placées au-dessus du charbon. On lui donne la forme d'un doigt épais. Le kefta est généralement cuit à la maison et on peut lui donner n'importe quelle forme. On peut l'envelopper dans une feuille, de vigne ou autre. Il peut être cuit en sauce sur la plaque chauffante, grillé ou cuit au four sur une plaque en métal (*siniyah*), souvent avec d'autres ingrédients : tahini, tomate ou pomme de terre.
Les femmes demandent parfois au boucher de hacher la viande pour leurs keftas avec du persil, de l'ail et de l'oignon, ce qui leur épargne ainsi du travail et permet aux saveurs et aux textures de bien se mêler.

POUR 6 PERSONNES
18 KEFTAS

Keftas *b'siniyah*

150 g de tahini léger
3 cuil. à soupe de jus de citron
1 gousse d'ail moyenne, écrasée
2 cuil. à soupe d'huile de tournesol
30 g de beurre doux ou de beurre clarifié (facultatif)
paprika doux, pour décorer
sel

KEFTAS

400 g d'agneau haché
400 g de veau ou de bœuf haché
1 petit oignon (150 g environ), émincé finement
2 grosses gousses d'ail, écrasées
50 g de pignons de pin grillés, concassés grossièrement + quelques pignons entiers pour décorer
30 g de persil plat ciselé finement + pour décorer
1 gros piment rouge moyennement épicé, épépiné et émincé finement
1 ½ cuil. à café de cannelle en poudre
1 ½ cuil. à café de quatre-épices en poudre
¾ de cuil. à café de noix muscade râpée
1 ½ cuil. à café de poivre noir moulu
1 ½ cuil. à café de sel

Pour ces keftas, achetez si possible de la viande fraîchement hachée par votre boucher. Préférez de l'épaule d'agneau et un bon morceau de bœuf (évitez le bœuf à braiser). Si vous achetez la viande en supermarché ou chez un épicier, faites-la bien cuire pour ne prendre aucun risque. Ajoutez un peu de beurre à la fin uniquement si vous servez le plat tout de suite et que vous le dégustez en une seule fois. Sinon, évitez le beurre qui durcit rapidement et donne un aspect peu agréable au plat. Servez avec du pain pita et une salade de concombre et de tomate (VOIR SALADE DE POIS CHICHES ÉPICÉS ET LÉGUMES FRAIS, EN ENLEVANT LES POIS CHICHES, PAGE 56).

Réunissez tous les ingrédients des keftas dans un saladier et malaxez bien le tout avec les mains. Formez des doigts similaires à des torpilles de 8 cm de long et de 60 g environ chacun. Appuyez bien sur le mélange pour le comprimer et obtenir des keftas bien serrés et qui gardent leur forme. Mettez-les au réfrigérateur une journée maximum.

Préchauffez le four à 220 °C (th. 7-8). Dans un saladier moyen, battez au fouet la pâte de tahini, le jus de citron, l'ail, ¼ de cuil. à café de sel et 12 cl d'eau. La sauce doit être un peu plus liquide que du miel ; ajoutez 1 ou 2 cuil. à soupe d'eau si nécessaire.

Faites chauffer l'huile de tournesol dans une grande poêle et saisissez les keftas à feu vif ; procédez en plusieurs fois, afin qu'ils ne se chevauchent pas. Saisissez-les de toutes parts, 6 min environ pour chaque fournée, jusqu'à ce que les keftas soient bien dorés. Ils devraient alors être saignants, voire à point. Sortez-les de la poêle et disposez-les sur une plaque à pâtisserie. Si vous les préférez à point ou bien cuits, enfournez-les pour 2 à 4 min.

Versez la sauce tahini autour des keftas de telle sorte qu'elle recouvre le fond de la plaque. Vous pouvez aussi les arroser, en veillant toutefois à laisser un peu de viande apparente. Faites-les cuire au four 1 ou 2 min, simplement pour réchauffer un peu la sauce.

Pendant ce temps, si vous utilisez du beurre, faites-le fondre dans une petite casserole et laissez-le dorer un peu, en veillant à ce qu'il ne brûle pas. Arrosez les keftas de beurre fondu dès leur sortie du four. Parsemez-les de pignons de pin et de persil, puis ajoutez du paprika sur le dessus. Servez immédiatement.

POUR 4 PERSONNES
20 BOULETTES ENVIRON

Boulettes de bœuf aux fèves & au citron

350 g de fèves, fraîches ou surgelées
4 brins de thym entiers
6 gousses d'ail, tranchées
8 oignons nouveaux, coupés diagonalement en morceaux de 2 cm
2 ½ cuil. à soupe de jus de citron
50 cl de bouillon de poulet
sel et poivre noir

BOULETTES DE VIANDE

300 g de bœuf haché
150 g d'agneau haché
1 oignon moyen, émincé finement
120 g de chapelure
2 cuil. à soupe de persil plat, menthe, aneth et coriandre ciselés + ½ cuil. à soupe de chaque pour décorer
2 grosses gousses d'ail, écrasées
1 cuil. à soupe de baharat (mélange d'épices du commerce ou voir recette page 299)
1 cuil. à soupe de cumin en poudre
2 cuil. à café de câpres, émincées
1 œuf, battu
4 cuil. à soupe d'huile d'olive

Fraîches, épicées et particulièrement savoureuses, ces boulettes de viande correspondent à notre idée du souper de printemps idéal. Servez-les simplement avec du riz basmati et de l'orzo (VOIR PAGE 103). *Vous pouvez éventuellement ajouter des amandes entières blanchies pour une meilleure texture. Mettez-les dans la poêle avec les fèves non épluchées.*

Réunissez tous les ingrédients des boulettes dans un grand saladier. Ajoutez ¾ de cuil. à café de sel et une bonne dose de poivre noir et malaxez bien avec les mains. Formez des boulettes de la taille de balles de ping-pong. Faites chauffer 1 cuil. à soupe d'huile d'olive dans une très grande poêle munie d'un couvercle. Saisissez la moitié des boulettes à feu moyen 5 min environ en les retournant, jusqu'à ce qu'elles soient bien grillées de toutes parts. Retirez-les de la poêle, ajoutez ½ cuil. à soupe d'huile d'olive et faites cuire la deuxième fournée. Retirez-les de la poêle et nettoyez-la.

Pendant ce temps, jetez les fèves dans une casserole remplie d'eau bouillante salée et blanchissez-les pendant 2 min. Égouttez-les et rafraîchissez-les sous l'eau froide. Épluchez la moitié des fèves et jetez les cosses.

Faites chauffer le reste d'huile d'olive dans la poêle dans laquelle vous avez saisi les boulettes. Mettez-y le thym, l'ail et l'oignon nouveau et faites-les revenir à feu moyen pendant 3 min. Ajoutez les fèves épluchées, 1 ½ cuil. à soupe de jus de citron, 8 cl de bouillon, ¼ de cuil. à café de sel et une bonne dose de poivre noir. Les fèves doivent être quasiment recouvertes de liquide. Couvrez et faites cuire à feu doux 10 min.

Remettez les boulettes dans la poêle avec les fèves. Versez le reste de bouillon, couvrez et laissez mijoter à feu doux pendant 25 min. Goûtez la sauce et rectifiez l'assaisonnement. Si elle est très liquide, retirez le couvercle et faites-la réduire un peu. Une fois que les boulettes arrêtent de cuire, elles ont tendance à se gorger de liquide, vérifiez donc que la quantité de sauce est suffisante. Vous pouvez les laisser reposer hors du feu.

Juste avant de servir, réchauffez les boulettes, avec un peu d'eau si besoin pour avoir suffisamment de sauce. Incorporez le reste d'herbes et de jus de citron, les fèves avec cosses et remuez très doucement. Servez immédiatement.

POUR 6 PERSONNES
30 BOULETTES ENVIRON

Boulettes d'agneau aux épines-vinettes, yaourt & herbes

750 g d'agneau haché
2 oignons moyens, émincés finement
20 g de persil plat, ciselé finement
3 gousses d'ail, écrasées
¾ de cuil. à café de quatre-épices en poudre
¾ de cuil. à café de cannelle en poudre
60 g d'épines-vinettes
1 œuf fermier moyen
700 g d'échalotes bananes, épluchées
20 cl de vin blanc
50 cl de bouillon de poulet
2 feuilles de laurier
2 brins de thym
2 cuil. à café de sucre
150 g de figues séchées
10 cl d'huile de tournesol
200 g de yaourt grec
3 cuil. à soupe de menthe, coriandre, aneth et estragon mélangés, ciselés grossièrement
sel et poivre noir

Les saveurs aigres-douces de ces boulettes dominent mais sont toutefois adoucies par le yaourt pour donner un plat principal très agréable, meilleur encore servi avec de la graine de couscous ou du riz. Vous pouvez trouver des épines-vinettes – petites baies aigres séchées – sur Internet ou chez les épiciers moyen-orientaux et iraniens. On peut les remplacer par des airelles. Les figues ont tendance à ramollir en raison du temps long de cuisson, mais elles sont essentielles pour la saveur du plat. Vous pouvez les retirer à la fin si vous le souhaitez.

Réunissez l'agneau, les oignons, le persil, l'ail, le quatre-épices, la cannelle, les épines-vinettes, l'œuf, 1 cuil. à café de sel et ½ cuil. à café de poivre noir dans un grand saladier. Malaxez avec les mains et formez des boulettes de la taille de balles de golf.

Faites chauffer un tiers de l'huile dans une grande poêle à fond épais équipée d'un couvercle bien ajusté. Faites cuire les boulettes en plusieurs fois à feu moyen en les retournant pendant quelques minutes, jusqu'à ce qu'elles soient bien colorées de toutes parts.

Nettoyez la poêle et versez-y le reste d'huile. Ajoutez les échalotes et faites-les cuire à feu moyen pendant 10 min, en remuant fréquemment jusqu'à ce qu'elles soient bien dorées. Versez le vin, laissez bouillonner 1 ou 2 min, puis ajoutez le bouillon de poulet, les feuilles de laurier, le thym, le sucre ainsi que du sel et du poivre. Disposez les figues et les boulettes de viande parmi les échalotes et au-dessus ; les boulettes doivent être quasiment recouvertes de liquide. Portez à ébullition, couvrez, baissez à feu très doux et laissez mijoter 30 min. Retirez le couvercle et laissez encore mijoter pendant 1 h, jusqu'à ce que la sauce ait réduit et que sa saveur se soit intensifiée. Goûtez et rectifiez l'assaisonnement.

Transférez les boulettes dans un grand plat profond. Battez le yaourt au fouet, versez-le sur les boulettes et parsemez d'herbes.

POUR 4 À 6 PERSONNES
18 BURGERS ENVIRON

Burgers de dinde & de courgette à l'oignon nouveau & au cumin

500 g de dinde hachée
1 grosse courgette, râpée grossièrement (200 g environ)
40 g d'oignons nouveaux, tranchés finement
1 œuf fermier moyen
2 cuil. à soupe de menthe ciselée
2 cuil. à soupe de coriandre ciselée
2 gousses d'ail, écrasées
1 cuil. à café de cumin en poudre
1 cuil. à café de sel
½ cuil. à café de poivre noir moulu grossièrement
½ cuil. à café de poivre de Cayenne
10 cl environ d'huile de tournesol

SAUCE À LA CRÈME AIGRE ET AU SUMAC

10 cl de crème aigre
150 g de yaourt grec
1 cuil. à café de zeste de citron râpé
1 cuil. à soupe de jus de citron
1 petite gousse d'ail, écrasée
1 ½ cuil. à soupe d'huile d'olive
1 cuil. à soupe de sumac
½ cuil. à café de sel
¼ de cuil. à café de poivre noir

La sauce crémeuse au sumac qui accompagne ces burgers est incroyablement épicée et se mariera bien avec la plupart des viandes blanches (LE POULET SOFRITO, PAGE 190, *par exemple), avec les légumes grillés et les beignets. Vous pouvez la préparer en avance ou doubler la quantité et la garder au réfrigérateur. Au bout d'une journée, les saveurs s'adouciront et vous aurez peut-être envie de la relever en ajoutant un peu de sumac et de jus de citron. Ces burgers sont très faciles à transporter. Vous pouvez les déguster en en-cas ou les emporter chez des amis ou au travail pour déjeuner.*

Commencez par préparer la sauce à la crème aigre et au sumac en réunissant tous les ingrédients dans un petit saladier. Remuez bien et réservez ou gardez-la au réfrigérateur.

Préchauffez le four à 220 °C (th. 7-8). Dans un grand saladier, mélangez tous les ingrédients des burgers, excepté l'huile de tournesol. Une fois le mélange bien homogène, formez des burgers de 45 g environ chacun, vous devriez en obtenir à peu près 18.

Versez suffisamment d'huile de tournesol dans une grande poêle sur 2 mm environ. Faites-la bien chauffer et saisissez-y les burgers de toutes parts à feu moyen en plusieurs fois. Faites-les cuire pendant 4 min environ, en ajoutant de l'huile si besoin, jusqu'à ce qu'ils soient bien dorés.

Transférez délicatement les burgers cuits sur une plaque à pâtisserie tapissée de papier sulfurisé et enfournez-les pour 5 à 7 min, jusqu'à ce qu'ils soient bien cuits. Servez-les chaud ou à température ambiante, arrosés de sauce ou avec un peu de sauce sur le côté.

POUR 2 PERSONNES

Polpettone

Sur la table de la *Pesach* (Pâque juive) de la *Nonna Luciana* de Yotam, vous trouverez toujours un pain de viande tranché, farci de pistaches et de cornichons. On le servait avec d'autres mets délicats juifs-italiens, tels que des courgettes frites au vinaigre et des artichauts frits à l'huile d'olive, une création des Juifs de Rome.

Le *polpettone* est un plat très ancien des Juifs italiens. Claudia Roden propose une version beaucoup plus compliquée que celle de Luciana dans *Le Livre de la nourriture juive*, originaire du Piémont. On la prépare aussi pour la Pâque juive ; du veau et de la dinde hachés mélangés à des pistaches, de l'œuf, de la noix muscade et de l'ail sont enveloppés dans de la peau de dinde et pochés dans du bouillon de dinde réalisé avec la carcasse.

À Jérusalem, les Juifs d'Alep préparent le *koisat*, un pain de viande plus simple que le *polpettone* de Luciana mais également farci de pistaches (Alep est connu pour avoir les meilleures pistaches et la noix est aussi appelée « pistache d'Alep »). Les Juifs ashkénazes préparent le *klops*, un pain de viande cuit au four, vraiment simple mais très apprécié.

Ce plat d'Ottolenghi est, certes, légèrement compliqué techniquement, mais il est très impressionnant et tout le monde en raffole. Préparez-le à l'avance et servez-le en entrée. La salsina, diminutif de salsa (une forme grammaticale que le père de Yotam adore utiliser à tout-va), est une succulente sauce épicée qui peut également accompagner du poulet ou de l'agneau préparé en toute simplicité.

---

3 œufs fermiers moyens
1 cuil. à soupe de persil plat ciselé
2 cuil. à café d'huile d'olive
500 g de bœuf haché
100 g de chapelure, de préférence fraîche
60 g de pistaches non salées décortiquées
80 g de cornichons, en morceaux de 1 cm
200 g de langue de bœuf (ou jambon), tranché finement
1 grosse carotte, en morceaux
2 branches de céleri, en morceaux
1 brin de thym
2 feuilles de laurier
½ oignon, tranché
1 cuil. à café de bouillon de poulet en poudre
sel et poivre noir

Commencez par préparer une omelette plate. Battez ensemble 2 œufs, le persil ciselé et 1 pincée de sel. Faites chauffer l'huile d'olive dans une poêle (de 28 cm de diamètre environ) et versez-y les œufs. Laissez cuire 2 ou 3 min à feu moyen, sans remuer, jusqu'à obtenir une fine omelette. Laissez refroidir.

Dans un grand saladier, mélangez le bœuf haché, la chapelure, les pistaches, les cornichons, l'œuf restant, 1 cuil. à café de sel et ½ cuil. à café de poivre. Posez un grand torchon propre sur votre plan de travail. Étalez le mélange de viande dessus, en formant avec les mains un rectangle de 1 cm d'épaisseur et de 30 x 25 cm environ. Gardez les bords du torchon propres. Recouvrez la viande de tranches de langue de bœuf, en laissant 2 cm sur le pourtour. Coupez l'omelette en quatre larges bandes et répartissez-les au-dessus. Soulevez le torchon pour vous aider à rouler la viande vers l'intérieur à partir de l'un des grands côtés pour former une grosse saucisse. À la fin, vous devriez obtenir un pain bien serré comme

SALSINA VERDE

50 g de persil plat, tiges et feuilles
1 gousse d'ail, écrasée
1 cuil. à soupe de câpres
1 cuil. à soupe de jus de citron
1 cuil. à soupe de vinaigre de vin blanc
1 œuf fermier moyen dur, écalé
15 cl d'huile d'olive
3 cuil. à soupe de chapelure
sel et poivre noir

un gâteau roulé. Enveloppez le pain dans le torchon. Attachez les extrémités avec de la ficelle et cachez le torchon qui dépasse en dessous pour obtenir un paquet bien serré.

Déposez le *polpettone* dans une grande casserole ou une cocotte. Disposez les carottes, le céleri, le thym, le laurier, l'oignon et le bouillon en poudre autour du pain et arrosez-le d'eau bouillante pour le recouvrir presque entièrement. Couvrez la casserole et laissez mijoter pendant 2 h.

Retirez le pain de la casserole et réservez-le pour qu'il s'égoutte un peu (le bouillon utilisé pour le pocher peut constituer une excellente base pour une soupe). Au bout de 30 min environ, surmontez-le d'un objet lourd pour éliminer plus de jus encore. Une fois qu'il est à température ambiante, mettez le pain de viande dans le réfrigérateur pour 3 ou 4 h, toujours enveloppé dans son torchon, pour qu'il soit bien frais.

Préparez la *salsina verde*. Réunissez tous les ingrédients dans un robot ménager et réduisez-les en une pâte assez épaisse (pour un aspect plus « rustique », émincez le persil, les câpres et l'œuf à la main et mélangez-les avec le reste des ingrédients). Goûtez et rectifiez l'assaisonnement.

Pour servir, enlevez le pain de son torchon, coupez-le en tranches de 1 cm d'épaisseur, disposez-les sur un plat et servez avec la sauce.

POUR 4 PERSONNES

Œufs braisés à l'agneau, tahini & sumac

Ce plat évoque la meilleure nourriture fusion de Jérusalem. Il inclut des éléments traditionnels palestiniens et des ingrédients caractéristiques des cuisines juives et les associe d'une manière absolument pas traditionnelle. Il a été inspiré par un très jeune classique, le *hamshukah*, plat de prédilection du *Machneyuda*, restaurant du marché qui sert la nourriture la plus innovante de la ville.

Ce mets peut constituer le plat principal d'un dîner décontracté. Ses saveurs sont intenses et ses couleurs et textures contrastées vraiment spectaculaires, ce qui explique qu'il peut se suffire à lui-même, accompagné d'un simple morceau de pain. La liste des ingrédients peut tout à fait être modifiée. D'autres aliments typiques de Jérusalem – aubergine rôtie, lanières de poivron rouge, blettes, pois chiches cuits, amandes effilées, zaatar – peuvent être ajoutés ou utilisés comme substituts. Les éléments variés de ce plat peuvent être préparés à l'avance et cuits ensemble à la toute dernière minute.

1 gros oignon, émincé finement (200 g)
6 gousses d'ail, tranchées finement
300 g d'agneau haché
2 cuil. à café de sumac + pour décorer
1 cuil. à café de cumin en poudre
50 g de pistaches non salées grillées, concassées
50 g de pignons de pin grillés
2 cuil. à café de harissa (toute prête ou voir recette page 303)
1 cuil. à soupe de citron confit émincé finement (tout prêt ou voir recette page 303)
200 g de tomates cerise
12 cl de bouillon de poulet
4 œufs fermiers moyens
5 g de feuilles de coriandre ou 1 cuil. à soupe de *zhoug* (voir recette page 301)
1 cuil. à soupe d'huile d'olive
sel et poivre noir
sauce au yaourt
100 g de yaourt grec
25 g de tahini
2 cuil. à soupe de jus de citron
sel

Faites chauffer l'huile d'olive dans une poêle moyenne à fond épais. Mettez-y l'oignon et l'ail et faites-les revenir à feu moyen à vif pendant 6 min pour les ramollir et les colorer un peu. Ajoutez l'agneau haché et faites-le bien griller 5 ou 6 min à feu vif. Assaisonnez de sumac, cumin, ¾ de cuil. à café de sel et de poivre noir et poursuivez la cuisson 1 min. Hors du feu, incorporez les fruits secs, la harissa et le citron confit en remuant, puis réservez.

Pendant que l'oignon cuit, faites chauffer un gril en fonte (ou une petite poêle à fond épais). Une fois qu'il est très chaud, faites-y griller les tomates cerise à feu vif 4 à 6 min, en secouant le gril de temps en temps, jusqu'à ce qu'elles soient légèrement noircies à l'extérieur. Réservez.

Préparez la sauce au yaourt en battant tous les ingrédients au fouet avec 1 cuil. à soupe d'eau et 1 pincée de sel. Elle doit être épaisse et riche. Si elle est trop épaisse, ajoutez un peu d'eau. Vous pouvez laisser la viande, les tomates et la sauce à ce stade pendant 1 h. Lorsque vous êtes prêt à servir, réchauffez la viande, versez le bouillon et portez à ébullition. Creusez quatre petits puits dans le mélange et cassez 1 œuf dans chacun.
Couvrez la poêle et laissez cuire 3 min à feu doux. Disposez les tomates sur le dessus, en évitant les jaunes d'œufs, couvrez et laissez cuire encore 5 min – les blancs doivent être cuits et les jaunes encore liquides. Retirez le gril du feu et parsemez le plat de sauce au yaourt, puis de sumac et terminez par un peu de coriandre ou de *zhoug*. Servez immédiatement.

POUR 4 PERSONNES GÉNÉREUSES

Veau mijoté aux pruneaux & au poireau

La cuisine de certains Juifs séfarades, également connus sous le nom de « Spanioli » – communauté fière installée dans la ville depuis plusieurs générations – constitue une pièce unique de la nourriture de Jérusalem. Nombre d'entre eux étant arrivés d'Espagne après l'expulsion juive de 1492, leurs plats sont un véritable mélange d'ancienne nourriture espagnole, d'éléments piochés en route, de traditions arabes locales et d'influences des Juifs ashkénazes. Il en résulte le plus fascinant des mélis-mélos : des *albóndigas* (boulettes de viande espagnoles), des croûtes salées farcies de Turquie et des Balkans, nombre des mezzés et *kugel* emblématiques de la Palestine.

Le *kugel* – pâtes et caramel mijotés toute une nuit – est un aliment de base ashkénaze auquel les Séfarades ont ajouté des tonnes de poivre noir.

Le mélange de viande et de fruits secs est caractéristique de la plupart des traditions séfarades. Cela différencie clairement cette cuisine de sa consœur palestinienne, qui ne mélange jamais le sucré et le salé, même si les deux cuisines présentent de nombreuses similarités.

Il faut environ 4 h pour préparer ce plat assez complexe, mais le résultat est plutôt spectaculaire. Vous pouvez remplacer l'osso-buco, pas toujours facile à trouver et cher, par 1,5 kg de queue de bœuf. La viande sera un peu plus difficile à détacher de l'os, mais sa saveur sera tout aussi excellente. Servez avec de la mejadra (VOIR PAGE 120) *ou du riz blanc.*

---

4 gros morceaux d'osso-buco, avec os (1 kg environ)
2 gros oignons, émincés finement (500 g)
3 gousses d'ail, écrasées
10 cl de vin blanc sec
25 cl de bouillon de poulet ou de bœuf
400 g de tomates en morceaux, en conserve
5 brins de thym, ciselés finement
2 feuilles de laurier
le zeste de 1 orange, en lanières
2 petits bâtons de cannelle
½ cuil. à café de quatre-épices en poudre
2 anis étoilés
6 gros poireaux, partie blanche seulement (800 g), en tranches de 1,5 cm
200 g de pruneaux tendres, dénoyautés
11 cl d'huile de tournesol
sel et poivre noir

POUR SERVIR

120 g de yaourt grec
2 cuil. à soupe de persil plat ciselé finement
2 cuil. à soupe de zeste de citron râpé
2 gousses d'ail, écrasées

Préchauffez le four à 180 °C (th. 6). Faites chauffer 2 cuil. à soupe d'huile dans une grande poêle à fond épais. Faites-y dorer les morceaux d'osso-buco à feu vif 2 min de chaque côté. Transférez-les dans une passoire pour les égoutter pendant que vous préparez la sauce tomate.

Enlevez la plupart de la graisse de la poêle, ajoutez 2 cuil. à soupe d'huile, puis les oignons et l'ail. Faites revenir à feu moyen à vif 10 min environ, en remuant de temps en temps et en grattant le fond de la poêle avec une cuillère en bois, jusqu'à ce que les oignons soient tendres et dorés. Versez le vin, portez à ébullition et laissez bouillonner à feu vif pendant 3 min, jusqu'à ce que la majeure partie du vin se soit évaporée. Ajoutez la moitié du bouillon, les tomates, le thym, le laurier, le zeste d'orange, les épices, 1 cuil. à café de sel et du poivre noir. Remuez bien et portez à ébullition. Mettez les morceaux d'osso-buco dans la sauce et mélangez pour bien les enrober.

Transférez la viande et la sauce dans un plat profond allant au four de 33 x 24 cm. Couvrez d'aluminium et enfournez pour 2 h 30. Vérifiez en cours de cuisson que la sauce n'est pas trop épaisse et ne brûle pas sur les côtés du plat ; ajoutez un peu d'eau si besoin. La viande est prête lorsqu'elle se détache facilement de l'os. Sortez-la de la sauce et mettez-la dans un grand saladier. Une fois qu'elle a un peu refroidi, désossez toute la viande et grattez la moelle avec un petit couteau. Jetez les os.

Faites chauffer le reste d'huile dans une autre poêle et faites-y revenir les poireaux à feu vif 3 min environ en remuant. Déposez-les sur la sauce tomate. Ensuite, dans la poêle dans laquelle vous avez préparé la sauce tomate, mélangez les pruneaux, le bouillon restant, la viande désossée et la moelle et arrosez les poireaux de ce mélange. Remettez le papier d'aluminium en place et enfournez pour 1 h. Rectifiez l'assaisonnement.

Servez chaud, garni de yaourt froid et parsemé d'un mélange de persil, de zeste de citron et d'ail.

Agneau

Avant le poulet, l'agneau et le mouton étaient les viandes phares de l'alimentation palestinienne. Les bergers étaient nombreux dans les collines de Jérusalem lorsque nous étions enfants et ils le sont toujours aujourd'hui, bien qu'un peu moins. L'agneau est abattu pour des occasions spéciales et est un signe de fêtes familiales – naissances, mariages, retour d'un membre de la famille – et religieuses, telles que Pâques et *Aïd al-Adha* (fête du Sacrifice ou « Grande Fête »). L'agneau et le mouton constituent l'essence de la cuisine palestinienne de nombreuses manières.
Le meilleur agneau est vendu par les bouchers palestiniens – un fait reconnu par de nombreux chefs de Tel Aviv qui s'approvisionnent régulièrement auprès d'eux.

LE MEILLEUR AGNEAU EST VENDU PAR LES BOUCHERS PALESTINIENS – UN FAIT RECONNU PAR DE NOMBREUX CHEFS DE TEL AVIV QUI S'APPROVISIONNENT RÉGULIÈREMENT AUPRÈS D'EUX

Au sujet de l'agneau, dans leur livre *La Saveur de Jérusalem*, Joan Nathan et Judy Stacey Goldman mentionnent une recette découverte dans les années soixante-dix à l'école de l'église anglicane de Jérusalem. Elle se compose d'agneau, de pommes de terre, de petits pois et de menthe, un plat qui semble au premier abord très anglais mais toutefois rendu plus local par l'ajout des petits pois et de la menthe peu avant de servir, afin de préserver leur couleur et leur fraîcheur.

L'église anglicane du Christ, construite dans les années 1840 à Jérusalem, est la plus ancienne église anglicane du Moyen-Orient. Michael Solomon Alexander, alors évêque de l'église de Jérusalem, était un juif converti. Il avait entre autres pour mission de convertir les juifs locaux à l'anglicanisme. Il construisit une maison pour fournir gratuitement de la nourriture aux pauvres de la ville. Au début, ces derniers ne furent pas nombreux à venir, mais sa mission prit de l'ampleur lorsqu'il se mit à servir des soupes et du pain casher.

POUR 8 PERSONNES

Shawarma d'agneau

Jérusalem se glorifie de son propre vocabulaire hébreu, composé de mots aléatoires qui remplacent les noms communs, tels que réglisse, sucette ou d'autres encore. Le pain plat connu dans la ville sous le nom de *esh tanur* (four brûlant) est idéal pour accueillir le shawarma, composé de tranches de viande et de graisse épicées, enfilées sur une grosse broche qui tourne en permanence près d'un gril chaud et que l'on « gratte » régulièrement avec un grand couteau pour servir les hôtes. Outre de la viande, le pain plat inclut de la salade émincée, du tahini, des *pickles* et de l'*amba*, sauce à base de mangue et de fenugrec, originaire d'Inde et utilisée dans la version juive du shawarma par les immigrants irakiens.

Sami se souvient que, lorsqu'il était enfant, le shawarma était en quelque sorte un luxe, car il coûtait assez cher. Dans les magasins arabes, il était vendu dans un pain pita agrémenté d'un condiment à base d'oignon mariné au sel et au sumac. Il fallait que les frites soient bonnes !

Il ne s'agit pas ici précisément d'une recette de shawarma. Mais nous supposons que la plupart des lecteurs ne disposent pas d'un tournebroche vertical chez eux. Ce gigot d'agneau mariné finit toutefois par avoir un goût assez proche de la recette originale, aussi courante et populaire à Jérusalem que dans tout le Moyen-Orient.

*Les onze premiers ingrédients, également connus sous le nom de mélange d'épices libanais (*SIMILAIRE AU hawayej YÉMÉNITE DE LA PAGE 226*), constituent un condiment à usages multiples qui peut, par exemple, servir pour faire mariner du poisson, de la viande ou des légumes-racines avant de les faire rôtir ou griller. Vous pouvez multiplier les quantités par deux et en garder la moitié dans un bocal fermé pendant trois semaines. Si vous n'avez pas de moulin à épices, servez-vous d'un pilon et d'un mortier, en remplaçant toutefois les bâtons de cannelle par de la cannelle en poudre, les gousses de cardamome par de la cardamome en poudre et en omettant l'anis étoilé.*

Accompagnez toujours le shawarma d'une salade de concombre et de tomates fraîche, agrémentée de jus de citron, d'huile d'olive, d'ail et de persil ou de coriandre ciselés. Le shawarma a vraiment besoin de fraîcheur et d'humidité. Pour un repas plus savoureux encore, ajoutez du riz ou du boulgour et/ou de la sauce tahini (VOIR PAGE 298). *Vous pouvez aussi opter pour des pommes de terre farineuses, épluchées et disposées dans le plat 1 h 30 environ avant la fin de la cuisson de l'agneau, en les remuant de temps en temps dans le jus de cuisson.*

1 gigot d'agneau, avec os, de 2,5 à 3 kg

MARINADE

2 cuil. à café de grains de poivre noir
5 clous de girofle
2 à 3 gousses de cardamome
¼ de cuil. à café de graines de fenugrec
1 cuil. à café de graines de fenouil
1 cuil. à soupe de graines de cumin
1 anis étoilé
½ bâton de cannelle
½ noix muscade, râpée
¼ de cuil. à café de gingembre en poudre
1 cuil. à soupe de paprika doux
1 cuil. à soupe de sumac
¾ de cuil. à soupe de sel de mer de Maldon
25 g de gingembre frais, râpé
3 gousses d'ail, écrasées
40 g de coriandre ciselée, tiges et feuilles
6 cl de jus de citron
12 cl d'huile d'arachide

Réunissez les huit premiers ingrédients de la marinade dans une poêle en fonte et faites-les griller 1 ou 2 min à sec sur feu moyen à vif, jusqu'à ce que les épices commencent à sauter et exhaler leur arôme. Attention à ne pas les brûler. Ajoutez la noix muscade, le gingembre et le paprika et remuez quelques secondes, juste pour les réchauffer. Versez dans un saladier moyen, ajoutez tous les autres ingrédients, excepté l'agneau, et remuez.

Avec un petit couteau pointu, incisez le gigot d'agneau en plusieurs endroits, en faisant des entailles de 1,5 cm pour que le gigot puisse s'imbiber de marinade. Mettez-le dans un grand plat allant au four et frottez-le de marinade de toutes parts ; massez bien la viande avec les mains.
Couvrez le plat d'aluminium et laissez mariner au moins 2 ou 3 h – de préférence une nuit – au réfrigérateur. Préchauffez le four à 170 °C (th. 5-6).

Enfournez le gigot, côté gras vers le haut, et faites-le rôtir pendant 4 h 30 au total, jusqu'à ce que la viande soit parfaitement tendre. Au bout de 30 min de cuisson, ajoutez 1 tasse environ d'eau bouillante dans le plat et badigeonnez la viande de liquide à peu près toutes les heures. Ajoutez plus d'eau si besoin, en veillant à ce qu'il y ait toujours 0,5 cm environ d'eau au fond du plat. Pendant les trois dernières heures, couvrez le gigot avec du papier d'aluminium pour éviter que les épices brûlent. Une fois le gigot cuit, sortez-le du four et laissez-le reposer 10 min avant de le découper et de servir.

Selon nous, la meilleure manière de servir ce plat est celle du restaurant de *shakshuka* le plus renommé d'Israël (VOIR RECETTE PAGE 66) **– *Dr Shakshuka*, à Jaffa, dirigé par Bino Gabso. Prenez 6 pains pita ouverts et badigeonnez généreusement l'intérieur d'une pâte composée de 120 g de tomates en morceaux en conserve, 20 g de harissa, 20 g de concentré de tomate, 1 cuil. à soupe d'huile d'olive, de sel et de poivre. Une fois l'agneau prêt, réchauffez les pains pita sur un gril en fonte jusqu'à ce qu'ils présentent des marques grillées de chaque côté. Tranchez l'agneau chaud et coupez les tranches en lanières de 1,5 cm. Empilez-les en tas sur les pains pita chauds, arrosez-les de jus de cuisson réduit et terminez par de l'oignon émincé, du persil ciselé et une pincée de sumac. N'oubliez pas la tomate et le concombre frais. Voici un plat vraiment divin.**

Voir illustration page suivante

POISSON

Le poisson à Jérusalem

Jérusalem n'est pas une ville de poisson. Située en bordure du désert de Judée, sans source d'eau importante à proximité, la ville n'a jamais privilégié les plats de la mer. Lorsqu'il était enfant, Sami ne se souvient que d'un seul poissonnier dans toute la vieille ville, alors qu'elle comptait des dizaines de bouchers.

Pourtant, l'immigration du XXe siècle et la technologie ont apporté le poisson sur les tables de nombreux Jérusalémites, surtout des immigrants juifs qui apportèrent avec eux des anciennes traditions et méthodes de cuisson. Sur le marché de Machne Yehuda et dans certains supermarchés, des aquariums remplis de carpes vivantes étaient le point d'attraction. Celui qui s'en occupait sortait les poissons dans un petit filet, les frappait sur la tête, les nettoyait et les enveloppait dans du papier journal. Pour un enfant de la ville, c'était une expérience fascinante, presque autant qu'un safari africain.

D'INGÉNIEUX PARENTS INVENTÈRENT TOUTES SORTES DE RUSES POUR DISTRAIRE LES SOLDATS ET LEUR CHIPER LEURS BEAUX POISSONS FRAIS À TRAVERS LE FIL BARBELÉ

Au sujet du poisson – du manque de poisson en l'occurrence –, dans leur livre *La Saveur de Jérusalem*, Joan Nathan et Judy Stacey Goldman racontent l'histoire suivante : la division de Jérusalem en 1948 entraîna l'installation d'un fil de fer barbelé en plein milieu du village arabe de Beit Safafa, au sud-ouest de Jérusalem, divisant ainsi le village entre la Jordanie et Israël jusqu'en 1967. Des familles, des voisins et des parents furent alors séparés. Les résidents de la partie jordanienne de Beit Safafa furent aussi coupés de la Méditerranée et de son poisson. Pour faire face à cette situation, d'ingénieux parents inventèrent toutes sortes de ruses pour distraire les soldats et leur chiper leurs beaux poissons frais à travers le fil barbelé.

דגים
הדגים
6240475
5
מצווה לומר
לכבוד שבת קודש
הבניסה אסורה
עפ"י בקשת הוטרינר
נא קבלו זאת בהבנה

POUR 2 À 4 PERSONNES

Dorade frite à la harissa & à la rose

3 cuil. à soupe de harissa (toute prête ou voir page 301)
1 cuil. à café de cumin en poudre
4 filets de dorade ou de bar, 450 g environ, sans arêtes
farine ordinaire, pour saupoudrer
2 oignons moyens, émincés finement
10 cl de vinaigre de vin rouge
1 cuil. à café de cannelle en poudre
1 ½ cuil. à soupe de miel
1 cuil. à soupe d'eau de rose
60 g de raisins secs (facultatif)
2 cuil. à soupe d'huile d'olive
2 cuil. à café de petits pétales de roses comestibles séchés
2 cuil. à soupe de coriandre ciselée grossièrement (facultatif)
sel et poivre noir

Ce plat est originaire de Bizerte, la ville la plus au nord de l'Afrique. Il est doux et épicé et merveilleusement aromatique. Il est adapté d'une recette que nous a gentiment donnée Rafram Hadad (POUR EN SAVOIR PLUS SUR LUI, VOIR PAGE 244). *Servez-le en plat principal avec du riz blanc ou de la graine de couscous et un légume vert, comme des épinards ou des blettes revenus à la poêle. Vous pourrez vous procurer des pétales de roses séchés dans les magasins moyen-orientaux et sur Internet.*

Commencez par faire mariner le poisson. Mélangez la pâte de harissa, le cumin et ½ cuil. à café de sel dans un petit saladier. Badigeonnez les filets de poisson en toutes parts et laissez-les mariner 2 h au réfrigérateur.

Saupoudrez les filets d'un peu de farine et secouez-les pour éliminer l'excès. Faites chauffer l'huile d'olive dans une grande poêle placée sur feu moyen à vif et faites-y revenir les filets de dorade 2 min de chaque côté. Vous devrez peut-être procéder en deux fois. Réservez le poisson, laissez l'huile dans la poêle et mettez-y les oignons. Remuez et laissez cuire 8 min, jusqu'à ce qu'ils soient dorés.

Incorporez le reste de harissa, le vinaigre, la cannelle, ½ cuil. à café de sel et une bonne dose de poivre. Versez 20 cl d'eau, baissez le feu et laissez la sauce mijoter à feu doux pendant 10 à 15 min, jusqu'à ce qu'elle devienne assez épaisse.

Versez le miel et l'eau de rose dans la poêle avec éventuellement les raisins secs et laissez mijoter à feu doux 2 ou 3 min encore. Goûtez pour rectifier l'assaisonnement, puis remettez les filets de poisson dans la poêle ; s'ils ne tiennent pas tous, vous pouvez les faire se chevaucher légèrement. Arrosez le poisson de sauce et laissez-le dans la sauce bouillonnante pendant 3 min pour le réchauffer ; vous devrez peut-être ajouter un peu d'eau si la sauce est très épaisse. Servez chaud ou à température ambiante, parsemé de pétales de roses et éventuellement de coriandre.

POUR 4 PERSONNES
EN ENTRÉE
12 KEBABS

Kebabs de poisson aux câpres, aubergine « brûlée » & *pickles* de citron

Les câpres ne sont pas très utilisées dans les cuisines locales, mais la ville compte de nombreux câpriers. Extrêmement robustes, ils poussent dans les fissures des murs de pierre. Le mur des Lamentations est ainsi couvert de petits buissons de câpres. Les bourgeons doivent être cueillis et mis à mariner dans le vinaigre avant que le buisson soit en fleur, vers avril-mai.

Le mélange des kebabs avec l'aubergine et le citron au vinaigre donne un plat principal merveilleusement riche ; servez-le avec du riz blanc ou du boulgour. Le citron et l'aubergine ne sont pas nécessaires. Vous pouvez parfaitement servir ces kebabs en entrée avec un simple filet de citron et une petite salade verte.

---

2 aubergines moyennes (750 g environ)
2 cuil. à soupe de yaourt grec
1 gousse d'ail, écrasée
2 cuil. à soupe de persil plat ciselé
2 cuil. à soupe environ d'huile de tournesol, pour frire
2 cuil. à dessert de pickles de citron rapides (page 303)
sel et poivre noir

KEBABS DE POISSON

400 g de filet de haddock, ou autre poisson blanc, sans peau ni arêtes
30 g de chapelure
½ œuf fermier moyen
20 g de câpres, émincées
20 g d'aneth, ciselé
2 oignons nouveaux, émincés finement
le zeste râpé de 1 citron
1 cuil. à soupe de jus de citron
¾ de cuil. à café de cumin en poudre
½ cuil. à café de curcuma en poudre
½ cuil. à café de sel
¼ de cuil. à café de poivre blanc moulu

Préparez les aubergines : faites-les rôtir, épluchez-les et égouttez leur chair en suivant les instructions de la recette de l'aubergine rôtie à l'ail, au citron et aux graines de grenade (VOIR PAGE 79). Une fois l'aubergine bien égouttée, coupez sa chair en gros morceaux et mettez-la dans un saladier. Ajoutez le yaourt, l'ail, le persil, 1 cuil. à café de sel et beaucoup de poivre noir. Réservez.

Détaillez le poisson en tranches très fines, de 2 ou 3 mm d'épaisseur seulement, puis en tout petits dés dans un saladier. Ajoutez tous les ingrédients des kebabs et remuez bien. Mouillez-vous légèrement les mains et formez 12 petits pâtés ou « doigts » de 45 g environ chacun. Disposez-les sur une assiette, couvrez-les de film alimentaire et placez-les au réfrigérateur au moins 30 min.

Versez 1 mm d'huile environ au fond d'une poêle. Faites cuire les kebabs en plusieurs fois à feu moyen à vif 4 à 6 min, en les retournant jusqu'à ce qu'ils soient colorés de toutes parts et bien cuits.

Servez les kebabs alors qu'ils sont encore chauds (trois par personne) avec l'aubergine « brûlée » et quelques *pickles* de citron (attention, le citron tend à l'emporter).

POUR 4 PERSONNES
EN ENTRÉE

Maquereau frit à la betterave dorée & salsa d'orange

Bien que les oranges ne soient pas cultivées à Jérusalem, les célèbres oranges de Jaffa qui poussent le long de la côte ont imprimé leur marque sur la ligne d'horizon de la ville.

En 1860, pendant le gouvernement ottoman, un complexe de bâtiments fut construit à Jérusalem par le tsar russe pour répondre au nombre croissant de pèlerins russes chrétiens au moment de Noël et de Pâques. Il comprenait des hôtels, un hôpital, des bains publics et une église, bâtiments qui furent plus tard utilisés comme quartier général britannique. La région devint connue sous le nom de *Migrash Harussim*, littéralement « stade des Russes ». En 1964, Israël signa un accord de location avec l'Union soviétique pour avoir le droit d'utiliser cette propriété. Cet accord prit le nom de « contrat des oranges », la moitié de la somme étant réglée en oranges exportées de Jaffa.

La salsa d'orange qui accompagne ce poisson est inspirée d'une salade marocaine à l'orange et aux olives. Vous pouvez ajouter quelques feuilles de salade amère pour en faire une véritable salade. La betterave dorée peut également être remplacée par de la betterave ordinaire.

---

1 cuil. à soupe de harissa (toute prête ou voir recette page 301)
1 cuil. à café de cumin en poudre
4 filets de maquereau, avec la peau (260 g)
1 betterave dorée moyenne (100 g)
1 orange moyenne
1 petit citron, coupé en deux dans la largeur
30 g d'olives kalamata dénoyautées, coupées en quatre dans la longueur
1 petit oignon rouge, émincé finement (40 g)
15 g de persil plat ciselé
½ cuil. à café de graines de coriandre, grillées et concassées
¾ de cuil. à café de graines de cumin, grillées et concassées
½ cuil. à café de paprika doux
½ cuil. à café de flocons de piment
1 cuil. à soupe d'huile de noisettes ou de noix
½ cuil. à café d'huile d'olive
sel

Mélangez la harissa, le cumin et 1 pincée de sel et frottez-en les filets de maquereau. Réservez au réfrigérateur jusqu'à la cuisson.

Faites cuire la betterave dans un gros volume d'eau bouillante pendant 20 min environ (voire plus selon la variété), jusqu'à ce qu'une pique y pénètre facilement. Laissez refroidir, puis épluchez-la et coupez-la en dés de 5 mm dans un saladier.

Épluchez l'orange et la moitié du citron, en éliminant toute la peau blanche, et coupez-les en quartiers. Enlevez la peau blanche du milieu et les pépins, puis coupez la chair en dés de 5 mm. Mélangez-les à la betterave, avec les olives, l'oignon rouge et le persil. Dans un autre saladier, mélangez les épices, le jus du ½ citron restant et l'huile de noix. Versez sur la salade de betterave et d'orange, remuez et salez à votre convenance. Laissez si possible reposer la salsa au moins 10 min à température ambiante afin que les saveurs se mêlent entre elles.

Juste avant de servir, faites chauffer l'huile d'olive dans une grande poêle antiadhésive. Déposez-y les filets de maquereau, côté peau vers le bas, et laissez-les cuire pendant 3 min environ, selon leur taille, en les retournant une fois. Transférez le poisson sur des assiettes et garnissez de salsa d'orange.

POUR 4 PERSONNES

Croquettes de cabillaud à la sauce tomate

3 tranches de pain blanc, sans croûte (60 g environ)
600 g de filets de cabillaud (issu de la pêche durable), flétan, colin ou lieu, sans peau ni arêtes
1 oignon moyen, émincé finement (150 g)
4 gousses d'ail, écrasées
30 g de persil plat, ciselé finement
30 g de coriandre, ciselée finement
1 cuil. à soupe de cumin en poudre
1 ½ café de sel
2 gros œufs fermiers
4 cuil. à soupe d'huile d'olive

SAUCE TOMATE

1 ½ cuil. à café de cumin en poudre
½ cuil. à café de paprika doux
1 cuil. à café de coriandre en poudre
1 oignon moyen, émincé
12,5 cl de vin blanc
400 g de tomates en morceaux, en conserve
1 piment rouge, épépiné et émincé finement
1 gousse d'ail, écrasée
2 cuil. à café de sucre en poudre
2 cuil. à soupe de menthe, ciselée grossièrement
2 ½ cuil. à soupe d'huile d'olive
sel et poivre noir

Avec leur sauce sucrée et légèrement piquante, ces croquettes de poisson, typiques de la cuisine des Juifs syriens, parviennent à saisir une grande partie de l'esprit des tables séfarades. Elles sont délicates, presque fragiles, ce qui les rend très réconfortantes et populaires, idéales pour une grande réunion de famille où il faut satisfaire de nombreux hôtes souvent tatillons. Ces croquettes sont presque meilleures le lendemain ; n'oubliez pas toutefois de les ramener à température ambiante ou de les réchauffer avant de les servir. Accompagnez-les de boulgour, riz, graine de couscous ou pain, ainsi que d'épinards ou de blettes revenus à la poêle.

Préparez la sauce tomate. Faites chauffer l'huile d'olive dans une très grande poêle équipée d'un couvercle et mettez-y les épices et l'oignon. Laissez cuire 8 à 10 min, jusqu'à ce que l'oignon soit bien tendre. Versez le vin et laissez bouillonner 3 min. Incorporez les tomates, le piment, l'ail, le sucre, ½ cuil. à café de sel et du poivre noir. Laissez mijoter 15 min environ, jusqu'à obtention d'une préparation assez épaisse ; goûtez, rectifiez l'assaisonnement et réservez.

Pendant que la sauce cuit, préparez les croquettes de poisson. Réduisez le pain en miettes dans un robot ménager. Émincez le poisson très finement et mettez-le dans un saladier avec le pain et tous les autres ingrédients, excepté l'huile d'olive. Mélangez bien, puis, avec les mains, formez des croquettes compactes d'environ 2 cm d'épaisseur et 8 cm de large. Vous devriez obtenir 8 croquettes. Si elles sont très molles, placez-les au réfrigérateur pendant 30 min pour les faire durcir un peu. (Vous pouvez aussi ajouter un peu de chapelure au mélange, mais pas trop, les croquettes devant être assez humides.)

Faites chauffer la moitié de l'huile d'olive dans une poêle et faites-y griller les croquettes 3 min de chaque côté, de telle sorte qu'elles soient bien colorées de toutes parts. Procédez en plusieurs fois.

Déposez délicatement les croquettes dorées côte à côte dans la sauce tomate ; n'hésitez pas à appuyer un peu dessus pour qu'elles tiennent toutes dans la poêle. Versez tout juste assez d'eau pour les recouvrir partiellement (20 cl environ). Couvrez et laissez mijoter à feu très doux 15 à 20 min. Coupez le feu et laissez les croquettes reposer à découvert pendant 10 min au moins avant de servir chaud ou à température ambiante, parsemé de menthe.

POUR 4 À 6 PERSONNES

Brochettes de poisson grillé au *hawayej* & au persil

1 kg de poisson blanc à chair ferme, lotte ou flétan, sans peau ni arêtes, en dés de 2,5 cm
50 g de persil plat ciselé finement
2 grosses gousses d'ail, écrasées
½ cuil. à café de flocons de piment
1 cuil. à soupe de jus de citron
2 cuil. à soupe d'huile d'olive
sel
quartiers de citron, pour servir

15 à 18 longues piques en bambou, trempés 1 h dans l'eau

MÉLANGE D'ÉPICES *HAWAYEJ*

1 cuil. à café de grains de poivre noir
1 cuil. à café de graines de coriandre
1 ½ cuil. à café de graines de cumin
4 clous de girofle
½ cuil. à café de cardamome en poudre
1 ½ cuil. à café de curcuma en poudre

Le hawayej *est un mélange d'épices yéménite très fort utilisé pour parfumer des soupes et des ragoûts consistants. Il agrémente ici du poisson, qu'il relève extrêmement bien. Faites-le cuire sur un gril ou un barbecue et accompagnez-le de* balilah (VOIR PAGE 102), *de fattouch* (VOIR PAGE 29), *de yaourt au concombre* (VOIR RECETTE PAGE 299), *ou d'une simple salade de tomates et d'oignons rouges coupés en dés, arrosée de vinaigre et d'huile d'olive.*

Préparez le mélange d'épices *hawayej*. Réunissez en une fine poudre les grains de poivre, la coriandre, le cumin et les clous de girofle dans un moulin à épices ; vous pouvez aussi utiliser un pilon et un mortier. Ajoutez la cardamome et le curcuma en poudre, remuez bien et transférez dans un grand saladier.

Déposez dedans le poisson, le persil, l'ail, les flocons de piment, le jus de citron et 1 cuil. à café de sel. Malaxez avec les mains en frottant le poisson avec le mélange d'épices de manière à bien l'enrober. Couvrez le saladier et, dans l'idéal, laissez mariner au réfrigérateur 6 à 12 h. Si vous n'avez pas le temps, rassurez-vous, 1 h devrait suffire.

Faites chauffer un gril en fonte strié à feu vif pendant 4 min environ, jusqu'à ce qu'il soit bien chaud. Pendant ce temps, enfilez 5 à 6 morceaux de poisson sur chaque pique à brochette en veillant à les espacer. Badigeonnez légèrement le poisson d'huile d'olive et déposez les brochettes sur le gril chaud en procédant en trois ou quatre fois, afin qu'elles ne soient pas trop serrées. Laissez griller 1 ½ minute de chaque côté, jusqu'à ce que le poisson soit cuit. Vous pouvez aussi les faire cuire sur un barbecue ou sous le gril chaud du four ; 2 min de chaque côté devraient alors suffire.

Servez immédiatement avec des quartiers de citron.

POUR 4 PERSONNES

Salade fricassée

300 g de steak de thon (1 ou 2 morceaux)
4 brins de romarin
4 feuilles de laurier
3 cuil. à soupe de grains de poivre noir
40 cl environ d'huile d'olive vierge extra
600 g de pommes de terre désirée, en morceaux de 2 cm
½ cuil. à café de curcuma en poudre
20 g d'anchois, émincés grossièrement
3 cuil. à soupe de harissa (toute prête ou voir recette page 301)
4 cuil. à soupe de câpres
2 cuil. à café d'écorce de citron confit, émincée finement
60 g d'olives noires, dénoyautées et coupées en deux
2 cuil. à soupe de jus de citron
140 g de poivrons piquillos en conserve, en grosses lanières
4 œufs fermiers moyens durs, écalés et coupés en quatre
2 petits cœurs de laitue (140 g environ), ciselées
20 g de persil plat, ciselé
sel

Cette salade s'inspire d'une fricassée tunisienne : un petit pain frit, garni de thon, de harissa, d'olives, d'anchois, de condiment épicé au potiron, de citron au vinaigre, de pomme de terre cuite et d'œuf dur. Nous ne savons pas bien comment on en est arrivé à un résultat aussi différent de la fricassée française, sorte de ragoût de viande, mais la ressemblance est frappante avec une autre recette française classique, celle de la salade niçoise, prouvant d'une manière évidente l'interaction entre les cuisines française et tunisienne pendant les années de l'occupation française. Les petits pains frits sont arrivés à Jérusalem au milieu du XXe siècle avec les immigrants tunisiens et ont ainsi rejoint une longue liste de mets rapides appréciés.

Ici, le thon frais est confit, une méthode de conservation qui donne au poisson à la fois une saveur riche et une merveilleuse texture. Choisissez de l'huile d'olive d'excellente qualité, que vous pourrez réutiliser pour préparer d'autres plats de poisson et fruits de mer. Vous pouvez toutefois éviter le long processus de conservation en achetant du thon en conserve de bonne qualité. Préparez un sandwich en divisant la quantité de pommes de terre par deux et en réunissant tous les ingrédients dans une bonne baguette.

Pour préparer le thon, réunissez le romarin, le laurier et les grains de poivre dans une petite casserole avec l'huile d'olive. Faites chauffer juste en dessous du point d'ébullition, lorsque de minuscules bulles commencent à apparaître à la surface. Ajoutez délicatement le thon (il doit être complètement recouvert ; s'il ne l'est pas, faites chauffer un peu plus d'huile et versez-la dans la casserole). Retirez la casserole du feu et réservez 2 ou 3 h à découvert, puis couvrez la casserole et mettez-la au réfrigérateur pendant au moins 24 h.

Faites cuire les pommes de terre avec le curcuma dans un gros volume d'eau bouillante salée 10 à 12 min. Égouttez-les soigneusement (attention, l'eau au curcuma tache !). Mettez les pommes de terre dans un grand saladier et, tandis qu'elles sont encore chaudes, intégrez les anchois, la harissa, les câpres, le citron confit et les olives, ainsi que 9 cl de l'huile du thon et quelques grains de poivre. Mélangez délicatement et laissez refroidir.

Retirez le thon de l'huile, coupez-le en petits morceaux et incorporez-les dans la salade. Ajoutez le jus de citron, les poivrons, les œufs, la laitue et le persil. Remuez délicatement, goûtez, salez si besoin, remettez éventuellement un peu d'huile, et servez.

Voir illustrations du thon cru et confit pages suivantes

מוסדות "נועם אלימלך"
כולל בעלי בתים • כולל דף היומי
הזמנה של מצוה
ליומא דהילולא של בעל "הנועם אלימלך" זיע"א
בהשתתפות:
אביעזר שפירא
ישראל זישא הורביץ
נחום כהן
שמואל סירוטה
זרח זולדן
בנימין פריימן
אלימלך מירנואר
ברוך דיין
הרבני החסיד המפ
ישכר
(בערל) הלוי
סאטמאר - אנטוורפן
0573-1000-84
זלמן אשכנזי
מחאה נמרצת!
משטרה
כר השבת!
"ספיים - גרינטק"
מלחמה היא לנו!
קיצם להשמדם עדי עד
אריות

Respecter le casher

Les règles casher et le non-respect de ces dernières furent un sujet brûlant pour Yotam dans son adolescence. Même si la famille Ottolenghi était ouvertement non casher, la grande majorité des Juifs de Jérusalem avait tendance, et a aujourd'hui encore tendance, à respecter au moins quelques-unes des lois alimentaires juives ; difficiles à suivre pour un adolescent. Yotam était particulièrement fier que sa mère achète du porc « sous le manteau » chez un boucher local et lui prépare des sandwichs au jambon pour le déjeuner. Cela lui semblait vraiment exceptionnel et courageux.

Si on laisse de côté l'orgueil des jeunes, le respect des règles casher est une question qui divise l'opinion, à Jérusalem comme dans le reste d'Israël. Votre identité est en quelque sorte définie par le fait que vous jeûniez ou non pendant Yom Kippour, que vous sépariez ou non la viande et les produits laitiers, que vous mangiez ou non chez des amis non casher, que vous consommiez ou non du pain pour la Pâque juive et une dizaine d'autres questions, plus ou moins importantes. Vos réponses à ces questions déterminent si vous êtes plus ou moins traditionaliste, cosmopolite ou nationaliste.

Il était particulièrement excitant de manger de la nourriture non casher dans les années soixante-dix et quatre-vingt, car on n'en consommait guère. C'est sans doute l'une des raisons pour lesquelles Yotam était « obsédé » par le restaurant le *Sea Dolphin*, situé à Jérusalem Est et servant des crevettes, des calamars, du homard et d'autres « créatures » interdites. Pour lui, le cadeau d'anniversaire idéal était leur célèbre plat de crevettes au beurre et à l'ail (et il n'avait que 10 ans !)

L'histoire du *Sea Dolphin* reflète bien l'esprit de la ville et ses tabous. Il fut fondé en 1967 par Shraga Rosenzweig, fils d'une famille juive allemande qui s'installa à Jérusalem dans les années trente, tout comme la famille de la mère de Yotam. Les Rosenzweig ouvrirent une petite échoppe de poisson sur le marché de Machne Yehuda et le dirigèrent avec succès pendant des années, malgré les difficultés pour transporter le poisson frais à partir des ports sur la Méditerranée. Après la guerre de 1967, Shraga décida de fonder un restaurant et s'associa avec un partenaire palestinien pour ouvrir le *Sea Dolphin* à Jérusalem Est. L'endroit connut un immense succès et devint une référence pour tous les amateurs de fruits de mer. Il suscita naturellement aussi pas mal d'hostilité. On le fit même sauter et il dut être fermé et réaménagé.

À la fin des années quatre-vingt a éclaté la première *intifada*. Jérusalem Est devint dangereuse et presque tous les clients juifs disparurent. Shraga déménagea son restaurant à Tel Aviv, mettant ainsi fin au partenariat palestinien. Pendant les années quatre-vingt-dix, le restaurant se réinstalla à Jérusalem pour occuper son emplacement actuel, dans la partie ouest de la ville, où il continue à servir du poisson et des fruits de mer en profitant de plus de quarante ans de célébrité culinaire.

POUR 4 PERSONNES
EN ENTRÉE

Crevettes, saint-jacques & palourdes à la tomate & à la feta

25 cl de vin blanc
1 kg de palourdes, nettoyées
3 gousses d'ail, tranchées finement
600 g de tomates italiennes charnues (fraîches ou en conserve), en morceaux
1 cuil. à café de sucre en poudre
2 cuil. à soupe d'origan ciselé
1 citron
200 g de crevettes tigrées crues, décortiquées et déveinées
200 g de grosses saint-jacques, nettoyées ; si elles sont très grosses, coupées en deux horizontalement
120 g de feta, en morceaux de 2 cm
3 oignons nouveaux, tranchés finement
3 cuil. à soupe d'huile d'olive + pour décorer
sel et poivre noir

Cette association inhabituelle de fruits de mer et de fromage occupe une place d'honneur sur la carte d'Ottolenghi, y faisant des apparitions régulières depuis plus de dix ans et toujours saluée par nos clients comme étant « étonnamment délicieuse ». Ce plat est idéal lorsque vous recevez car vous pouvez tout préparer à l'avance jusqu'au moment d'ajouter les crevettes et les saint-jacques ; mettez les palourdes cuites au réfrigérateur, puis réchauffez-les et réunissez tous les ingrédients au moment de servir. Pour gagner du temps et vous faciliter la tâche, ou si vous ne trouvez pas de palourdes, vous pouvez préparer ce plat sans, il suffit d'ajouter le vin blanc après avoir fait cuire l'ail, de faire réduire le liquide et de poursuivre la préparation sans les palourdes. Ajoutez des flocons de piment à la sauce si vous aimez les plats épicés. Accompagnez de riz, de graine de couscous ou de pain.

Versez le vin dans une casserole moyenne et portez à ébullition pour faire réduire, jusqu'à ce qu'il ne reste qu'un quart du volume initial. Ajoutez les palourdes, couvrez et laissez cuire à feu vif pendant 2 min environ en secouant la casserole de temps en temps, jusqu'à ce que les palourdes s'ouvrent. Transférez dans une fine passoire pour égoutter en gardant le liquide de cuisson. Éliminez toutes les palourdes qui ne se sont pas ouvertes et retirez les autres de leur coquille en en gardant éventuellement quelques-unes avec coquille pour décorer le plat.

Préchauffez le four à 240 °C (th. 8).

Dans une grande poêle, faites cuire l'ail dans l'huile d'olive sur feu moyen à vif pendant 1 min environ, jusqu'à ce qu'il soit doré. Incorporez délicatement les tomates, le jus de cuisson des palourdes, le sucre et l'origan ; salez et poivrez. Grattez 3 bandes de zeste de citron, ajoutez-les dans la poêle et laissez mijoter à feu doux 20 à 25 min environ, jusqu'à ce que la sauce soit bien épaisse. Goûtez et rectifiez l'assaisonnement si besoin. Jetez le zeste de citron.

Intégrez les crevettes et les saint-jacques, remuez délicatement, laissez cuire 1 ou 2 min, puis incorporez les palourdes sans coquille et transférez le tout dans un petit plat allant au four. Plongez des morceaux de feta dans la sauce et parsemez d'oignon nouveau. Garnissez éventuellement de palourdes avec leur coquille et enfournez pour 3 à 5 min, jusqu'à ce que le dessus se colore un peu et que les crevettes et les saint-jacques soient tout juste cuites. Sortez le plat du four, arrosez d'un peu de jus de citron et d'un filet d'huile d'olive.

POUR 4 PERSONNES

Steaks de saumon, sauce au *chraimeh*

À Jérusalem, le *chraimeh* est tout aussi connu que le *gefilte fish*, c'est le roi des plats pour les Juifs tripolitains (libyens). Malgré des différences évidentes – le *gefilte fish* est beige et sucré, le *chraimeh* est rouge et épicé –, un élément essentiel les rapproche. Dans les deux plats, la saveur du poisson est vraiment insignifiante, ne servant qu'à véhiculer celle de la sauce ou du condiment. Les familles sont fières de leur recette personnelle. Elle met en évidence les véritables talents du cuisinier, visibles dans la texture de la sauce, sa couleur et son piquant.

Claudia Roden évoque les Juifs de Livorno, Italie, et un plat traditionnel similaire composé d'un poisson entier cuit dans une sauce tomate sucrée. Les Marranos, des Juifs du Portugal et d'Espagne arrivés en Italie au XVIIe siècle, furent parmi les premiers à introduire les tomates en Italie et, comme nombre de marchands juifs livournais, ils maintinrent une présence dans toute la Méditerranée, y compris à Tripoli ; c'est un peu comme si ces traditions culinaires avaient voyagé avec eux.

Le chraimeh se prépare généralement avec de plus gros steaks de sériole, également avec des arêtes, mais on peut choisir n'importe quel type de poisson blanc. Nous utilisons ici du saumon, car c'est le poisson le plus facile à trouver sous forme de steaks. Si vous trouvez un gros bar, ce plat sera encore meilleur. Vous pouvez également opter pour du poisson blanc sans arêtes.

Le chraimeh *est servi en entrée, chaud ou à température ambiante, avec de la* challah *(ou n'importe quel bon pain blanc) à tremper dedans, une tranche de citron et une cruche d'eau, pour atténuer le côté épicé. Il se réchauffe facilement et la sauce est si délicieuse que vous pouvez doubler la quantité. Servez accompagné de graine de couscous ou de riz.*

---

4 steaks de saumon, avec arêtes (950 g environ)
3 cuil. à soupe de farine ordinaire
6 gousses d'ail, émincées grossièrement
2 cuil. à café de paprika doux
1 cuil. à soupe de graines de cumin, grillées à sec et fraîchement moulues
1 ½ cuil. à café de cumin en poudre
⅓ de cuil. à soupe de poivre de Cayenne
⅓ de cuil. à café de cannelle en poudre
1 piment vert, émincé grossièrement
3 cuil. à soupe de concentré de tomate
2 cuil. à café de sucre en poudre
1 citron, coupé en quatre + 2 cuil. à soupe de jus
2 cuil. à soupe de coriandre ciselée grossièrement
11 cl d'huile de tournesol
sel et poivre noir

Faites chauffer 2 cuil. à soupe d'huile de tournesol dans une grande poêle équipée d'un couvercle. Versez la farine dans un saladier peu profond, salez et poivrez généreusement, puis retournez le poisson dans ce mélange. Éliminez l'excès de farine et faites griller le poisson à feu vif 1 ou 2 min de chaque côté, jusqu'à ce qu'il soit doré. Retirez le poisson de la poêle et nettoyez-la.

Réduisez l'ail, les épices, le piment et 2 cuil. à soupe d'huile de tournesol en une pâte épaisse dans un robot ménager. Vous devrez peut-être ajouter un peu d'huile pour bien lier le tout.

Versez le reste d'huile dans la poêle, faites-la bien chauffer et mettez-y la pâte d'épices. Remuez et faites revenir pendant 30 s à peine, afin que les épices ne brûlent pas. Versez 15 cl d'eau et le concentré de tomate rapidement mais prudemment (cela pourrait sauter !), afin de stopper la cuisson des épices. Portez à petit bouillon et versez le sucre, le jus de citron, ¾ de cuil. à café de sel et du poivre. Rectifiez l'assaisonnement.

Déposez le poisson dans la sauce, portez de nouveau à petit bouillon, couvrez et laissez cuire de 7 à 11 min, selon la taille du poisson, jusqu'à ce qu'il soit mi-cuit. Laissez refroidir.

Servez le poisson tout juste chaud ou à température ambiante, garni de coriandre et de quartiers de citron.

Poisson froid

Le *gefilte fish* est généralement la réponse que l'on vous fait lorsque vous demandez à quelqu'un d'évoquer la nourriture juive. Pourtant, ce n'est pas le cas à Jérusalem, tout au moins pas pour tout le monde. Sami, inutile de le préciser, n'en mangea pas avant l'âge de 18 ans. Mais il n'est pas juif. Quant à Yotam, son premier souvenir de ce plat remonte à ses 10 ans, lorsque l'école proposait une soirée d'échange culinaire et demandait à chaque enfant d'apporter un mets représentatif de sa communauté – quelque chose de typique du pays d'origine de ses parents ou grands-parents. Yotam avait la chance de pouvoir apporter une pizza préparée par son père, multipliant ainsi rapidement et facilement sa popularité par quatre. D'autres n'avaient pas cette chance. Ils apportaient du *gefilte fish*.

> SUCRÉ, GRIS ET ENDUIT D'UNE SUBSTANCE GÉLATINEUSE, LE GEFILTE FISH ÉTAIT CONSIDÉRÉ COMME UN VESTIGE DU VIEUX MONDE ASHKÉNAZE QUE L'ON PRÉFÉRAIT LAISSER DERRIÈRE SOI EN EUROPE DE L'EST

Lorsque nous étions enfants, tout le monde ou presque détestait le *gefilte fish*, mélange de poisson poché transformé en croquettes plates. Sucré, gris et enduit d'une substance gélatineuse, il était considéré comme un vestige du vieux monde ashkénaze que l'on préférait laisser derrière soi en Europe de l'Est. Il semblait bien pâle en comparaison du très attirant falafel ou de l'appétissante pizza de Yotam.

Pourtant, Yotam développa malgré tout un goût pour le *gefilte fish*, surtout généreusement arrosé de chrein (VOIR PAGE 53) et de l'indispensable sauce au raifort et à la betterave qui fait toute la différence.

Le poisson froid, sucré ou au vinaigre, peut être un mets vraiment délicat et est courant dans les cuisines ashkénaze et séfarade. Comme les Juifs n'avaient souvent pas accès au poisson frais et devaient préparer leur poisson à l'avance pour le shabbat, toutes sortes de méthodes de conservation ont été développées afin de servir le poisson froid, satisfaisant ainsi en même temps l'amour des Juifs pour les mets sucrés.

En plus d'être agrémentés de sel et de vinaigre – comme le célèbre hareng –, de nombreux plats requièrent de plonger le poisson dans de l'œuf ou de la pâte, de le faire frire et de le laisser reposer, en le trempant souvent dans une marinade à base de sucre et de vinaigre. La version séfarade s'appelle généralement « escabèche » et est appréciée des Juifs nord-africains. Les Juifs romains utilisent des pignons de pin et des raisins secs. Ils sont mélangés avec de l'huile d'olive, du vinaigre et du sucre et recouvrent ensuite un rouget, cuit au four et non frit.

POUR 4 PERSONNES

Poisson aigre-doux mariné

2 oignons moyens, en tranches de 1 cm (350 g)
1 cuil. à soupe de graines de coriandre
2 poivrons (1 rouge et 1 jaune), épépinés, en lanières de 1 cm (300 g)
2 gousses d'ail, écrasées
3 feuilles de laurier
1 ½ cuil. à soupe de curry en poudre
3 tomates, en morceaux (320 g)
2 ½ cuil. à soupe de sucre
5 cuil. à soupe de vinaigre de cidre
500 g de filet de lieu (issu de la pêche durable), cabillaud, églefin ou flétan, en 4 morceaux
farine, pour saupoudrer
2 gros œufs, battus
20 g de coriandre ciselée
3 cuil. à soupe d'huile d'olive
sel et poivre noir

Ce plat est meilleur servi à température ambiante, de préférence après avoir mariné 1 ou 2 jours au réfrigérateur, et accompagné d'un morceau de pain. Il peut constituer une entrée copieuse ou le cœur d'un repas léger. Vous pouvez aussi opter pour des petits poissons entiers : rougets, sardines ou maquereaux, écaillés et vidés. Nous tenons à remercier Danielle Postma pour cette recette.

Préchauffez le four à 190 °C (th. 6-7).

Faites chauffer 2 cuil. à soupe d'huile d'olive dans une grande poêle ou une cocotte allant au four. Mettez-y les oignons et les graines de coriandre et laissez cuire 5 min à feu moyen en remuant souvent. Ajoutez les poivrons et prolongez la cuisson de 10 min avant d'intégrer l'ail, les feuilles de laurier, le curry et les tomates. Laissez cuire 8 min en remuant de temps en temps. Incorporez le sucre, le vinaigre, 1 ½ cuil. à café de sel et du poivre noir et poursuivez la cuisson 5 min encore.

Pendant ce temps, faites chauffer le reste d'huile dans une autre poêle. Salez le poisson, retournez-le dans la farine, puis plongez-le dans l'œuf et faites-le frire pendant 3 min environ en le retournant une fois. Séchez-le sur du papier absorbant et mettez-le dans la poêle avec les poivrons et l'oignon, en poussant les légumes sur le côté pour que le poisson se retrouve au fond de la poêle. Versez 25 cl d'eau environ pour que le poisson soit tout juste immergé dans le liquide, au milieu des légumes.

Enfournez la poêle pour 10 à 12 min, jusqu'à ce que le poisson soit bien cuit. Retirez le poisson de la poêle et laissez-le revenir à température ambiante. Vous pouvez servir tout de suite, mais le poisson sera meilleur après 1 ou 2 jours dans le réfrigérateur. Avant de servir, goûtez, rectifiez l'assaisonnement et décorez de coriandre.

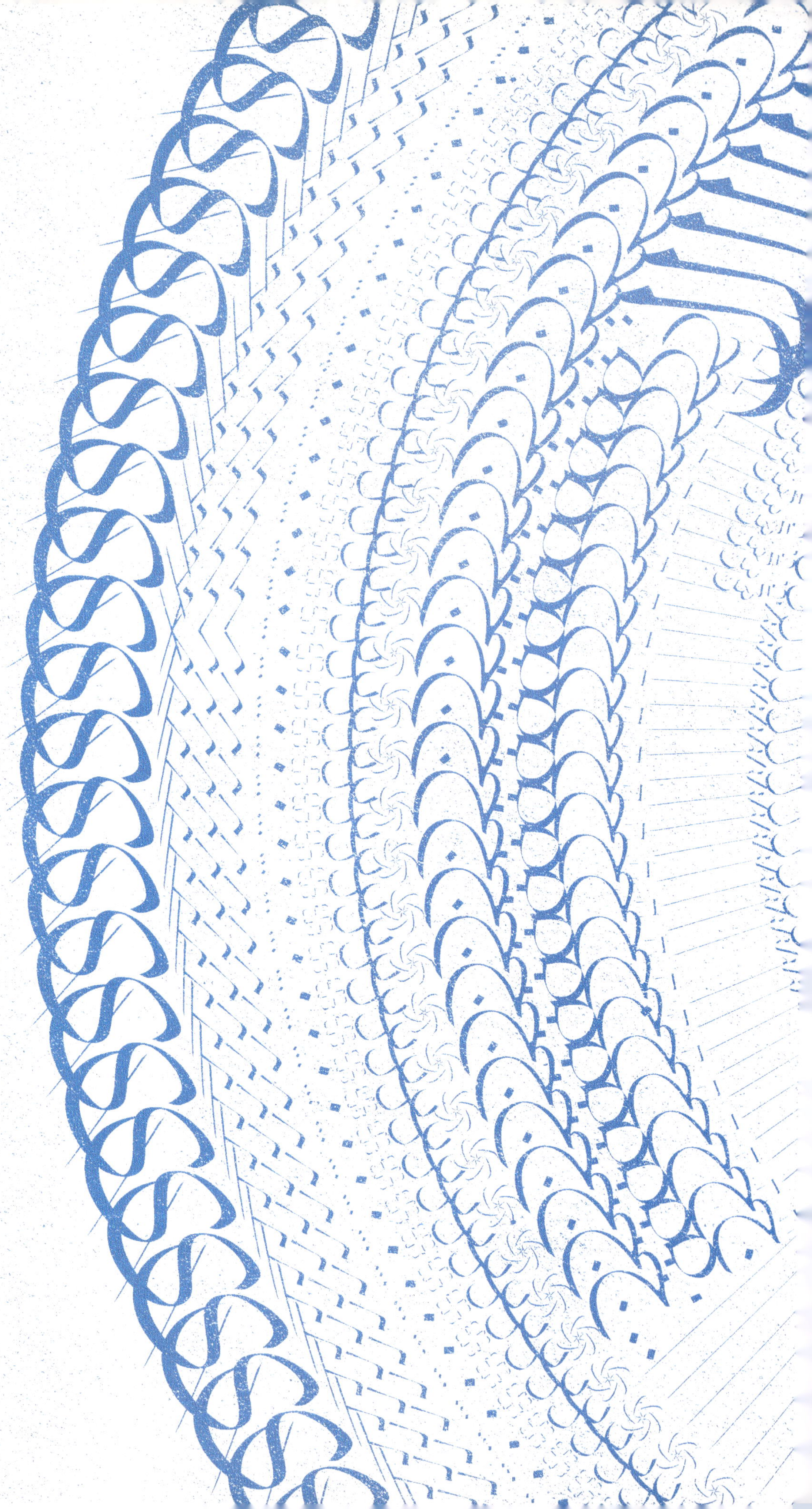

PÂTISSERIES SALÉES

POUR 4 PERSONNES

Tartelettes au poivron rouge & à l'œuf

Asseyez-vous dans n'importe quel restaurant arabe de Jérusalem et la table se remplira d'un nombre impressionnant de petits mezzés aux consistances et couleurs variées (nous nous demandons toujours comment on peut encore avaler quelque chose après cela, mais une fois que l'on nous sert les fameuses brochettes de viande grillées, nous ne nous posons heureusement plus de questions). Les poivrons rouges rôtis comptent parmi les membres très respectables de la famille des mezzés. Ils sont sucrés, juteux et merveilleusement colorés.

Le contraste entre les poivrons rouges et le jaune d'œuf donne un aspect étonnant à cet en-cas salé. Il est assez facile à préparer et vraiment délicieux ; les enfants l'adorent particulièrement. L'œuf peut être remplacé par de la feta ou n'importe quel autre fromage blanc jeune et salé (essayez de trouver un épicier turc dans votre quartier), idéal si vous ne mangez pas ces tartelettes tout de suite.

---

4 poivrons rouges moyens épépinés, en lanières de 1 cm de large
3 petits oignons, en morceaux de 2 cm de large
4 brins de thym, effeuillés et ciselés
1 cuil. à café de coriandre en poudre
1 ½ cuil. à café de cumin en poudre
6 cuil. à soupe d'huile d'olive + pour arroser
1 ½ cuil. à soupe de persil plat, ciselé grossièrement
1 ½ cuil. à soupe de coriandre, ciselée grossièrement
250 g de pâte feuilletée pur beurre
30 g de crème aigre (à défaut, crème fraîche et jus de citron)
4 œufs fermiers moyens (ou 160 g de feta, émiettée) + 1 battu
sel et poivre noir du moulin

Préchauffez le four à 210 °C (th. 7). Dans un grand saladier, mélangez les poivrons et les oignons avec les feuilles de thym, les épices, l'huile d'olive et une bonne pincée de sel. Répartissez-les au fond d'un plat allant au four et faites-les rôtir pendant 35 min, en remuant une ou deux fois en cours de cuisson. Les légumes doivent être tendres et sucrés, mais pas trop croustillants ni grillés car ils cuiront encore un peu. Sortez le plat du four et incorporez la moitié des herbes fraîches. Goûtez, assaisonnez et réservez. Augmentez la température du four à 220 °C (th. 7-8).

Sur un plan de travail fariné, étalez la pâte feuilletée sur 3 mm d'épaisseur et découpez quatre carrés de 15 x 15 cm. Piquez-les avec une fourchette et disposez-les, bien espacés, sur une plaque tapissée de papier sulfurisé. Laissez reposer au frais 30 min.

Sortez les carrés de pâte du réfrigérateur et badigeonnez le dessus et les côtés avec 1 œuf battu. Répartissez ½ cuil. à soupe de crème aigre sur chaque carré, en laissant un espace de 0,5 cm sur le pourtour. Déposez 3 cuil. à soupe du mélange de poivrons et d'oignons sur la crème aigre, en évitant les bords. Formez une couche assez régulière en prévoyant toutefois un puits peu profond au centre pour y casser 1 œuf plus tard. Enfournez les tartelettes pour 14 min. Sortez la plaque du four et cassez délicatement 1 œuf au centre de chaque tartelette. Remettez au four et laissez cuire encore 7 min. Parsemez de grains de poivre noir et du reste d'herbes, puis arrosez d'huile. Servez sans attendre.

POUR 2 PERSONNES

Bricks

Cette recette nous a été donnée par Rafram Hadad, un personnage haut en couleur. Hadad est né à Djerba, une île tunisienne sur laquelle une minorité juive s'est installée il y a plus de deux mille cinq cents ans, et s'est installé en Israël avec sa famille dans les années soixante-dix. La principale communauté tunisienne de Jérusalem était très petite et fut donc « annexée » par la communauté marocaine, beaucoup plus importante, perdant ainsi une partie de son héritage unique. Hadad est toutefois extrêmement fier de sa culture tunisienne. Une partie de sa famille se trouve aujourd'hui encore en Tunisie et il y retourne comme guide de voyages culinaires. Il est également le coordinateur du mouvement Slow Food en Israël, un artiste, un activiste politique et un critique gastronomique. En 2010, il subit une épreuve qui lui valut cinq mois d'isolement dans une prison libyenne. Arrêté après avoir été vu à Tripoli en train de prendre des photos de la ville, il fut relâché grâce à un grand effort diplomatique impliquant, entre autres, Tony Blair, Vladimir Poutine et Silvio Berlusconi.

---

2 feuilles de brick de 25 à 30 cm de diamètre
3 cuil. à soupe de persil plat ciselé
1 ½ cuil. à soupe d'oignon nouveau émincé, parties vertes et blanches
2 œufs fermiers moyens
25 cl environ d'huile de tournesol
sel et poivre noir

Le nom commercial « brick » fait référence à une pâte fine comme du papier, assez similaire à la pâte filo mais un peu plus résistante et croustillante (le papier de riz qui entoure les rouleaux de printemps constitue un bon substitut). Il provient d'un en-cas de rue tunisien populaire, également appelé « brick ». Cet en-cas ne compte que quelques ingrédients mais son goût est étonnamment complexe et délicieux. On peut lui ajouter d'autres ingrédients de base tunisiens, comme des pommes de terre écrasées à la cannelle, de l'oignon frit, de la viande hachée, des olives noires, de la harissa ou du thon en conserve.

Tout est question de timing pour cette recette. Il faut que les ingrédients de la garniture soient prêts quand l'huile arrive à bonne température. Si vous ne les faites pas frire tout de suite, ils auront tendance à se désagréger.

Versez 2 cm environ d'huile de tournesol au fond d'une casserole. Faites chauffer à feu moyen et attendez que l'huile soit bien chaude. Attention ! Elle ne doit pas être trop chaude, sinon la pâte risquerait de brûler avant que l'œuf soit cuit ; de minuscules bulles apparaîtront à la surface lorsque l'huile est à la bonne température.

Disposez 1 feuille de brick au fond d'un saladier peu profond. (Vous pouvez utiliser un cercle plus grand si vous ne voulez pas gaspiller trop de pâte et le garnir plus). Vous devrez travailler rapidement pour éviter que la pâte se dessèche et durcisse. Déposez la moitié du persil au centre de la feuille de brick et recouvrez-le de la moitié de l'oignon nouveau. Formez un petit nid, puis cassez délicatement 1 œuf dedans. Salez et poivrez généreusement et rabattez les bords de la feuille de brick vers le milieu de manière à former un petit paquet. Vous ne pouvez pas fermer complètement la pâte, mais un pli net devrait permettre de garder l'œuf à l'intérieur.

Retournez délicatement le paquet et déposez-le dans l'huile, côté fermé vers le bas. Laissez cuire 60 à 90 s de chaque côté ; la pâte devrait être bien dorée et l'œuf mi-cuit, avec le jaune liquide. Sortez la brick de l'huile et placez-la entre deux feuilles de papier absorbant. Gardez au chaud pendant que vous répétez l'opération avec l'autre brick et servez immédiatement.

POUR 14 PETITES « PIZZAS » ENVIRON

Sfiha ou *lahm bi'ajeen* (« pizzas » à l'agneau)

GARNITURE

250 g d'agneau haché
1 gros oignon, émincé finement (180 g)
2 tomates moyennes, émincées finement (250 g)
3 cuil. à soupe de tahini léger
1 ¼ cuil. à café de sel
1 cuil. à café de cannelle en poudre
1 cuil. à café de quatre-épices en poudre
1 pincée de poivre de Cayenne
25 g de persil plat, ciselé
1 cuil. à soupe de jus de citron
1 cuil. à soupe de mélasse de grenade
1 cuil. à soupe de sumac
25 g de pignons de pin
2 citrons, en quartiers

PÂTE

230 g de farine forte
1 cuil. à soupe de lait en poudre
½ cuil. à soupe de sel
1 ½ cuil. à café de levure sèche à action rapide
½ cuil. à café de levure chimique
1 cuil. à soupe de sucre
12,5 cl d'huile de tournesol
1 œuf fermier moyen
huile d'olive, pour badigeonner

Il y a quelques dizaines d'années à peine, n'ayant pas de four chez elles, les femmes avaient l'habitude d'apporter une pâte levée et une garniture à base d'agneau à leur boulanger. Ce dernier façonnait adroitement la pâte pour elles, la parsemait d'agneau haché et la faisait cuire dans son poêle à bois. Il était payé en retour par une petite récompense gastronomique : deux ou trois *sfiha*.

Le *sfiha* ou *lahm bi'ajeen*, pâte levantine garnie d'agneau, ressemble à une pizza. L'agneau est parfumé au tahini ou à la tomate mais il existe des variantes. La mère de Sami avait l'habitude de préparer de petits *sfiha* individuels pour ses enfants qu'elle garnissait, une fois cuits, de nombre d'ingrédients frais : persil, radis, menthe, oignon nouveau et jus de citron. Les enfants les mettaient dans des sandwichs qu'ils avalaient en quelques secondes.

Ces délicieuses petites pâtisseries salées peuvent facilement s'emporter au travail, où on peut les réchauffer ou les servir telles quelles avec un filet de jus de citron. La pâte est assez humide lorsque vous la mélangez pour la première fois. Mais une fois que vous commencez à la pétrir, elle devrait avoir la consistance désirée, n'ajoutez donc pas de farine.

Commencez par préparer la pâte. Versez la farine, le lait en poudre, le sel, les levures et le sucre dans un grand saladier. Remuez bien et formez un puits au centre. Versez l'huile de tournesol et l'œuf dans le puits puis mélangez en ajoutant 11 cl d'eau tiède. Une fois la pâte homogène, pétrissez-la pendant 3 min sur un plan de travail, jusqu'à ce qu'elle soit souple. Formez une boule, mettez-la dans un saladier, badigeonnez-la d'huile d'olive, recouvrez d'un torchon et laissez-la dans un endroit chaud pendant 1 h, afin qu'elle lève un peu.

Malaxez avec les mains tous les ingrédients de la garniture, excepté les pignons de pin et les quartiers de citron. Préchauffez le four à 230 °C (th. 7-8) et tapissez une grande plaque de papier sulfurisé. Divisez la pâte levée en boules de 30 g, 14 environ, et aplatissez-les de manière à obtenir des disques de 2 mm environ d'épaisseur et 12 cm de diamètre. Badigeonnez-les d'huile d'olive des deux côtés et disposez-les sur la plaque. Couvrez et laissez lever 15 min.

Répartissez la garniture sur les disques de pâte en une couche régulière. Parsemez de pignons de pin. Laissez lever 15 min encore, puis enfournez pour 15 min environ. La pâte doit être cuite, mais pas trop ; la garniture peut être légèrement rose à l'intérieur et le dessous de la pâte doré. Servez chaud ou à température ambiante, accompagné de quartiers de citron.

Les biscuits salés d'Abadi

Vendus dans des sachets emblématiques marqués de rouge et affichant le portrait du père fondateur, les biscuits salés d'Abadi, *ka'ach bilmalch*, provoquent une dangereuse dépendance et sont immédiatement reconnaissables par des générations de Jérusalémites. Agréablement croquants et agrémentés de graines de sésame grillées, ces biscuits en forme d'anneaux sont devenus très populaires dès leur première apparition en 1838.

Tout a commencé à Alep, lorsque l'un des ancêtres de la famille ouvrit une petite boulangerie de quartier. En 1926, la famille déménagea en Palestine à dos d'âne et s'installa à Jérusalem, où elle dirigea une minuscule boulangerie à partir de sa maison, près du marché de Machne Yehuda. Yosef, le fils, né à Jérusalem, rejoignit la boulangerie à l'âge de 13 ans et y travailla pendant des années en se perfectionnant dans le métier.

En 1949, Yosef et sa femme, Simcha, agrandirent la boulangerie et, sur une idée de Simcha, les fameux biscuits en forme d'anneaux devinrent beaucoup plus petits. Ils connurent un immense succès, l'affaire se développa et la charrette à main utilisée pour les livraisons céda la place à un vélo, puis à un vélomoteur, et enfin, dans les années soixante, à des camions. La rumeur finit par s'ébruiter et la popularité des biscuits s'étendit à l'extérieur de la ville. De nos jours, on en trouve dans tous les supermarchés du pays, mais leur image artisanale n'a pas changé et ils sont toujours aussi bons.

Il existe des variantes des petits biscuits salés d'Abadi dans tout le monde arabe et séfarade, ayant généralement la forme d'anneaux et parsemés de graines de sésame. Les Marocains et les Tripolitains préparent un biscuit similaire, qu'ils servent avec le café noir. L'ancienne communauté séfarade de Jérusalem les appelle *biskochos salados* et leur donne souvent la forme de bâtons. Toutefois, ce sont les biscuits des Juifs d'Alep qui ont la saveur la plus riche, souvent agrémentés de « surprises » aromatiques, telles que des graines d'anis, du *mahaleb* (épice tirée de l'amande du noyau de la cerise de Sainte-Lucie), des graines de coriandre et de cumin.

Recette page suivante

POUR 30 À 40 BISCUITS

Les biscuits salés d'Abadi

500 g de farine ordinaire, tamisée
10 cl d'huile de tournesol
100 g de beurre doux ramolli, en dés
1 cuil. à café de levure sèche à action rapide
1 cuil. à café de levure chimique
1 cuil. à café de sucre
1 ½ cuil. à café de sel
½ cuil. à café de cumin en poudre
1 ½ cuil. à soupe de graines de fenouil, grillées et légèrement concassées
1 œuf fermier moyen, battu
2 cuil. à café de graines de sésame blanches et noires

SAUCE

35 g de persil plat (tiges et feuilles)
1 gousse d'ail, écrasée
25 g de tahini léger
125 g de yaourt grec
2,5 cl de jus de citron
1 pincée de sel

Ces biscuits salés tout simples se gardent généralement dans un bocal, prêts à être grignotés à tout moment (le père de Yotam a l'habitude de se glisser dans la cuisine au beau milieu de la nuit pour en dévorer deux ou trois – sans que personne ne le voie bien sûr). Ils ne sont pas très riches, vous pouvez donc les agrémenter d'une sauce au fromage ou les déguster seuls avec un bon verre de bière fraîche, d'arak glacé ou un café noir. La sauce au fromage proposée ici est tout à fait facultative ; préparez-la si vous souhaitez, par exemple, améliorer ces biscuits pour un apéritif festif avant un bon dîner.

Préchauffez le four à 200 °C (th. 6-7). Versez la farine tamisée dans un grand saladier et formez un puits au centre. Versez-y l'huile, ajoutez le beurre, les levures, le sucre, le sel et les épices et mélangez bien, jusqu'à obtention d'une pâte. Ajoutez peu à peu 10 cl d'eau environ en remuant pour obtenir une pâte lisse. Pétrissez-la 2 ou 3 min.

Tapissez une plaque à pâtisserie de papier sulfurisé. Formez des petites boules de pâte de 25 g environ. Sur un plan de travail propre, aplatissez les boules de manière à obtenir de longs boudins de 1 cm environ d'épaisseur et 12 ou 13 cm de long. Formez des anneaux fermés et disposez-les sur la plaque en les espaçant de 2 cm environ. Badigeonnez chaque anneau d'œuf battu et parsemez-les de quelques graines de sésame. Laissez lever pendant 30 min.

Enfournez les biscuits pour 22 min jusqu'à ce qu'ils soient bien dorés. Laissez-les refroidir avant de les transférer dans un bocal ou un récipient hermétique propre. Vous pourrez les conserver pendant 10 jours.

Pour préparer la sauce, réunissez tous les ingrédients et mixez-les pour obtenir une sauce bien verte. Ajoutez 1 ou 2 cuil. à soupe d'eau si la sauce est très épaisse ; il est important qu'elle enrobe bien les biscuits.

POUR 4 PERSONNES

Tourte aux herbes

1 gros oignon, en dés
500 g de blettes, tiges et feuilles ciselées finement, séparément
150 g de céleri, tranché finement
50 g d'oignon nouveau, émincé
50 g de roquette
30 g de persil plat ciselé
30 g de menthe ciselée
20 g d'aneth ciselé
120 g de fromage anari, émietté, ou de ricotta
100 g de vieux cheddar, râpé
60 g de feta, émiettée
le zeste râpé de 1 citron
2 œufs fermiers moyens
⅓ de cuil. à café de sel
½ cuil. à café de poivre noir moulu grossièrement
½ cuil. à café de sucre en poudre
10 feuilles de pâte filo (250 g)
2 cuil. à soupe d'huile d'olive + pour badigeonner

Jérusalem est sans aucun doute responsable de cette utilisation exagérée des herbes dans notre cuisine. Elles sont, en effet, vendues à la pelle. Les *fallahat*, paysannes palestiniennes, arrivaient à Jérusalem avec des paniers et des sacs débordant de produits frais pour les vendre sur le bord des trottoirs. Elles avaient l'habitude de porter ces sacs en équilibre sur leur tête avec une grâce étonnante. Les herbes sont toujours là – surtout la menthe, le persil, le zaatar, la coriandre, la sauge et l'aneth –, avec de nombreux autres légumes et fruits de saison. Les femmes en achètent des quantités impressionnantes. Il est amusant de constater que des herbes israéliennes et palestiniennes remplissent les misérables sacs d'herbes fraîches vendues dans la plupart des supermarchés britanniques aujourd'hui, étant donné que tout cuisinier jérusalémite sain d'esprit achèterait cinq fois cette quantité.

Cette tourte, inspirée par toutes sortes de pâtisseries séfarades de Turquie et des Balkans, peut tout à fait constituer le cœur d'un repas végétarien léger. Servez-la après la soupe à l'aubergine « brûlée » et au mograbieh (VOIR PAGE 141).

Préchauffez le four à 200 °C (th. 6-7). Versez 2 cuil. à soupe d'huile d'olive dans une grande poêle. Faites-y revenir l'oignon pendant 8 min à feu moyen, sans le laisser dorer. Ajoutez les tiges de blettes et le céleri et prolongez la cuisson de 4 min, en remuant. Mettez les feuilles de blettes, augmentez le feu, remuez et laissez cuire 4 min. Incorporez l'oignon nouveau, la roquette et les herbes et prolongez la cuisson de 2 min. Retirez la poêle du feu, transférez son contenu dans une passoire et laissez refroidir. Égouttez avant de verser dans un saladier. Ajoutez les trois fromages, le zeste de citron, les œufs, le sel, le poivre, le sucre et mélangez.

Déroulez 1 feuille de pâte filo et badigeonnez-la d'huile d'olive. Recouvrez-la d'une deuxième feuille et répétez l'opération, jusqu'à avoir cinq couches, suffisamment grandes pour couvrir les côtés et le fond d'un plat à four de 22 cm, avec un peu de pâte pour rabattre au-dessus. Tapissez le moule de pâte, garnissez du mélange d'herbes et rabattez l'excédent de pâte au-dessus de la garniture.

Préparez une autre série de cinq couches de pâte filo badigeonnées d'huile et placez-les sur l'ensemble. « Froissez » un peu la pâte pour créer des sortes de vagues sur le dessus et égalisez les bords afin qu'ils recouvrent tout juste la tourte. Badigeonnez généreusement d'huile d'olive et enfournez pour 40 min. Servez chaud ou à température ambiante.

POUR 6 PERSONNES
POUR UN EN-CAS COPIEUX

Acharuli khachapuri (petits pains au fromage)

Avec son goût poussé pour toutes les pâtisseries fraîches, Jérusalem possède le plus grand nombre de boulangeries par habitant en Israël. Bien sûr, il n'a pas fallu longtemps aux gens du coin pour trouver une autre manière de profiter de la séduisante association de la pâte cuite au four et du fromage et compléter leur fascination pour les borekas (VOIR PAGE 254).

Tango Shavit, Jérusalémite d'origine géorgienne, se cache derrière la *Khachapuriah*, une petite boulangerie qui a ouvert ses portes il y a plusieurs années près du marché de Machne Yehuda, spécialisée dans les *khachapuri* traditionnels farcis au fromage géorgien, dont il a obtenu la recette de sa famille maternelle. L'*acharuli* – un *khachapuri* en forme de bateau cuit au four avec un œuf sur le dessus – est l'un des plats que l'on associe le plus facilement à la communauté juive géorgienne de la ville (VOIR AUSSI PAGE 71).

L'*acharuli* est un autre produit de la culture « manger sur le pouce », une attitude, plus précisément un mode de vie, qui a atteint de nouveaux sommets à Jérusalem. Dans un endroit où les manières et le décorum ne sont vraiment pas des priorités, il est important de respecter les habitudes locales. Ce qui explique les postures maladroites et souvent comiques adoptées pour manger, afin d'éviter qu'un aliment vienne à tomber sur des chaussures ou des vêtements : le jaune d'œuf au fromage d'un *khachapuri*, le tahini d'un pain pita au falafel, l'*amba* (condiment épicé à la mangue), le shawarma (VOIR PAGE 210) qui agrémente un pain plat ou le concentré de tomate qui menace de s'écouler d'un boreka brûlant.

Les borekas ressemblent à des petits pains farcis et cuits au four avec beaucoup de fromage à l'intérieur. Servez-les en en-cas ou pour un repas simple avec une salade fraîche. Les acharuli sont amusants à préparer mais requièrent un peu de technique pour préparer la pâte.
Le plus difficile est de réussir à les façonner de telle sorte qu'ils comportent un creux suffisamment grand pour contenir un œuf. Si vous ne vous sentez pas prêt à relever ce défi, laissez simplement tomber les œufs. Notez toutefois qu'ils ajoutent un côté crémeux et merveilleusement riche – nous vous conseillons donc d'oser !

PÂTE

250 g de farine blanche forte
1 ½ cuil. à café de levure sèche à action rapide
1 œuf fermier moyen, battu
110 g de yaourt grec
½ cuil. à café de sel

GARNITURE

40 g de halloumi, en dés de 0,5 cm
20 g de feta, émiettée
60 g de ricotta
¼ de cuil. à café de poivre noir concassé
1 pincée de sel
½ cuil. à soupe de thym ciselé + pour parsemer
½ cuil. à soupe de zaatar
le zeste râpé de ½ citron
6 œufs fermiers moyens
huile d'olive, pour servir

Commencez par préparer la pâte. Tamisez la farine dans un grand saladier et ajoutez la levure. Mélangez légèrement. Formez un puits au centre et versez-y la moitié de l'œuf (gardez l'autre moitié pour badigeonner les petits pains plus tard), le yaourt et 6 cl d'eau tiède. Saupoudrez le tour du puits de sel.

Mélangez en ajoutant au besoin un peu d'eau (pas trop toutefois, car la pâte doit être sèche), jusqu'à obtention d'une pâte bien liée. Transférez-la sur un plan de travail et pétrissez-la pendant 10 min jusqu'à ce qu'elle devienne molle et souple et ne soit pas collante. Remettez-la dans le saladier, couvrez avec un torchon et laissez-la monter à température ambiante 1 h à 1 h 30, afin qu'elle double de volume.

Pétrissez de nouveau pour éliminer l'air. Divisez la pâte en 6 morceaux et formez des boules. Posez-les sur un plan de travail légèrement fariné, couvrez-les avec un torchon et laissez-les lever à température ambiante 30 min.

Pour la garniture, mélangez bien tous les ingrédients, excepté les œufs et l'huile d'olive. Préchauffez le four à 220 °C (th. 7-8) avec une plaque à l'intérieur.

Sur le plan de travail fariné, aplatissez les boules de pâte en fins disques de 16 cm de diamètre et 2 mm d'épaisseur environ. Servez-vous pour cela d'un rouleau à pâtisserie ou étirez simplement la pâte avec les mains.

Déposez 20 g environ de garniture au fromage au centre de chaque disque de pâte et étalez-la légèrement en laissant un peu d'espace au bord de la pâte. Pincez les côtés droit et gauche des disques entre vos doigts en étirant légèrement la pâte pour former un bateau. Relevez les bords de la pâte sur 3 cm environ en veillant à ce qu'il y ait suffisamment de place au centre pour accueillir le fromage et 1 œuf entier. Pincez de nouveau les extrémités afin qu'elles ne s'ouvrent pas en cours de cuisson.

Badigeonnez les petits pains avec l'œuf restant et placez-les sur un morceau de papier sulfurisé de la taille de la plaque à pâtisserie. Parsemez de thym. Sortez la plaque four, placez rapidement le papier sulfurisé avec les petits pains dessus et remettez tout de suite au four. Laissez cuire 15 min, jusqu'à ce que les bords soient dorés.

Sortez la plaque du four et cassez 1 œuf dans une petite tasse. Soulevez délicatement le jaune avec les doigts sans le casser et placez-le au centre du petit pain. Versez autant de blanc que possible et répétez l'opération pour les autres bateaux de pâte. Ne vous inquiétez pas si du blanc d'œuf déborde, cela fait partie du charme de cette recette. Remettez au four et laissez cuire 5 min. Le blanc d'œuf doit être cuit et le jaune encore liquide. Laissez refroidir 5 min avant d'arroser d'huile d'olive, de saler et de servir.

POUR 18 PETITES PÂTISSERIES

Borekas

Ouvert en 1959, *Burekas Mussa,* dans la rue Jaffa, est le restaurant de borekas le plus populaire de la ville. On le reconnaît facilement, il suffit de suivre la longue queue de gens affamés qui attendent patiemment (tout au moins pour des Israéliens) afin de commander cette pâte feuilletée incroyablement grasse, garnie d'un œuf dur, de sauce tomate épicée ou de sauce tahini (VOIR PAGE 298), accompagnée d'un tout aussi légendaire concombre au vinaigre (VOIR PAGE 304).

Les borekas – la grande variété turque – constituent un prétendant majeur au titre de plat national, tout au moins côté juif. Meilleur servi fraîchement cuit, tout juste sorti du four, coupé en tranches et garni de petits cadeaux, comme une chaussette de Noël, il constitue un repas agréable, bien que souvent vivement critiqué pour son rôle dans la prise de poids du pays.

Le nom « borekas » est un terme générique employé pour désigner un grand nombre de pâtisseries préparées avec de la pâte feuilletée, brisée ou filo, et garnies d'une farce salée, telle que du fromage (la plus populaire), de la purée de pommes de terre, de la viande hachée assaisonnée ou des épinards cuits, arborant des formes distinctes permettant de différencier les garnitures. Disponibles en petit ou grand format, fabriqués industriellement ou artisanalement, vendus au rayon surgelés des supermarchés, chez les épiciers ou fraîchement préparés, les borekas ont été apportés par des immigrants juifs de Turquie, de Grèce et des Balkans et adoptés sans réserve par tous les Jérusalémites. Ils ont pris une telle place dans la culture nationale que, tout comme les westerns spaghettis dans les années soixante-dix, ils ont même donné leur nom à certains films de série B israéliens.

500 g de pâte feuilletée pur beurre
1 œuf fermier moyen, battu

FARCE À LA RICOTTA

60 g de fromage blanc
60 g de ricotta
90 g de feta, émiettée
10 g de beurre doux fondu

FARCE AU PECORINO

50 g de ricotta
70 g de vieux pecorino, râpé
50 g de vieux cheddar, râpé
1 poireau, en morceaux de 5 cm, blanchis et attendris, émincés finement (80 g)
1 cuil. à soupe de persil plat ciselé
½ cuil. à café de poivre noir

GRAINES

1 cuil. à café de graines de nigelle
1 cuil. à café de graines de sésame
1 cuil. à café de graines de moutarde jaune
1 cuil. à café de graines de cumin des prés
½ cuil. à café de flocons de piment

Si vous préférez, vous pouvez préparer de plus grands borekas que ceux que nous vous proposons ici. Servez-les en en-cas ou comme repas simple, surtout si vous les tranchez horizontalement après les avoir fait cuire au four et garnis de tous les délicieux ingrédients mentionnés ci-contre.

Nous vous proposons deux farces au fromage, la seconde étant la plus forte. Vous pouvez essayer les deux, mais vous vous épargnerez du travail en optant pour une seule farce et en multipliant les quantités par deux si vous utilisez les 500 g de pâte.

Étalez la pâte en 2 carrés de 30 cm de côté et 3 mm d'épaisseur. Disposez-les sur une plaque à pâtisserie tapissée de papier sulfurisé – vous pouvez les superposer en plaçant une feuille de papier entre les deux – et mettez-les au réfrigérateur pendant 1 h. Réunissez les ingrédients de chaque farce dans des bols séparés. Mélangez et réservez. Mêlez les graines dans un autre bol.

Coupez chaque morceau de pâte en carrés de 10 cm de côté ; vous devriez en obtenir 18. Pour la moitié d'entre eux, déposez 20 g environ de la première farce au fromage au centre de chacun. Badigeonnez d'œuf deux côtés consécutifs de chaque carré, puis ramenez les deux côtés opposés, non badigeonnés, sur les deux premiers, de manière à former un triangle. Faites sortir l'air et pincez fermement les côtés pour sceller le triangle. Il est important de bien appuyer pour que le chausson ne s'ouvre pas en cours de cuisson. Répétez l'opération avec les autres carrés de pâte et la deuxième farce. Disposez les borekas sur une plaque à pâtisserie tapissée de papier sulfurisé et mettez-les au réfrigérateur au moins 15 min pour qu'ils durcissent. Préchauffez le four à 220 °C (th. 7-8).

Badigeonnez les borekas d'œuf des deux côtés et plongez-les dans le mélange de graines ; une toute petite quantité de graines (sur 2 mm de large environ) suffit, car leur goût tend à l'emporter. Badigeonnez également d'œuf le dessus de chaque boreka en évitant les graines.

Veillez à bien espacer les borekas (3 cm environ) et enfournez-les pour 15 à 17 min, jusqu'à ce qu'ils soient bien dorés. Servez chaud ou à température ambiante. Si la garniture tend à déborder pendant la cuisson, remettez-la simplement délicatement à l'intérieur une fois les borekas suffisamment froids pour être manipulés.

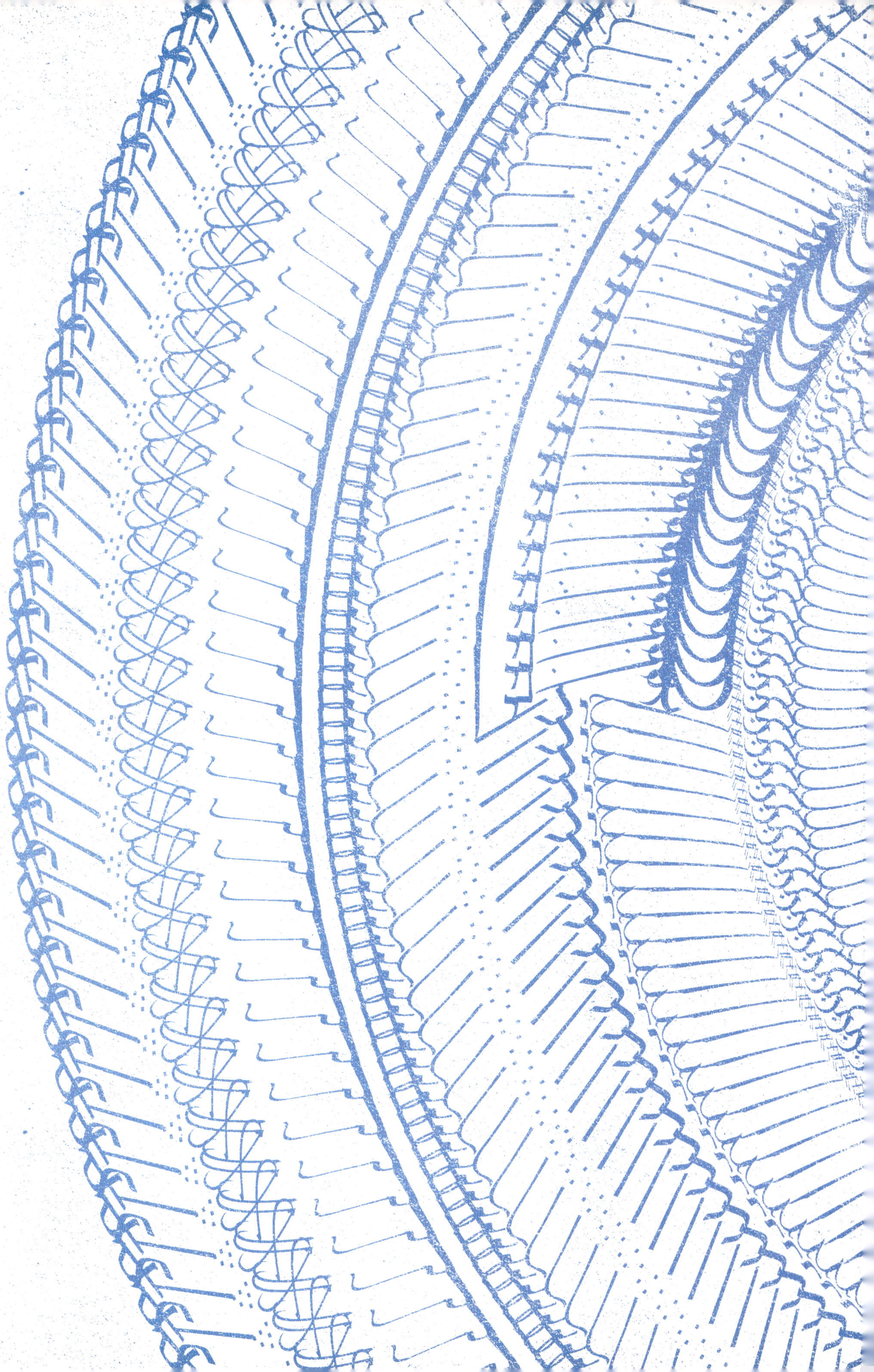

SUCRERIES & DESSERTS

POUR 12 CIGARES

Cigares filo sucrés

Il fut un temps où vous ne pouviez pas assister à une *bar mitzvah* ou un mariage juif à Jérusalem sans que l'on vous propose une pâte filo garnie et roulée, contenant généralement une farce à la viande épicée, parfois du fromage. Il s'agissait de l'héritage de communautés séfarades variées, surtout marocaine, l'une des plus importantes de la ville. Cette période est heureusement presque révolue. Non pas parce que l'idée était mauvaise, mais plutôt parce la qualité n'était pas toujours au rendez-vous et que cela prenait trop d'ampleur. En fait, ces cigares peuvent être tout à fait délicieux. Les Juifs irakiens proposent une version garnie de poulet, d'oignon et de persil émincés. Les fameux cigares marocains sont farcis de bœuf haché, d'oignon sauté, d'épices douces, de jus de citron et de persil. Nous avons un petit faible pour les variétés sucrées variées, cuites au four ou frites, trempées dans un sirop sucré ou simplement saupoudrées de sucre glace.

---

80 g d'amandes effilées
60 g de pistaches non salées décortiquées + quelques-unes concassées pour décorer
80 g de sucre vanillé
1 œuf fermier moyen, jaune et blanc séparés
1 cuil. à soupe de zeste de citron
12 carrés de 18 x 18 cm environ de pâte filo
huile de cacahuètes, pour frire
180 g de bon miel

Ces cigares, farcis aux amandes et aux pistaches, constituent le dessert juif tunisien traditionnel servi à la fête de Pourim. Ils sont délicieux avec un café noir ou après un bon repas. Ils peuvent se conserver pendant 3 jours dans un récipient hermétique. Cette recette nous a gentiment été donnée par Rafram Hadad (VOIR PAGE 244).

Au robot, réduisez les amandes et les pistaches en une fine pâte. Transférez dans une poêle avec 4 cuil. à soupe d'eau et le sucre. Faites cuire à feu très doux 4 min environ. Retirez la poêle du feu et incorporez le jaune d'œuf et le zeste de citron.

Placez 1 carré de pâte filo sur une surface propre. Étalez 1 cuil. à soupe environ du mélange d'amandes et de pistaches en une fine bande le long du bord le plus proche de vous, en laissant un espace de 2 cm sur les côtés. Rabattez les côtés sur la garniture et roulez la pâte pour former un cigare bien serré. Dissimulez le bord supérieur et scellez-le avec un peu de blanc d'œuf battu. Répétez l'opération avec le reste de pâte et de garniture.

Versez 2 cm d'huile dans une poêle et faites-y frire les cigares à feu moyen à vif 10 s de chaque côté, jusqu'à ce qu'ils soient dorés.

Transférez les cigares sur une assiette recouverte de papier absorbant et laissez-les refroidir. Versez le miel et 1 cuil. à soupe d'eau dans une casserole et portez à ébullition. Une fois le sirop chaud, plongez délicatement les cigares frits dedans pendant 1 min, en les retournant pour bien les enrober de sirop. Disposez-les sur un plat. Parsemez de pistaches concassées et laissez refroidir.

POUR 45 SABLÉS

Ghraybeh (sablés)

L'un des plus anciens souvenirs de Yotam de la vieille ville – qui se distingue vraiment de tous les autres quartiers – est celui d'une confiserie, située près de la rue David, qui vendait des sablés bien jaunes et délicieusement fondants. Cette saveur est l'une des sensations de l'enfance impossibles à reproduire. Ils étaient sucrés, leur texture presque sableuse, fondant immédiatement dans la bouche en dégageant le plus merveilleux arôme d'eau de rose. Il s'agissait très certainement de *ghraybeh*.

On trouve des *ghraybeh* – « pâmoison » en arabe – en Palestine, en Syrie, au Liban et dans d'autres pays de la région. Ils peuvent prendre des formes variées, comme un fin bracelet, dont une noix scelle les deux extrémités, un diamant avec une noix au milieu, ou encore un biscuit rond, comme ceux que nous préparons ici.

Les Juifs tripolitains ajoutent parfois de la semoule à leurs ghraybeh. *Certains Juifs séfarades utilisent de la margarine ou de l'huile, ce qui les rend à la fois casher et plus « sableux ». Les Juifs d'Aden (Yémen) préparent des biscuits similaires appelés nayem – ils contiennent de la cardamome en poudre et chaque biscuit est décoré d'un clou de girofle. Voilà toutes les variantes possibles.*

Les saveurs d'eaux de fleur d'oranger et de rose sont assez intenses ici. Vous pouvez en diminuer la quantité si vous le souhaitez. Dégustez les ghraybeh *avec un café noir ou un thé.*

---

200 g de *ghee* ou beurre clarifié, bien dur
70 g de sucre glace
370 g de farine ordinaire, tamisée
½ cuil. à café de sel
1 ¼ de cuil. à soupe d'eau de fleur d'oranger
¾ de cuil. à soupe d'eau de rose
30 g de pistaches entières non salées décortiquées

Versez le *ghee* et le sucre glace dans un saladier et fouettez pendant 5 min afin d'obtenir une crème mousseuse et pâle. Remplacez le fouet par un batteur, ajoutez la farine, le sel, l'eau de fleur d'oranger et l'eau de rose et mélangez pendant 3 ou 4 min, jusqu'à obtention d'une pâte homogène et lisse. Enveloppez la pâte dans du film alimentaire et mettez-la au réfrigérateur pendant 1 h.

Préchauffez le four à 180 °C (th. 6). Prélevez un morceau de pâte de 15 g environ et formez une boule entre les paumes de vos mains. Aplatissez-la légèrement et posez-la sur une plaque à pâtisserie tapissée de papier sulfurisé. Répétez l'opération avec le reste de pâte en espaçant bien les biscuits sur des plaques. Enfoncez 1 pistache au centre de chaque sablé.

Enfournez les sablés pour 17 min, en surveillant qu'ils ne dorent pas mais soient tout juste cuits. Sortez-les du four et laissez-les refroidir complètement. Gardez-les dans un récipient hermétique pendant 5 jours maximum.

Fromage doux

Sous l'église éthiopienne, à l'intérieur des anciens murs de la vieille ville, dans une pièce sombre, derrière une porte en fer sans inscription au pied d'un escalier, on trouve *Zalatimo*, une pâtisserie qui ne ressemble à aucune autre. Les gens de toute la ville viennent ici pour s'offrir un mets rare et délicieux – une pâtisserie au bord croustillant connue sous le nom de mutabbaq, préparée dans les boutiques de la famille Zalatimo à Jérusalem et Amman. Les horaires d'ouverture sont imprévisibles, et à l'intérieur de cette salle ancienne au plafond voûté, des colonnes romaines et un sol médiéval contrastent vivement avec des tubes fluorescents apparents et des meubles simples en Formica.

Zalatimo commence par préparer la pâte filo, en la faisant sauter en l'air puis en la roulant et l'étirant à la main sur un plan de travail en marbre. La pâte, fine comme du papier, est badigeonnée de *smen* – beurre clarifié et fumé –, puis il la replie de manière à former à peu près un triangle. La pâte est ensuite parsemée, soit de noix et de cannelle, soit de fromage de brebis non salé émietté, puis cuite au four. Une fois sorti du four et encore chaud, le *mutabbaq* au bord croustillant est arrosé de sirop de sucre et agrémenté d'un soupçon d'eau de rose. Autour de la vieille ville, tout le monde connaît cette version sous le simple nom de « zalatimo ».

LES GENS DE TOUTE LA VILLE VIENNENT ICI POUR S'OFFRIR UN METS RARE ET DÉLICIEUX – UNE PÂTISSERIE AU BORD CROUSTILLANT CONNUE SOUS LE NOM DE MUTABBAQ

Le *mutabbaq*, également appelé *kellaj*, est l'une des pâtisseries favorites des Palestiniens. Il n'est toutefois pas aussi célèbre que le *knafeh*, également préparé avec du fromage de brebis. Le *knafeh* est composé de semoule ou d'une pâte qui rappelle des vermicelles (kadaïfi), d'un colorant alimentaire, de pistaches et d'une bonne dose de sirop de sucre. Nous préférons le *mutabbaq*.

Dans la ville, il est très courant d'utiliser du fromage blanc et doux dans les desserts. Les Ashkénazes l'utilisent pour préparer des *krantz* (VOIR PAGE 284), pour toute une série de *cheesecakes* cuits au four et pour les blinis. Les Palestiniens sont toutefois les seuls à mettre du fromage de brebis frais doux dans les desserts. Ce fromage est traditionnellement fabriqué au printemps, lorsque les pâturages sont luxuriants et que le lait abonde. Une partie du lait est cuite et le fromage est conservé dans de l'eau salée, dans des bocaux ou des boîtes de conserve. Il est ensuite hydraté et sert à préparer de nombreuses recettes salées.

POUR 6 PERSONNES

Mutabbaq

130 g de beurre doux, fondu
14 feuilles de pâte filo de 31 x 39 cm
500 g de ricotta
250 g de fromage de chèvre tendre
pistaches non salées concassées, pour décorer (facultatif)
sirop
280 g de sucre en poudre
3 cuil. à soupe de jus de citron

Le mutabbaq (VOIR PAGE 261 POUR EN SAVOIR PLUS) *est un bon dessert lorsque vous avez des invités. Il est peu commun et pourtant vraiment délicieux, son aspect est impressionnant et on peut le préparer à l'avance, le garder au réfrigérateur, puis le faire cuire au four avant de le servir. Ajoutez 2 ou 3 gouttes d'eau de fleur d'oranger au sirop si vous aimez. Vous pouvez aussi préparer la garniture avec un mélange de noix concassées (200 g), sucre en poudre (50 g), cannelle (1 cuil. à café) et beurre doux fondu (3 cuil. à soupe).*

Préchauffez le four à 230 °C (th. 7-8). Badigeonnez de beurre fondu une plaque à pâtisserie de 28 x 37 cm à bord bas. Posez dessus 1 feuille de pâte filo, en dissimulant les angles et en relevant les bords. Badigeonnez toute la pâte de beurre, superposez une deuxième feuille sur la première et badigeonnez de nouveau de beurre. Répétez l'opération jusqu'à obtenir une pile de sept feuilles de pâte, toutes badigeonnées de beurre.

Réunissez la ricotta et le fromage de chèvre dans un saladier et écrasez-les à l'aide d'une fourchette en les mélangeant bien. Tartinez de ce mélange la feuille de pâte filo du dessus, en laissant un espace de 2 cm sur le pourtour. Badigeonnez le fromage de beurre, puis recouvrez avec les 7 feuilles de pâte filo restantes, en badigeonnant également chacune de beurre.

Avec des ciseaux, coupez 2 cm du bord, sans atteindre le fromage, de telle sorte qu'il reste bien enfermé à l'intérieur de la pâte. Avec les doigts, dissimulez délicatement les bords de la pâte filo sous le *mutabbaq* pour que le bord soit bien net. Badigeonnez de beurre de toutes parts. Avec un couteau pointu, coupez le dessus en carrés de 7 cm de côté environ, le couteau devant presque atteindre le dessous du *mutabbaq* mais pas tout à fait. Enfournez pour 25 à 27 min, jusqu'à ce que le *mutabbaq* soit doré et croustillant.

Pendant ce temps, préparez le sirop. Faites chauffer le sucre et 9 cl d'eau dans une petite casserole et mélangez-les bien avec une cuillère en bois. Une fois à ébullition, ajoutez le jus de citron et laissez bouillonner à petit feu pendant 2 min. Retirez la casserole du feu.

Versez doucement le sirop sur le *mutabbaq* dès la sortie du four, en veillant à ce qu'il soit bien imbibé de sirop en toutes parts. Laissez refroidir 10 min. Parsemez éventuellement de pistaches concassées et coupez en parts. Servez chaud.

POUR 2 CAKES DE 500 G

Cakes à la semoule, noix de coco & confiture d'oranges

Les cakes à la semoule trempés dans le sirop sont si nombreux et si variés au Moyen-Orient qu'il est difficile de trouver une définition unique ou un nom suffisamment précis pour les désigner. Certains sont agrémentés de noix de coco, d'autres de yaourt, tandis que des boulangers préfèrent les parfumer de sirop de citron ou d'eaux de fleurs ; certains utilisent du sucre, d'autres du miel. Quoi qu'il en soit, ces cakes ont en commun une texture humide et pourtant légère ainsi que de puissants arômes.

18 cl d'huile de tournesol
24 cl de jus d'orange
160 g de confiture d'oranges (avec de petits morceaux ou sans)
4 œufs fermiers moyens
le zeste râpé de 1 orange
70 g de sucre en poudre
70 g de noix de coco séchée
90 g de farine ordinaire
180 g de semoule
2 cuil. à soupe de poudre d'amandes
2 cuil. à café de levure chimique
yaourt grec épais, pour servir

SIROP

200 g de sucre en poudre
1 cuil. à soupe d'eau de fleur d'oranger + pour le yaourt

Ces cakes se garderont parfaitement pendant au moins 5 jours si vous les enveloppez bien dans du papier sulfurisé ou d'aluminium ; ils deviennent même meilleurs au fil du temps. Vous pouvez les servir avec du yaourt pour un dessert simple, sans si vous les dégustez avec une tasse de café. Si vous préférez, vous pouvez aussi remplacer les deux cakes de 500 g par un seul cake de 1 kg. Comptez alors 20 à 30 min au moins de cuisson en plus.

Préchauffez le four à 180 °C (th. 6). Dans un saladier, battez au fouet l'huile, le jus d'orange, la confiture, les œufs et le zeste d'orange, jusqu'à ce que la confiture se dissolve. Dans un autre saladier, mélangez tous les ingrédients secs puis mettez-les dans le premier saladier. Mélangez bien le tout. Vous devez obtenir une préparation liquide.

Graissez et tapissez deux moules à cake de 500 g de papier sulfurisé. Répartissez la préparation entre les deux moules. Enfournez pour 45 min à 1 h, jusqu'à ce qu'une pique à brochette introduite dans les cakes ressorte propre et que le dessus prenne une couleur brun orangé.

Vers la fin du temps de cuisson, réunissez le sucre, l'eau de fleur d'oranger et 14 cl d'eau dans une petite casserole et portez à ébullition, puis retirez du feu. Dès leur sortie du four, badigeonnez les cakes de sirop chaud au pinceau ; vous devrez procéder en plusieurs fois pour laisser les cakes s'imprégner du sirop 1 ou 2 min avant de continuer à badigeonner. Veillez à utiliser tout le sirop et à ce que les cakes l'absorbent bien.

Une fois que les cakes ont un peu refroidi, démoulez-les puis laissez-les refroidir complètement. Servez avec du yaourt grec, parfumé avec 1 goutte d'eau de fleur d'oranger.

POUR 4 PERSONNES

Poires pochées au vin blanc & à la cardamome

La cardamome est l'une de nos épices préférées. Comme le quatre-épices et la cannelle, elle a son propre goût sucré – ou plus exactement son propre arôme –, mais elle prend une dimension supplémentaire lorsqu'elle agrémente des desserts. C'est pourquoi il est tout à fait normal que, lorsque vous parcourez les rues de Jérusalem Est, vous sentiez surtout l'odeur de la cardamome près des vendeurs de café. Le café arabe, très amer et fort, est traditionnellement servi avec beaucoup de sucre et souvent parfumé à la cardamome. Lorsqu'il moud son café, le vendeur tient dans sa paume de main une certaine quantité de café et de gousses de cardamome qu'il verse peu à peu dans le moulin. Une odeur de cardamome entoure toujours les jeunes serveurs qui parcourent la vieille ville avec des plateaux en cuivre pour livrer du café fraîchement préparé dans de petits pots.

50 cl de vin blanc sec
1 ½ cuil. à soupe de jus de citron
150 g de sucre en poudre
15 gousses de cardamome, légèrement concassées
½ cuil. à café de safran en filaments
1 pincée de sel
4 poires fermes, pelées, avec la queue
crème fraîche, pour servir

Nous apprenons régulièrement à préparer ce dessert à nos étudiants de la Leiths School de Londres. Ils sont toujours étonnés par sa simplicité et son résultat final impressionnant. Nous pensons que tout s'explique par notre ingrédient magique : la cardamome. Les gousses de cardamome sont meilleures légèrement concassées, pour libérer leur saveur. Elles sont plus ou moins fortes. Souvent, les gousses, même achetées fraîches en supermarché, ne sont pas très aromatiques, d'où le grand nombre de gousses prévu pour cette recette. Toutefois, si vous arrivez à vous procurer des gousses fraîches chez un épicier moyen-oriental ou indien, vous pourrez sans doute en utiliser moins.

Versez le vin et le jus de citron dans une casserole moyenne et ajoutez le sucre, la cardamome, le safran et le sel. Portez à petit bouillon et plongez-y les poires. Veillez à bien les immerger dans le liquide en ajoutant de l'eau si besoin. Couvrez la surface avec un disque de papier sulfurisé et laissez mijoter 15 à 25 min environ, jusqu'à ce que les poires soient cuites sans être toutefois réduites en purée ; retournez-les de temps en temps. Pour vérifier que les poires sont cuites, enfoncez un couteau dans leur chair, il doit y pénétrer facilement.

Sortez les poires du liquide et transférez-les dans des bols. Augmentez le feu et faites réduire le liquide de deux tiers environ, jusqu'à obtenir un sirop épais. Arrosez les poires de ce sirop et laissez refroidir. Servez froid ou à température ambiante, avec de la crème fraîche à côté ou sur le dessus.

POUR 4 PERSONNES

Entremets au yaourt et pêches pochées

Nous n'aimons pas trop les spiritueux à Jérusalem. Nous ne sommes d'ailleurs pas de gros buveurs. Pourtant, l'arak est le spiritueux local choisi par ceux qui boivent de l'alcool. Il est toujours associé aux célèbres mezzés – une gorgée d'arak permettant de nettoyer efficacement le palais entre les bouchées. Le dîner est souvent accompagné d'arak, d'eau et de glace, mélangés pour transformer instantanément cet alcool transparent en un beau liquide laiteux. L'arak est parfait pour la cuisine, surtout avec les poissons et les desserts, auxquels il confère une délicate saveur d'anis.

---

4 feuilles de gélatine (7 g)
20 cl de crème fraîche épaisse
20 cl de lait entier
190 g de sucre en poudre
1 gousse de vanille
le zeste râpé de 1 orange
200 g de yaourt grec
12,5 cl d'arak, d'ouzo ou de pastis + 1 cuil. à café pour arroser
4 pêches blanches plates (à défaut, pêches jaunes), pelées (400 g)
4 cuil. à soupe de jus de citron
20 g d'éclats de pistaches iraniennes (ou standards)

Les pêches, qui se distinguent par leur saveur délicate, se marient bien avec cet entremets crémeux mais léger. Dans cette recette, vous pouvez aussi les remplacer par des poires, des abricots et même des fraises. Veillez toutefois à adapter le temps de cuisson en conséquence. Tous les éléments de ce plat peuvent se préparer à l'avance et être assemblés au dernier moment.

Plongez les feuilles de gélatine dans de l'eau froide pour ramollir. Versez la crème et le lait dans une casserole avec 90 g de sucre, la gousse de vanille fendue en deux avec la moitié de ses graines, ainsi que le zeste d'orange. Portez à petit bouillon, puis retirez immédiatement la casserole du feu. Enlevez la gousse de vanille et rincez-la bien.

Versez le yaourt dans un saladier moyen et fouettez sans cesse tout en versant lentement le lait et la crème. Essorez les feuilles de gélatine, ajoutez-les et remuez jusqu'à ce qu'elles soient complètement dissoutes. Répartissez la préparation dans quatre ramequins de 15 cl et laissez durcir au réfrigérateur au moins 5 h. Vous pouvez aussi les laisser pendant toute une nuit, recouverts d'un film alimentaire.

Préparez les pêches pochées. Réunissez l'arak, la gousse de vanille rincée, le reste de graines de vanille et le reste de sucre avec 25 cl d'eau dans une casserole moyenne. Portez à ébullition et plongez-y les pêches (elles doivent être entièrement recouvertes de liquide, donc coupez-les en deux si elles sont trop grosses, en ôtant les noyaux). Laissez cuire à feu doux 8 à 12 min, selon qu'elles sont plus ou moins mûres, elles doivent être bien molles. Retirez la casserole du feu et laissez les pêches refroidir dans le sirop.

Une fois les pêches refroidies, ajoutez le jus de citron en remuant et gardez au frais 2 jours maximum. Avant de servir, coupez les pêches en deux, ôtez leur noyau, puis recoupez chaque moitié en deux ou trois.

Plongez les ramequins de yaourt dans un bol d'eau chaude 1 ou 2 min. Démoulez-les sur des assiettes. Vous devrez peut-être les secouer légèrement, mais le démoulage devrait se faire facilement. Disposez les pêches et versez le sirop autour, en arrosant également le dessus de l'entremets ; ajoutez un filet d'arak. Parsemez de pistaches et servez.

POUR 4 PERSONNES

Riz au lait à la cardamome, pistaches & eau de rose

Rachela Shrefler, aujourd'hui âgée de 70 ans, est arrivée d'Iran à Jérusalem alors qu'elle était enfant et y a plus tard rencontré son mari, Ezra Shrefler, un Juif turc-kurde. Ils sont tous deux cuisiniers et possèdent l'*Azura* (VOIR PAGE 166 POUR EN SAVOIR PLUS), restaurant du marché de Machne Yehuda. C'est toutefois Rachela qui cuisine à la maison. Parmi les nombreuses casseroles qui sont sur sa cuisinière le vendredi pour préparer le « raid » du samedi – lorsque des dizaines de membres de sa famille affamés assaillent sa maison –, on en trouve une avec du riz au lait. Elle reste sur la plaque chaude jusqu'au samedi matin, lorsque la famille se rassemble pour le déguster. Il est simple et délicieux, uniquement composé de riz, de lait et de sucre, saupoudrés de cannelle.

Le riz au lait était le dessert quotidien le plus courant dans le vieux monde séfarade et se dégustait chaud ou froid, à différents moments de la journée. On pouvait lui ajouter du miel, du safran, de la cannelle et d'autres épices douces. Ce dessert est également courant dans les maisons arabes. La mère de Sami avait l'habitude d'en préparer, provoquant des disputes entre les enfants pour savoir qui profiterait des petits résidus caramélisés attachés au fond de la casserole. Ils le dégustaient avec du sirop de sucre parfumé aux fleurs.

Pour cette recette, nous tenons à remercier John Meechan, de Glasglow (!), qui l'imagina pour notre restaurant de Londres, le NOPI. Aromatique et riche, elle n'a pas été adoucie pour les goûts européens.

---

40 cl de lait entier
12 cl de crème fraîche épaisse
1 gousse de vanille, graines grattées
8 gousses de cardamome, légèrement écrasées
120 g de riz rond
30 g de beurre doux, en dés
2 cuil. à soupe de lait concentré
1 cuil. à soupe de miel d'acacia ou d'un autre miel doux
sel
3 cuil. à soupe de pistaches grillées ou non salées grossièrement concassées, pour décorer
1 cuil. à soupe de pétales de roses comestibles séchés, pour décorer

SIROP

1 cuil. à soupe de miel d'acacia ou d'un autre miel doux
½ cuil. à soupe d'eau de rose

Réunissez le lait, la crème, la vanille (gousse et graines) et la cardamome dans une casserole et faites chauffer à feu vif. Une fois proche du point d'ébullition, retirez du feu, laissez refroidir, puis infuser au réfrigérateur toute une nuit, ou au moins 2 ou 3 h.

Préparez le sirop. Mélangez le miel, l'eau de rose et 1 cuil. à café d'eau jusqu'à ce que le miel se dissolve, puis réservez.

Versez le riz dans la casserole du lait et de la crème infusés, portez à ébullition et laissez bouillonner sur feu moyen, sans cesser de remuer, 20 min. Le riz doit être cuit mais légèrement croquant et l'entremets épais. Ajoutez un peu d'eau, jusqu'à 5 cl, vers la fin de la cuisson si besoin.

Retirez du feu et enlevez les gousses de cardamome et de vanille. Incorporez le beurre, le lait concentré, le miel et 1 pincée de sel en remuant. Mettez au réfrigérateur (et réchauffez-le au micro-ondes plus tard) ou servez-le immédiatement dans de petits bols, parsemé de pistaches et de pétales de rose, et arrosé de sirop.

POUR 6 PERSONNES

Muhallabieh

Muhallabieh, malabi, ksab, sutlaj, sahleb – tous ces mots désignent des entremets solides ou des boissons sucrées épaisses très chers aux Jérusalémites, presque autant que les pierres sacrées de la vieille ville.

À Jérusalem, avant l'apparition du Coca-Cola et des cafés *latte*, la boisson au tamarin et le soos (préparé à partir d'une brindille de réglisse) étaient les boissons d'été rafraîchissantes par excellence (des vendeurs ambulants les transportaient dans des bacs ornementaux en verre, argile ou métal, fixés sur leur dos avec des bretelles en cuir) ; en hiver, on les remplaçait par le *sahleb*.

Lorsque nous étions enfants, les vendeurs de *sahleb* étaient installés à l'extérieur de la porte de Damas, dans la vieille ville. En hiver, nous avions l'habitude d'y aller en groupe et de déguster ce breuvage épais, chaud et réconfortant, agrémenté de gingembre en poudre, cannelle, noix et noix de coco séchée. Le nom *sahleb* signifie « orchidée » en hébreu et arabe, cet entremets étant épaissi avec de la racine d'orchidée en poudre. Rare et chère, elle a été remplacée par de la Maïzena ou de la farine de riz, sans parfum et très bon marché.

Le muhallabieh *ou* malabi (VOIR ILLUSTRATION CI-CONTRE ET PAGES 272-273) *est le dessert équivalent au* sahleb. *À première vue, les entremets lactés ne sont pas très tentants. Difficile de faire preuve d'imagination, mieux vaut goûter. Claudine et Alison, nos chères testeuses de recettes ont finalement adoré ce dessert. Il se distingue tout particulièrement par la légèreté et la simplicité du dessert de base (une sorte de* panna cotta *allégée), associé à la saveur et au caractère des condiments qui l'agrémentent. En Israël, des restaurants chics et de simples vendeurs de rue proposent du* malabi, *seules les garnitures font la différence.*

Pour cette version, nous avons choisi de ne pas utiliser l'eau de rose omniprésente, mais un sirop plus subtil à la feuille de laurier ; vous pouvez tout à fait ajouter 2 ou 3 gouttes d'eau de rose à la fin si vous le souhaitez. Quelques graines de grenade seront aussi bienvenues sur le dessus. Il vous restera du sirop de laurier, que vous pourrez garder quelques semaines dans un bocal fermé et stérilisé (VOIR PAGE 303), *dans un endroit frais. Utilisez-le pour arroser une salade de fruits. Vous pouvez suivre cette recette pour préparer du* sahleb, *en diminuant la quantité de Maïzena à 40 g. Une fois la boisson chaude et épaisse, versez-la dans de petits verres et ajoutez du gingembre et de la cannelle en poudre, des noix concassées, de la noix de coco séchée et un tout petit filet d'eau de fleur d'oranger. Servez immédiatement.*

ENTREMETS

50 g de Maïzena
50 cl de lait entier
80 g de sucre en poudre
25 g de noix de coco séchée, pour décorer
25 g de pistaches non salées concassées, pour décorer

SIROP

60 g de sucre en poudre
1 feuille de laurier, fraîche ou sèche
¼ de gousse de vanille, graines grattées

Commencez par préparer l'entremets. Battez la Maïzena avec 10 cl de lait, jusqu'à obtention d'une préparation lisse. Versez le reste de lait avec le sucre et 20 cl d'eau dans une casserole moyenne et faites chauffer à feu doux, afin que le sucre se dissolve. Lorsque le mélange commence à dégager de la vapeur, incorporez en fouettant la préparation à base de Maïzena. Continuez à battre jusqu'à ce que le mélange soit en ébullition et épaississe et ressemble à une crème anglaise épaisse. Retirez du feu et répartissez dans six bols ou verres à vin. Recouvrez chacun de film alimentaire pour éviter qu'une peau se forme (le film doit toucher la surface) et mettez au réfrigérateur au moins 3 h, jusqu'à ce que l'entremets soit pris.

Préparez le sirop. Dans une petite casserole, faites chauffer à feu doux le sucre avec 6 cl d'eau, la feuille de laurier, la gousse de vanille et ses graines, jusqu'à ce que le sucre soit dissous. Retirez du feu et laissez refroidir.

Pour servir, décorez chaque entremets lacté de noix de coco, de pistaches et de 1 cuil. à soupe environ de sirop.

POUR 4 PERSONNES

Crème aux noix & aux fruits façon crumble

COMPOTE DE FIGUES

500 g de figues mûres, coupées en quatre
2 cuil. à soupe de jus de citron
1 cuil. à soupe de sucre en poudre

COMPOTE DE GOYAVES ET DE PRUNES

4 goyaves, épépinées, en morceaux de 3 cm (300 g)
6 prunes, dénoyautées et coupées en quatre (300 g)
2 cuil. à soupe de sucre en poudre
1 cuil. à soupe de jus de citron

CRUMBLE

40 g de farine complète
40 g de farine ordinaire
50 g de beurre doux dur, en dés de 2 cm
50 g de cassonade
1 pincée de sel
100 g de noix, concassées grossièrement

CRÈME

15 cl de crème fraîche épaisse
100 g de yaourt grec
100 g de mascarpone
1 cuil. à soupe de sucre
½ cuil. à café d'essence de vanille
½ cuil. à café de cardamome en poudre
½ anis étoilé, en poudre

Voici une vieille astuce très appréciée – alterner des couches de crème et de fruits de saison frais ou cuits – qui fonctionne chaque fois, mais il est beaucoup plus astucieux de « relever » la crème et les fruits avec d'autres couches de saveurs qui se marient bien et aiguisent les papilles. Pour cette recette, nous avons choisi des fruits qui poussent à Jérusalem ou autour ainsi que des épices typiques. Vous pouvez opter pour l'une de nos propositions ou préférer des produits locaux et saisonniers pour vous et rehausser leur saveur avec vos épices douces favorites (quatre-épices, cannelle, macis, clou de girofle), des herbes (thym, romarin, marjolaine, basilic), plusieurs zestes d'agrumes et des sirops parfumés. N'oubliez pas d'adapter le temps de cuisson et la quantité de sucre et de jus de citron aux fruits que vous avez choisis.

Nous avons découvert récemment seulement que la prune et la goyave se mariaient admirablement bien. Si vous augmentez la quantité de sucre de la compote à 300 g et que vous faites cuire le fruit plus longtemps, vous obtiendrez une confiture particulièrement parfumée.

Préchauffez le four à 190 °C (th. 6-7). Commencez par la compote de fruits. Mélangez tous les ingrédients dans une casserole moyenne en ajoutant 1 cuil. à soupe d'eau. Faites cuire sur feu doux à moyen pendant 15 à 20 min en remuant de temps en temps, jusqu'à ce que les fruits soient bien tendres. Retirez du feu et laissez refroidir.

Préparez le crumble. Réunissez les deux farines dans un grand saladier avec le beurre, le sucre et le sel. Avec les doigts, formez une pâte friable, puis incorporez les noix. Répartissez la pâte sableuse sur une plaque à pâtisserie tapissée de papier sulfurisé et enfournez-la pour 15 à 20 min, jusqu'à ce qu'elle soit sèche et bien cuite. Sortez la plaque du four et laissez refroidir.

Préparez la crème. Réunissez tous les ingrédients dans un saladier et fouettez, jusqu'à ce que le mélange forme des pics fermes, en prenant soin de ne pas trop battre (la crème étant déjà assez épaisse au départ, 30 s devraient suffire).

Assemblez le dessert. Versez une bonne cuillerée à soupe de crème dans un bol, puis ajoutez la compote et parsemez de crumble. Pour une présentation plus chic, répartissez un tiers du crumble au fond de quatre verres ou bols en verre moyens. Recouvrez avec les deux tiers des fruits, puis les deux tiers de la crème. Terminez par un tiers de crumble, puis le reste de fruits et de crème. Servez immédiatement ou mettez au réfrigérateur pendant quelques heures avant de servir. Parsemez le dessus de chaque bol du reste de crumble juste avant de servir.

POUR 16 BISCUITS

Biscuits aux épices

À la fin du XIXe siècle, les Templiers arrivèrent d'Europe à Jérusalem et établirent une colonie allemande, un petit quartier pittoresque situé au sud-ouest de la vieille ville qui, jusqu'à ce jour, se sent étonnamment européen central. Il s'agit de la partie « civilisée » de la ville, dans laquelle vous pouvez aller prendre un café et une tranche de *Sachertorte* si vous voulez échapper à la dure réalité levantine. Les influences germaniques sont évidentes dans certains lieux chrétiens – le célèbre hospice autrichien, au cœur de la vieille ville, sert ainsi de délicieux *strudels* et de bonnes escalopes –, mais les Juifs tchèques, autrichiens, hongrois et allemands arrivés dans la ville à partir des années trente ont également réussi à laisser leur empreinte, en ouvrant des cafés et des boulangeries qui servent de nombreux classiques austro-hongrois (VOIR AUSSI PAGE 284). Les *duvshanyot*, biscuits glacés ronds, préparés avec du miel et des épices, servis pour Rosh Hashana (le Nouvel An juif), résultent de cet héritage ; ils sont très similaires aux *pfeffernüsse* (petits gâteaux au poivre).

Ces biscuits épicés ressemblent de loin aux duvshanyot, *ou* pfeffernüsse. *Ils se rapprochent en fait plus d'un biscuit épicé italien et sont très populaires au comptoir sucré d'Ottolenghi pour Pâques et Noël. Cette recette a été adaptée à partir de l'excellent* International Cookie Cookbook *de Nancy Baggett.*

---

125 g de raisins de Corinthe
2 cuil. à soupe de cognac
240 g de farine ordinaire
½ cuil. à soupe de bon cacao
½ cuil. à café de levure chimique
¼ de cuil. à café de bicarbonate de soude
½ cuil. à café de cannelle, de quatre-épices, de gingembre et de noix muscade en poudre
¼ de cuil. à café de sel
150 g de bon chocolat noir, râpé grossièrement
125 g de beurre doux, à température ambiante
125 g de sucre en poudre
1 cuil. à café d'essence de vanille
½ cuil. à café de zeste de citron râpé
½ cuil. à café de zeste d'orange râpé
½ œuf fermier moyen
1 cuil. à soupe de zeste d'agrume confit, en dés, pour décorer

GLAÇAGE

3 cuil. à soupe de jus de citron
160 g de sucre glace

Faites tremper les raisins de Corinthe dans le cognac pendant 10 min. Dans un saladier, fouettez la farine, le cacao, la levure chimique, le bicarbonate, les épices, le sel et le chocolat noir.

Battez le beurre, le sucre, la vanille et les zestes de citron et d'orange pendant 1 min, sans trop aérer le mélange. Incorporez doucement l'œuf sans cesser de battre pendant encore 1 min. Versez les ingrédients secs, puis les raisins de Corinthe et le cognac. Mélangez bien. Pétrissez avec les mains jusqu'à obtention d'une pâte homogène. Divisez la préparation en parts de 50 g et formez des boules parfaitement rondes. Disposez-les sur des plaques à pâtisserie tapissées de papier sulfurisé en les espaçant de 2 cm environ et mettez au réfrigérateur au moins 1 h.

Préchauffez le four à 190 °C (th. 6-7). Enfournez les biscuits pour 15 à 20 min, jusqu'à ce que le dessus durcisse mais que le milieu reste mou. Laissez-les refroidir 5 min seulement, puis transférez-les sur une grille métallique. Alors qu'ils sont encore chauds, battez les ingrédients jusqu'à obtention d'un glaçage fin et lisse. Versez-en 1 cuil. à soupe sur chaque biscuit en le laissant s'écouler et enrober le biscuit d'une fine pellicule presque transparente. Décorez le centre de chaque biscuit de 3 morceaux de zeste confit. Laissez durcir et gardez dans un récipient hermétique pendant 1 ou 2 jours.

Gâteaux levés

Les pâtes levées, enrichies d'œufs, de sucre et d'huile, de beurre ou de margarine, sont au cœur de la cuisine ashkénaze. Le vendredi, surtout dans les quartiers de Méa Shéarim et dans d'autres quartiers orthodoxes, vous apercevrez des gens en train de faire la queue dans les boulangeries pour acheter leur *challah* (VOIR ILLUSTRATION PAGE 281) – un merveilleux pain de shabbat sucré et tressé, apprécié de tous – tel qu'on le prépare depuis des générations en Europe de l'Est et Europe centrale. Le *challah* fut adopté par les Juifs d'Allemagne du Sud au Moyen Âge, puis se répandit dans tout le monde ashkénaze où on lui donna des formes variées, chacune ayant sa propre signification religieuse.

LE VENDREDI, VOUS APERCEVREZ DES GENS EN TRAIN DE FAIRE LA QUEUE DANS LES BOULANGERIES POUR ACHETER LEUR *CHALLAH* – UN MERVEILLEUX PAIN DE SHABBAT SUCRÉ ET TRESSÉ, APPRÉCIÉ DE TOUS – TEL QU'ON LE PRÉPARE DEPUIS DES GÉNÉRATIONS EN EUROPE DE L'EST ET EUROPE CENTRALE

Le *krantz* ou *babbka*, gâteau le plus populaire de la partie ouest de Jérusalem, et sans doute de tout le pays, est également composé d'une pâte levée enrichie. Cet archétype du gâteau levé est connu sous le nom d'*ugat shmarim* et, malgré ce nom peu attrayant, il est délicieusement tendre et sucré, sorte de croisement entre le baba au rhum et le pain aux raisins. Les gens en raffolent. On trouve des variétés industrielles, vendues dans des emballages hermétiques en supermarché, et des variétés artisanales, fraîchement préparées dans des boulangeries spécialisées. On peut, entre autres, le garnir d'un fromage doux à pâte molle (comme la ricotta), de graines de pavot, de chocolat ou de noix.

Comme de nombreux autres aliments, ce gâteau typiquement ashkénaze a largement dépassé les frontières du monde dans lequel il est né et a conquis les cœurs et les estomacs de tous les Israéliens. La boulangerie *Kadosh*, installée en 1967 en plein centre de la villle, est l'un des endroits les plus appréciés de Jérusalem. Elle est dirigée par Itzik, séfarade, et Keren Kadosh, d'une famille marocaine. Yotam les a vus en action. C'est incroyable ! Keren et Itzik font cuire des centaines de *krantz* tous les vendredis, celui au fromage étant le plus populaire, et une foule de Jérusalémites de tous les milieux vient les acheter pour le shabbat.

POUR 2 *KRANTZ*

Krantz au chocolat

530 g de farine ordinaire + pour saupoudrer
100 g de sucre en poudre
2 cuil. à café de levure sèche à action rapide
le zeste râpé de 1 petit citron
3 gros œufs fermiers
1/3 de cuil. à café de sel
150 g de beurre doux, à température ambiante, en dés de 2 cm
huile de tournesol, pour graisser

GARNITURE AU CHOCOLAT

50 g de sucre glace
30 g de très bon cacao
130 g de bon chocolat noir, fondu
120 g de beurre doux, fondu
100 g de noix pécan, concassées grossièrement
2 cuil. à soupe de sucre en poudre

SIROP

(suffisamment pour recouvrir les 2 *krantz*)

260 g de sucre en poudre

Il n'est ni facile ni rapide de préparer un krantz (VOIR ILLUSTRATIONS PAGES 283 ET 286-287). *La pâte doit lever toute une nuit, puis vous devez la garnir et lui donner une forme, ce qui est assez compliqué. Mais deux de nos testeuses de recettes, Claudine et Alison, nous ont garanti que le résultat en vaut vraiment la peine ! (Et elles insistent.)*

Bien que cette recette permette d'obtenir deux gâteaux assez gros, il n'y a pas vraiment de risque de gaspillage. C'est précisément le genre de gâteau sur lequel on se jette dès qu'il sort du four. Vous pourrez aussi les conserver pendant 2 jours maximum à température ambiante, enveloppés dans du papier d'aluminium, et pendant 2 ou 3 semaines au congélateur.

La garniture au chocolat peut être remplacée par une autre garniture, tout aussi délicieuse. Pour cela, badigeonnez chaque moitié de pâte de 80 g de beurre doux fondu, parsemé de 120 g de sucre de canne muscovado léger, 1 ½ cuil. à soupe de cannelle en poudre et 50 g de noix concassées grossièrement ; ensuite, roulez les gâteaux comme décrit ici.

Préparez la pâte. Réunissez la farine, le sucre, la levure et le zeste de citron dans le bol d'un mixeur et remuez bien le tout avec le crochet à pâte, à faible vitesse pendant 1 min. Ajoutez les œufs et 12 cl d'eau et continuez à mélanger quelques secondes à la même vitesse, puis passez à la vitesse moyenne et mélangez 3 min, jusqu'à obtention d'une pâte homogène. Versez le sel, puis commencez à intégrer le beurre, quelques dés à la fois, jusqu'à ce qu'il fonde entièrement dans la pâte. Mélangez encore 10 min environ à vitesse moyenne, jusqu'à ce que la pâte soit complètement lisse, souple et brillante. Vous devrez gratter les parois du bol plusieurs fois pendant l'opération et ajouter un peu de farine sur les parois pour que toute la pâte se détache bien.

Placez la pâte dans un grand saladier badigeonné d'huile de tournesol, recouvrez de film alimentaire et mettez-la au réfrigérateur au moins une demi-journée, de préférence une nuit.

Graissez deux moules à cake de 1 kg (23 x 10 cm) avec de l'huile de tournesol et tapissez le fond de papier sulfurisé. Divisez la pâte en deux, en gardant une moitié couverte au réfrigérateur.

Préparez la garniture. Mélangez le sucre glace, le cacao, le chocolat fondu et le beurre. Vous obtiendrez une pâte facile à étaler. Étalez-la sur un plan de travail légèrement fariné en un rectangle de 38 x 28 cm. Recoupez les côtés pour éliminer toute irrégularité et placez la pâte de manière à avoir un petit côté près de vous. Avec un couteau palette, étalez la moitié du mélange de chocolat sur le rectangle, en laissant un espace de 2 cm sur le pourtour. Parsemez de la moitié des noix pécan, puis de la moitié du sucre en poudre.

Badigeonnez le long côté d'un peu d'eau. Avec les deux mains, roulez le rectangle de manière à former un rouleau, en commençant par le côté le plus proche de vous et en terminant par l'autre long côté. Appuyez pour sceller l'extrémité humide sur le rouleau et, avec les deux mains, égalisez le rouleau pour obtenir un épais cigare, reposant sur sa « couture ».

Coupez 2 cm environ à chaque extrémité du gâteau avec un couteau dentelé, puis coupez le rouleau en deux dans la longueur, du haut jusqu'à la « couture » ; vous obtenez deux longues moitiés égales qui font apparaître de belles couches régulières de pâte et de chocolat. Placez-les côté coupé vers le haut et pressez délicatement une extrémité d'une moitié contre une extrémité de l'autre moitié, puis faites passer la moitié droite par-dessus la gauche. Répétez ensuite l'opération en faisant passer la moitié gauche par-dessus la droite, afin de créer une tresse toute simple à deux brins. Pressez délicatement les deux autres extrémités l'une contre l'autre de manière à avoir deux moitiés entremêlées, laissant apparaître la garniture sur le dessus. Transférez délicatement le gâteau tressé dans un moule à cake. Couvrez le moule avec un torchon humide et laissez lever dans un endroit chaud 1 h à 1 h 30. Le gâteau devrait augmenter de 10 à 20 %. Préparez de même le second gâteau.

Préchauffez le four à 190 °C (th. 6-7), en prévoyant suffisamment de temps pour qu'il soit bien chaud avant que les gâteaux aient fini de lever. Retirez les torchons, placez les gâteaux sur une grille à mi-hauteur du four et laissez cuire 30 min environ, jusqu'à ce qu'une pique à brochette introduite au centre ressorte bien propre.

Pendant ce temps, préparez le sirop. Faites chauffer le sucre et 16 cl d'eau à feu moyen ; dès que le sirop bout et que le sucre est dissous, retirez la casserole du feu et laissez refroidir. Badigeonnez les gâteaux de sirop dès leur sortie du four. Veillez à bien utiliser tout le sirop. Démoulez les gâteaux tandis qu'ils sont encore chauds, puis laissez-les refroidir complètement.

POUR 30 BISCUITS ENVIRON

Ma'amul (biscuits aux noix & aux dattes)

Pendant le Ramadan, alors que de nombreux magasins et restaurants sont fermés, des pâtisseries font une apparition saisonnière dans les rues et les boulangeries de Jérusalem Est. L'une d'entre elles est le *mushabak*, composé d'une pâte frite, puis trempée dans un sirop et distribuée en masse pour rompre le jeûne après le coucher du soleil. Ces pâtisseries sont vendues empilées au-dessus d'une lumière qui brille, d'où l'impression qu'elles sont colorées. Le *ma'amul*, peut-être le plus populaire des biscuits arabes, est dégusté pour mettre fin au Ramadan. Les *ma'amul* sont préparés avec de la semoule et/ou de la farine, garnis de noix ou de dattes, et délicatement décorés avec un moule en bois spécial ou des pincettes dentelées. La variété de dattes utilisée est ronde et plate, la noix grande et bombée.

Sami se souvient clairement d'une femme que les enfants appelaient « tatie » et qui parcourait toutes les maisons du quartier vers la fin du Ramadan pour aider les femmes à préparer ces biscuits. Les femmes de toute la famille se réunisssaitent autour de cette « tatie ». Elles devaient préparer beaucoup de *ma'amul* pour les nombreux hôtes qui allaient et venaient, ainsi que pour les pauvres et ceux qui ne pouvaient pas se permettre d'en faire. Toute personne qui venait à la maison tombait sur des piles de biscuits, tout blancs car recouverts de sucre glace.

---

350 g de semoule
40 g de farine ordinaire
40 g de sucre en poudre
1 pincée de sel
180 g de beurre doux, en dés de 3 cm
2 cuil. à soupe d'eau de fleur d'oranger
1 cuil. à soupe d'eau de rose
sucre glace, pour décorer

GARNITURE AUX NOIX

225 g de noix
45 g de dattes medjool, en gros morceaux
45 g de sucre en poudre
1 cuil. à café de cannelle
1 ½ cuil. à café d'eau de rose
1 cuil. à soupe d'eau de fleur d'oranger

Nos ma'amul *ne sont pas délicatement décorés comme les biscuits traditionnels, mais ils sont petits et secs à l'extérieur, moelleux et au goût de noix à l'intérieur, avec un arôme de fleur. Nous mélangeons des noix et des dattes. Vous pouvez remplacer les noix par des pistaches. Ces biscuits se conservent bien (jusqu'à 5 jours dans un récipient hermétique), donc n'hésitez pas à doubler les quantités. Cette recette est adaptée de celle d'Anissa Helou, une amie et grande experte de la cuisine moyen-orientale, et surtout libanaise.*

Mélangez la semoule, la farine, le sucre et le sel dans un grand saladier. Ajoutez le beurre et travaillez la pâte avec les doigts jusqu'à obtenir une pâte friable. Versez les eaux de fleur d'oranger et de rose et ½ cuil. à soupe d'eau et formez une boule. Transférez la pâte sur un plan de travail propre et pétrissez pendant 5 min environ, jusqu'à obtention d'une pâte bien lisse. Couvrez avec un torchon humide et laissez reposer 30 min.

Préparez la garniture. Réunissez les noix, les dattes, le sucre et la cannelle dans un robot ménager et hachez jusqu'à ce que les noix soient réduites en une poudre assez fine mais pas complètement moulues. Ajoutez les eaux de rose et de fleur d'oranger et mixez brièvement ; vous devez obtenir une pâte homogène.

Préchauffez le four à 210 °C (th. 7). Gardez les mains humides pendant que vous travaillez la pâte ; vous pourrez ainsi plus facilement donner une forme aux biscuits et éviterez de casser la pâte. Prélevez des morceaux de pâte de la taille de noix (25 g environ) et formez des boules. Aplatissez chacune dans le creux de votre main en la faisant tourner et en appuyant avec le pouce. Relevez les bords pour former une sorte de petit pot. Les côtés doivent mesurer 3 mm d'épaisseur et 2,5 cm de haut. Garnissez la pâte de 1 cuil. à soupe bombée de garniture (20 g environ). Pincez la pâte au-dessus de la garniture, de manière à bien fermer le pot, puis formez de nouveau une boule. Aplatissez-la – les côtés doivent mesurer 3 cm de haut –, puis placez-la sur une plaque tapissée de papier sulfurisé. Répétez l'opération jusqu'à épuisement de la pâte et de la garniture. Avec le dos d'une fourchette, appuyez délicatement sur le dessus de chaque biscuit pour former des lignes.

Enfournez pour 12 à 14 min. Les biscuits doivent être cuits mais non colorés. Laissez-les refroidir sur une grille, puis parsemez-les généreusement de sucre glace.

POUR 10 À 12 PERSONNES

Helbeh (gâteau au fenugrec)

Ce gâteau était l'un des préférés de Sami quand il était enfant. Il est essentiellement composé de semoule et trempé dans le sirop, comme beaucoup d'autres gâteaux levantins (VOIR CAKE À LA SEMOULE, NOIX DE COCO ET CONFITURE D'ORANGES, PAGE 264), mais le fenugrec lui donne une saveur très peu commune. Nous n'en avons mangé nulle part ailleurs.

La grand-mère de Sami affirmait que les mères qui allaitaient devaient manger du *helbeh*, le fenugrec favorisant la lactation. Malgré leurs fermes protestations, du thé amer au fenugrec était toujours donné aux enfants pour soigner des maladies bénignes. On pensait que le fenugrec avait un important effet thérapeutique, mais il fallait malheureusement supporter sa saveur amère.

---

500 g de semoule fine
75 g de farine ordinaire
70 g de pignons de pin, en grosses miettes
8 cl d'huile d'olive
8 cl d'huile de tournesol
40 g de beurre doux, fondu + pour le moule
1 ½ cuil. à café de graines de fenugrec
1 ½ cuil. à café de levure sèche à action rapide
½ cuil. à café de levure chimique
½ cuil. à café de sel
25 g d'amandes entières, blanchies et épluchées

SIROP

300 g de sucre en poudre
2 cuil. à soupe de jus de citron
1 ½ cuil. à soupe d'eau de rose
1 ½ cuil. à soupe d'eau de fleur d'oranger

Nous préférons vous avertir. Tout le monde n'aime pas le helbeh. *Nous avons fait un petit sondage auprès des chefs de notre restaurant, le NOPI, et il s'est avéré que seuls cinq des sept chefs l'apprécient. Mais ces cinq chefs l'adorent véritablement ! Le fenugrec, ingrédient suprême du curry, est associé à une forte saveur salée dans la plupart des esprits et il est difficile de la modifier. Pourtant, un peu comme la cardamome, il s'utilise aussi très bien avec des aliments sucrés et ajoute un « exotisme » magique qui plaît vraiment à certains. Si vous aimez la cardamome, l'eau de rose et les forts goûts sucrés, vous aimerez sûrement le* helbeh. *Il accompagne à merveille une petite tasse de café noir bien fort. Préparez toujours le* helbeh *1 jour avant de le servir et ne soyez pas tenté de le manger avant ; les saveurs ont vraiment besoin de temps pour se mêler.*

Mélangez la semoule, la farine et les pignons de pin. Ajoutez les huiles et le beurre fondu et mélangez bien. Réservez.

Portez à ébullition les graines de fenugrec et 60 cl d'eau, puis laissez bouillonner à feu doux 25 min environ, jusqu'à ce que les graines soient charnues et tendres. Égouttez-les en réservant l'eau de cuisson, puis ajoutez-les au mélange de semoule. Versez les levures et le sel, puis, petit à petit, 18 cl d'eau chaude au fenugrec en remuant ; si vous n'avez pas assez de liquide, complétez avec de l'eau. Pétrissez la pâte sur un plan de travail jusqu'à ce qu'elle soit bien lisse.

Beurrez un moule à manqué de 24 cm de diamètre et tapissez-le de papier sulfurisé aux trois quarts de la hauteur. Versez le mélange et appuyez dessus avec les mains pour qu'il soit bien plat et lisse. Entaillez la surface du gâteau de lignes parallèles, espacées de 5 cm, puis d'une autre série de lignes perpendiculaires, créant un motif de losanges. Posez 1 amande au centre de chaque losange.

Recouvrez le moule à gâteau d'un torchon propre et réservez dans un endroit chaud 1 h environ. Vers la fin du temps de repos, préchauffez le four à 220 °C (th. 7-8), en veillant à prévoir suffisamment de temps pour que le four soit bien chaud. Posez le moule sur une grille vers le bas du four et laissez cuire 20 min. Baissez la température à 200 °C (th. 6-7) et prolongez la cuisson de 20 min, jusqu'à ce que gâteau soit bien doré et qu'une pique à brochette introduite au centre ressorte propre.

Préparez le sirop. Faites chauffer le sucre et 10 cl d'eau et mélangez bien. Une fois que le mélange bout, ajoutez le jus de citron et laissez bouillonner à feu doux 4 min. Retirez du feu et laissez refroidir un peu avant d'incorporer les eaux de fleur d'oranger et de rose.

Une fois le gâteau cuit, arrosez-le immédiatement de sirop, en veillant à verser la totalité du sirop. Réservez jusqu'à ce que le gâteau soit complètement refroidi avant de bien le recouvrir de papier d'aluminium ou sulfurisé. Servez le lendemain.

POUR 35 BISCUITS ENVIRON

Biscuits au tahini

En matière de nourriture, les Israéliens peuvent se montrer très inconstants. Un jour, tout le monde découvre un tout nouveau mets et le considère comme le meilleur d'entre tous. Et il ne faut généralement pas longtemps pour qu'un autre mets nouveau, tout aussi exceptionnel, fasse son apparition. Ce fut le cas lorsque les biscuits au tahini ou au halva atteignirent le summum de leur popularité il y a quelques années. Impossible de les éviter. On en trouvait dans tous les cafés, toutes les boulangeries et les bocaux de biscuits de tous les cuisiniers amateurs passionnés, rappelant le goût et la texture du halva local, cette pâtisserie arabe dense et friable préparée avec de la pâte de sésame et du miel ou du sucre.

Le tahini ressemble beaucoup au beurre de cacahuètes (VOIR AUSSI PAGE 298) et accompagne des mets sucrés. Le tahini nature, mélangé avec du miel, donne la plus délicieuse des pâtes à tartiner pour le petit déjeuner. Le petit déjeuner palestinien type comporte souvent des morceaux de pain plongés dans le tahini mélangé avec de la mélasse de raisin. Les Juifs irakiens proposent, quant à eux, des dattes trempées dans le tahini pour terminer le repas sur une note sucrée. Toute cette agitation autour des biscuits s'est calmée, mais on continue à se passionner pour le halva. On le sert aujourd'hui sous forme de glace sur le marché de Machne Yehuda (VOIR PAGE 205). On en trouve également dans le *krantz* au chocolat et au halva du café *Kadosh* (VOIR AUSSI PAGE 284).

Ces biscuits sont une sorte d'hybride entre le sablé et le halva, avec la texture fondante caractéristique du premier et la saveur onctueuse au goût de noix du second. Ils nous rappellent véritablement notre enfance.

---

130 g de sucre en poudre
150 g de beurre doux, à température ambiante
110 g de tahini léger
½ cuil. à café d'essence de vanille
2,5 cl de crème fraîche épaisse
270 g de farine ordinaire
1 cuil. à café de cannelle en poudre

Préchauffez le four à 200 °C (th. 6-7). Mixez le sucre et le beurre pendant 1 min à vitesse moyenne sans trop aérer la préparation. Tout en battant, incorporez le tahini, la vanille et la crème, puis versez la farine et travaillez le tout 1 min environ, jusqu'à obtenir une pâte homogène. Transférez-la sur un plan de travail et pétrissez pour obtenir une pâte lisse.

Prélevez 20 g de pâte et faites-les rouler dans votre paume de main pour former une boule. Avec le dos d'une fourchette, appuyez légèrement sur le dessous de la boule pour l'aplatir un peu et la marquer de l'empreinte des dents. Placez-la sur une plaque tapissée de papier sulfurisé et continuez avec le reste de pâte, en espaçant les biscuits de 3 cm. Parsemez-les d'un peu de cannelle, puis enfournez-les pour 15 à 17 min. Faites-les refroidir sur une grille et gardez-les dans un récipient bien fermé, au moins 10 jours.

Souvenirs d'amandes

Les amandes sont originaires du Moyen-Orient et ont été pendant des siècles un produit rare et cher. Dans la culture séfarade, le *mazapán*, ou pâte d'amandes, est la meilleure de toutes les réalisations culinaires. Daniela Lerrer, propriétaire du bar séfarade *Barood*, fait référence à la pâte d'amandes sucrée comme « la plus sainte des saintes ». La pâte d'amandes était, et est encore, uniquement préparée pour des occasions, telles que des naissances et des mariages dans sa famille. Elle se souvient qu'après avoir accouché, sa mère, non seulement lui transmit la poêle qu'elle avait utilisée pendant plusieurs dizaines d'années, mais lui prépara aussi de la pâte d'amandes.

La pâte d'amandes des Juifs bulgares est considérée comme la meilleure. Le célèbre auteur né à Jérusalem, Meir Shalev, explique en détail comment la préparer dans son livre *Esau*, en s'inspirant d'une recette de la tante bulgare de sa femme. Cette même tante se présenta le jour de son mariage, belle et élégante, avec un grand plateau de pâte d'amandes traditionnelle, préparée pour l'occasion. Après avoir repéré la famille de la mariée – une bande de fermiers débraillés mais bons comme le pain –, elle ramena son plateau contre elle et s'approcha de la mariée en lui murmurant : « Ce n'est que pour les Bulgares. »

Il y avait deux amandiers très similaires dans l'aire de jeux communale située juste à l'extérieur de la maison de Yotam. L'école se terminait tôt alors – vers 12 h ou 13 h –, et Yotam et ses amis passaient de longs après-midi à essayer de se distraire, en jouant, par exemple, avec toutes sortes de petites bestioles et de chats errants ou en se moquant des plus petits. Lorsqu'ils ne savaient plus quoi faire, les amandiers leur fournissaient la distraction nécessaire. C'était leur version de la roulette russe. L'un des arbres ne donnant que des amandes amères et l'autre des amandes merveilleusement sucrées, et les amandes séchées ne pouvant être ramassées que par terre, il était parfaitement impossible de savoir ce que l'on avalait avant de l'avoir mis dans la bouche. Tous regardaient de près lorsque l'un des enfants mettait prudemment une amande dans sa bouche, puis éclataient d'un rire méchant à la vue de son visage tordu de dégoût.

TOUS REGARDAIENT DE PRÈS LORSQUE L'UN DES ENFANTS METTAIT PRUDEMMENT UNE AMANDE DANS SA BOUCHE, PUIS ÉCLATAIENT D'UN RIRE MÉCHANT À LA VUE DE SON VISAGE TORDU DE DÉGOÛT

Les amandes vertes, de jeunes amandes, font une brève apparition sur les marchés au printemps. Elles sont vendues sur de la glace saupoudrée de sel et mangées crues ; elles sont extrêmement aigres. Lorsqu'elle préparait des légumes farcis, la mère de Sami recouvrait le fond du plat d'amandes vertes pour rehausser la saveur de son plat.

POUR 8 À 10 PERSONNES

Gâteau au sirop de clémentine & d'amande

200 g de beurre doux
380 g de sucre en poudre
le zeste râpé et le jus de 4 clémentines
le zeste râpé et le jus de 1 citron
280 g de poudre d'amandes
5 œufs fermiers moyens, battus
100 g de farine ordinaire, tamisée
1 pincée de sel
longues bandes de zeste d'orange, pour décorer

GLAÇAGE AU CHOCOLAT (FACULTATIF)

90 g de beurre doux, en dés
150 g de bon chocolat noir, en morceaux
¾ de cuil. à soupe de miel
½ cuil. à soupe de cognac

Ce gâteau parfumé a une texture merveilleusement légère et pourra se garder, couvert, pendant 3 jours au moins. Vous pouvez remplacer les clémentines par des oranges. Procurez-vous un zesteur d'agrumes, bon marché et facile à trouver, idéal pour obtenir de longues bandes de zeste d'orange pour décorer le gâteau.

Préchauffez le four à 180 °C (th. 6). Graissez légèrement un moule à manqué de 24 cm de diamètre et tapissez les bords et le fond de papier sulfurisé.

Réunissez le beurre, 300 g de sucre et les zestes dans le bol d'un mixeur et mélangez bien le tout à vitesse lente. Veillez à ne pas trop travailler ni aérer le mélange. Ajoutez la moitié de la poudre d'amandes et continuez à mixer.

Incorporez les œufs un à un tout en continuant à battre, en grattant le fond et les côtés du bol. Versez le reste de poudre d'amandes, la farine et le sel et continuez à battre jusqu'à obtenir une pâte parfaitement lisse.

Versez la pâte dans le moule et égalisez bien le dessus à l'aide d'un couteau palette. Enfournez pour 50 min à 1 h. Vérifiez que le gâteau est cuit en introduisant une pique à brochette à l'intérieur. Elle doit ressortir légèrement humide.

Une fois le gâteau presque cuit, réunissez le reste de sucre et les jus d'agrumes dans une petite casserole et portez à ébullition (vous devriez obtenir près de 12 cl de liquide – enlevez-en si nécessaire). Une fois à ébullition, retirez le sirop du feu.

Dès que le gâteau sort du four, badigeonnez-le de sirop bouillant, en veillant à bien utiliser tout le sirop. Laissez le gâteau refroidir complètement dans le moule avant de le démouler. Vous pouvez ensuite le servir tel quel, décoré de zestes d'orange, ou le conserver quelques jours dans un récipient hermétique.

Si vous voulez glacer le gâteau, nous vous recommandons de le faire le jour où vous le servez, afin que le glaçage soit frais et brillant. Réunissez le beurre, le chocolat et le miel dans un saladier résistant à la chaleur et mettez-le à chauffer au bain-marie au-dessus d'une casserole d'eau bouillonnante, en veillant à ce qu'il ne touche pas l'eau. Remuez jusqu'à ce que tout soit bien fondu, retirez immédiatement du feu et versez le cognac. Arrosez le gâteau refroidi de glaçage et laissez-le s'écouler naturellement sur les côtés, sans recouvrir complètement le gâteau. Laissez le glaçage prendre, puis décorez le centre du gâteau de zestes d'orange.

CONDIMENTS

POUR 1 BOCAL MOYEN
35 CL ENVIRON

Sauce tahini

150 g de tahini léger
2 cuil. à soupe de jus de citron
1 gousse d'ail moyenne, écrasée
¼ de cuil. à café de sel

Il est très difficile de traduire la fascination locale pour le tahini à un étranger. Lorsque nous avons filmé un documentaire pour la BBC à Jérusalem, nous avons essayé de transmettre le « virus » du tahini à James et Lauren, de notre équipe d'Angleterre. Nous n'y sommes jamais parvenus, même lorsque nous l'avons glissé à leur insu dans leur nourriture. Ils l'ont tous les deux repéré et ont simplement trouvé que cela gâchait tout, qu'il s'agisse d'un kebab juteux ou d'une salade fraîche. Ils comprenaient l'idée que l'on puisse le mélanger au houmous, mais pas celle d'en faire l'ingrédient clé d'une sauce. C'est dommage, car il s'agissait du seul ingrédient qui figurait sur toutes les tables à Jérusalem Est et Ouest, parmi les Juifs comme les Palestiniens, à la maison comme dans les restaurants chics, dans les fast-foods et les restaurants locaux. Pouvant prendre de multiples apparences, il nous était servi à l'état pur, dilué, nature ou assaisonné ; mélangé à de l'ail, du jus de citron et de l'huile d'olive ; associé à des poivrons ou du persil ; servi en vinaigrette sur une salade et en condiment, agrémentant des pâtisseries et même en dessert (VOIR BISCUITS AU TAHINI, PAGE 292).

Pourtant, les sauces au tahini comptent parmi les plus appréciées des hôtes d'Ottolenghi ; elles accompagnent des légumes rôtis et frais, des poissons et des viandes.

Les variétés de tahini sont de différentes qualités et leur goût, leur couleur et leur texture diffèrent également, pour de nombreuses raisons, l'élément de plus important étant la graine de sésame elle-même. Les graines éthiopiennes sont considérées comme les meilleures, bien que certaines variétés soient plus adaptées à la production d'huile et d'autres à la pâte. Ces graines peuvent être grillées ou germées et réduites en poudre dans un moulin ou gardées entières pour une pâte plus solide et foncée, décortiquées pour une teinte plus claire et une saveur plus légère.

Les Jérusalémites étant extrêmement têtus, ils ne sont pas d'accord sur le meilleur tahini entre les marques locales, produites principalement à Jérusalem, Naplouse et Nazareth. Au Royaume-Uni, nous préférons les marques libanaises, palestiniennes ou israéliennes, plutôt que grecques ou chypriotes, que l'on peut parfois acheter sur Internet.

Avant de commencer, remuez la pâte de tahini dans son pot en grattant le fond avec une cuillère, la graisse et les solides tendant à se séparer.

Versez la pâte dans un saladier moyen et ajoutez 12 cl d'eau, le jus de citron, l'ail et le sel. Remuez jusqu'à obtention d'une sauce épaisse, dont la consistance doit rappeler celle du miel clair, en un peu plus liquide. Ajoutez 2 ou 3 gouttes d'eau supplémentaires si besoin. Gardez la sauce dans un bocal au réfrigérateur pendant 1 semaine maximum. Remuez pour assouplir avant utilisation, en ajoutant un peu d'eau si nécessaire.

POUR 8 PERSONNES
EN CONDIMENT

Yaourt au concombre

2 mini-concombres (200 g)
500 g de yaourt grec
1 gousse d'ail, écrasée
1 pincée de poivre de Cayenne
1 cuil. à soupe de menthe séchée
2 cuil. à soupe de menthe fraîche ciselée
2 cuil. à soupe de jus de citron
½ cuil. à café de sel
¼ de cuil. à café de poivre blanc moulu

Cette sauce combine les effets rafraîchissants du yaourt et du concombre pour rendre des plats copieux et de viande plus légers. Nous adorons en mettre partout. La version palestinienne, le khyar b'laban, *accompagne souvent des plats de riz* (VOIR MEJADRA, PAGE 120) *et d'agneau ou de poulet* (VOIR SHAWARMA D'AGNEAU, PAGE 210, ET POULET SOFRITO, PAGE 190). *Pour les juifs ashkénazes, la crème aigre remplace le yaourt dans les mets à base de lait ou de simples concombres assaisonnés d'huile, de sucre, d'oignon nouveau, d'aneth et de vinaigre accompagnent les plats de viande et de poisson.*

Épluchez les concombres et coupez-les en tranches très fines. Mélangez tous les autres ingrédients dans un saladier moyen, ajoutez les tranches de concombres et vérifiez l'assaisonnement. Mettez au réfrigérateur pendant 30 min. Servez froid.

Baharat

1 cuil. à café de grains de poivre noir
1 cuil. à café de graines de coriandre
1 petit bâton de cannelle, en gros morceaux
2 à 3 clous de girofle
½ cuil. à café de quatre-épices en poudre
2 cuil. à café de graines de cumin
5 à 6 gousses de cardamome
½ noix muscade, râpée

Les mélanges d'épices sont extrêmement nombreux dans la région ; tous varient selon la disponibilité des épices, les goûts locaux et les différentes utilisations. Le baharat, *qui signifie « épices » en arabe, sert à parfumer des viandes, des poissons, des ragoûts ainsi que de nombreux plats de légumes secs et de céréales. Préparez votre propre mélange et gardez-le dans un bocal bien fermé pendant 8 semaines maximum.*

Nous vous recommandons de vous procurer un moulin à épices pour cette recette et beaucoup d'autres occasions, c'est l'un des ustensiles de cuisine que nous utilisons le plus et vous pouvez en trouver un bon marché. Si vous vous servez d'un pilon et d'un mortier, vous préférerez peut-être de la cardamome en poudre, les gousses de cardamome étant dures à écraser à la main.

Réunissez toutes les épices dans un moulin à épices ou un mortier et réduisez-les en une fine poudre. Versez le mélange obtenu dans un récipient hermétique dans lequel il se conservera pendant 8 semaines.

Dukkah

70 g de noisettes, non épluchées
2 cuil. à soupe de graines de tournesol
1 cuil. à café de graines de fenouil
1 cuil. à soupe de graines de cumin
1 cuil. à soupe de grains de poivre vert (ou blanc) séchés
3 cuil. à soupe de graines de coriandre
1 ½ cuil. à soupe de graines de sésame
½ cuil. à café de graines de nigelle
½ cuil. à café de sel de mer de Maldon
1 cuil. à café de paprika doux

Ce mélange de graines et de noisettes aromatique est égyptien et peut agrémenter des salades, des légumes rôtis, des purées de légumes, comme le houmous, ou encore du riz blanc ou des lentilles. Il leur ajoute un charme exotique. Vous pouvez préparer le dukkah en avance et le garder dans un récipient hermétique pendant 1 mois environ. Veillez cependant à ne pas brûler les graines, en les retirant du feu dès qu'elles commencent à éclater, et à ne pas trop les écraser avec le pilon, afin qu'elles conservent leur texture.

Préchauffez le four à 160 °C (th. 5-6).

Répartissez les noisettes sur une plaque à pâtisserie et enfournez-les pour 20 min. Ajoutez les graines de tournesol au bout de 10 min, en les séparant des noisettes. Sortez-les du four et laissez-les refroidir pendant que vous faites griller les autres graines.

Faites chauffer un gril en fonte (ou une poêle à fond épais) sur feu moyen pendant 5 min, jusqu'à ce qu'il soit bien chaud. Versez les graines de fenouil et faites-les griller à sec 30 s. Ajoutez les graines de cumin et prolongez la cuisson de 30 s, jusqu'à ce qu'elles commencent à éclater, puis transférez-les dans un bol. Remettez le gril sur le feu, ajoutez les grains de poivre vert et laissez griller 30 s environ, jusqu'à ce qu'ils commencent à sauter. Transférez-les dans un autre bol. Faites griller les graines de coriandre pendant 1 min, jusqu'à ce qu'elles commencent à éclater, et versez-les dans un troisième bol.

Baissez le feu et faites cuire ensemble les graines de sésame et de nigelle, en remuant de temps en temps, jusqu'à ce que le sésame dore légèrement, puis retirez le gril du feu.

Frottez les noisettes entre vos paumes de mains pour enlever une partie de la peau. Concassez-les grossièrement dans un mortier, puis transférez-les dans un saladier moyen. Concassez légèrement les graines de cumin et de fenouil et ajoutez-les aux noisettes. Répétez l'opération avec les graines de coriandre, puis les grains de poivre vert et les graines de tournesol. Ajoutez les graines de sésame et de nigelle, le sel, le paprika et mélangez bien. Conservez le dukkah dans un récipient hermétique pendant 1 mois environ.

POUR 1 PETIT BOCAL
20 CL ENVIRON

Harissa

1 poivron rouge
½ cuil. à café de graines de coriandre
½ cuil. à café de graines de cumin
½ cuil. à café de graines de cumin des prés
1 petit oignon rouge, en gros morceaux (90 g)
3 gousses d'ail, en gros morceaux
3 piments rouges piquants, épépinés, en gros morceaux
½ cuil. à soupe de concentré de tomate
2 cuil. à soupe de jus de citron
1 cuil. à soupe d'huile d'olive
½ cuil. à café de sel

La harissa, assaisonnement de base de la cuisine tunisienne, agrémente de nombreux mets. Utilisez-la comme condiment avec une viande ou un poisson grillé, des légumes rôtis ou encore dans des ragoûts ou des soupes. Nous l'aimons particulièrement avec le couscous ou le riz. Rendez-la plus ou moins piquante en augmentant ou diminuant la quantité de piment. N'oubliez pas toutefois qu'elle doit être relevée !

Mettez le poivron à griller sous le gril du four très chaud 25 min environ en le retournant de temps en temps, jusqu'à ce qu'il soit noir à l'extérieur et tendre. Transférez-le dans un bol, recouvrez-le d'un film alimentaire et laissez-le refroidir. Épluchez et épépinez-le.

Dans une poêle sur feu doux, faites légèrement griller à sec les graines de coriandre, cumin et cumin des prés 2 min. Transférez-les dans un mortier et réduisez-les en poudre. Faites chauffer l'huile d'olive dans une poêle et faites-y revenir l'oignon, l'ail et les piments à feu moyen 10 à 12 min ; ils doivent prendre une couleur cendrée assez foncée et presque caraméliser.

Réduisez tous les ingrédients de la pâte en une préparation lisse, en ajoutant un peu d'huile si besoin. Conservez la harissa dans un bocal stérilisé (VOIR PAGE 303) au réfrigérateur pendant 2 semaines, voire plus.

POUR 1 PETIT BOCAL
15 CL ENVIRON

Zhoug

35 g de coriandre (feuilles et tiges), ciselée grossièrement
10 g de persil plat (feuilles et tiges), ciselé grossièrement
2 piments verts piquants, en gros morceaux
½ cuil. à café de cumin en poudre
¼ de cuil. à café de cardamome en poudre
¼ de cuil. à café de clous de girofle en poudre
1 pincée de sucre en poudre
¼ de cuil. à café de sel
1 gousse d'ail, écrasée
2 cuil. à soupe d'huile d'olive

Les Juifs arrivés du Yémen dans la première moitié du XXe siècle sont à l'origine du zhoug, la pâte de piment nationale d'Israël. C'est un ingrédient « officiel » du célèbre pain pita aux falafels et du shawarma.

Supposé influer positivement sur le système immunitaire et l'estomac, il peut agrémenter tous les plats. Plongez une tranche de pain blanc dans des tomates râpées au zhoug et vous voilà au paradis. Vous pouvez aussi accompagner une viande ou un ragoût, un peu comme une gremolata façon Moyen-Orient. La texture du zhoug est importante. Elle doit être grossière, comme s'il avait été préparé d'une manière traditionnelle – avec des pierres à aiguiser. Il doit aussi être très relevé ; utilisez plusieurs piments si les vôtres ne sont pas très piquants.

Mixez tous les ingrédients avec 2 cuil. à soupe d'eau. Mixez plusieurs fois pour obtenir une pâte grossière et pas trop lisse. Conservez dans un bocal stérilisé bien fermé (VOIR PAGE 303) au frais pendant 3 semaines maximum.

POUR 1 PETIT BOCAL
25 CL ENVIRON

Pilpelchuma

1 gros piment ancho ou pasilla, ou un autre piment séché un peu piquant (12 g)
25 g de poivre de Cayenne en poudre
25 g de paprika doux en poudre
¾ de cuil. à soupe de cumin en poudre
½ cuil. à soupe de graines de cumin des prés, en poudre
20 gousses d'ail, épluchées (75 g)
¾ de cuil. à café de sel
7,5 cl d'huile de tournesol + pour arroser

Voici une pâte forte au piment et à l'ail utilisée par les Juifs de Tripoli comme assaisonnement de base, un peu comme la harissa tunisienne. Elle est concentrée et sa saveur est vraiment forte, employez-la avec modération. Vous pouvez en enduire les légumes-racines avant de les faire rôtir ou la mélanger avec de l'huile et des herbes pour y faire mariner des viandes à griller au barbecue. Elle est aussi délicieuse dans des œufs brouillés.

Faites tremper le piment dans de l'eau chaude 30 min. Égouttez, épépinez et coupez-le en gros morceaux.

Faites griller les épices en poudre dans une poêle sur feu doux à moyen 2 min environ. Mixez-les avec le piment, l'ail et le sel, puis versez l'huile en mixant jusqu'à obtenir une pâte collante.

Transférez le mélange dans un bocal stérilisé (VOIR PAGE 303) et arrosez-le d'un filet d'huile pour éviter qu'il sèche. Placez-le au réfrigérateur, où vous pourrez le conserver 1 mois.

POUR 4 PERSONNES

Labneh

450 g de yaourt au lait de chèvre
450 g de yaourt nature
½ cuil. à café de gros sel de mer

Le labneh *est un yaourt dont la plupart du liquide a été égoutté et qui est ainsi presque aussi épais qu'un fromage à tartiner ; sa saveur est piquante et intense. Vous pouvez préparer du* labneh *avec n'importe quel yaourt, mais nous aimons mélanger yaourt au lait de chèvre et yaourt au lait de vache. Vous pouvez le garder 1 semaine au moins dans un bocal bien fermé au réfrigérateur, prêt à être étalé sur du pain pour un en-cas rapide avec des tranches de concombre. Pour un mezzé, étalez-le sur une petite assiette, arrosez-le d'huile d'olive, puis parsemez-le d'origan fraîchement ciselé ou de zaatar.*

Recouvrez le fond d'un saladier profond d'une étamine à fromage ou de mousseline. Dans un autre saladier, mélangez les deux yaourts avec le sel et versez-les sur le tissu. Ramenez les bords du tissu et nouez fermement le haut avec une ficelle. Suspendez le sachet au-dessus du saladier et mettez-le au réfrigérateur. Laissez le yaourt égoutter de 24 à 36 h, en vidant le saladier une fois ou deux. La plupart du liquide devrait alors s'être écoulé et le yaourt être devenu épais et assez sec, le milieu devant rester crémeux.

POUR 6 CITRONS

Citrons confits

6 citrons non traités
+ le jus de 6 citrons
6 cuil. à soupe de gros sel de mer
2 brins de romarin
1 gros piment rouge
huile d'olive

Nous avons déjà publié cette recette précédemment, dans Ottolenghi: the Cookbook, *mais les citrons confits sont si essentiels dans notre cuisine et tellement meilleurs faits maison que nous vous proposons de nouveau cette recette. Souvenez-vous simplement que le processus de conservation prendra au moins 4 semaines. La même méthode peut être suivie avec des citrons verts.*

Procurez-vous un bocal suffisamment grand pour contenir tous les citrons bien serrés. Pour le stériliser, remplissez-le d'eau bouillante, attendez 1 min, puis videz-le. Laissez-le sécher naturellement, sans le sécher, afin qu'il reste stérilisé.

Lavez les citrons et entaillez-les profondément de haut en bas, jusqu'à 2 cm de la base. Garnissez chaque citron de 1 cuil. à soupe de sel et mettez-le dans le bocal. Serrez bien les citrons. Fermez le bocal et attendez 1 semaine au moins.

Enlevez le couvercle et appuyez aussi fort que possible sur les citrons pour en extraire le maximum de jus. Ajoutez le romarin, le piment et le jus de citron et arrosez le tout d'une fine couche d'huile d'olive. Fermez le bocal et gardez-le dans un endroit frais 4 semaines au moins. Plus vous attendez, meilleurs seront les citrons.

POUR 1 GRAND BOCAL
1,5 L ENVIRON

Pickles de citron rapides

½ piment rouge, en morceaux
3 cuil. à soupe de jus de citron
3 citrons non traités petits à moyens, coupés en deux dans la longueur et tranchés très finement dans la largeur
35 g de sucre en poudre
½ cuil. à soupe de gros sel de mer
1 gousse d'ail, écrasée
1 cuil. à café de paprika doux
¼ de cuil. à café de cumin en poudre
¼ de cuil. à café de curcuma en poudre

Pour ces pickles *de citron, vous n'avez pas besoin d'attendre 4 semaines comme pour les citrons confits (*VOIR CI-DESSUS*), 24 h suffiront. Leur arôme ne sera pas aussi parfumé mais toutefois bien piquant. Tellement piquant que nous préférons vous prévenir : un peu comme la sauce au piment, une fois que vous aurez commencé à accompagner vos mets – viande, poisson, lentilles, couscous – de ces* pickles*, vous aurez vraiment du mal à vous en passer.*

Dans un mortier, écrasez le piment avec 1 cuil. à café de jus de citron ; vous devez obtenir une pâte assez épaisse. Transférez-la dans un grand saladier avec tous les autres ingrédients. Malaxez le tout avec les mains, afin que les citrons s'imprègnent bien des saveurs. Laissez-les dans le saladier couvert pendant toute une nuit. Transférez-les dans un bocal fermé stérilisé (VOIR CI-DESSUS). Vous pourrez ensuite le garder pendant 2 semaines au réfrigérateur.

POUR 1 GRAND BOCAL
1,5 L ENVIRON

Pickles de concombre à l'aneth

Certains aliments se retrouvent sur presque toutes les tables à Jérusalem. Les *pickles* (légumes au vinaigre), et plus particulièrement les concombres, sont une valeur sûre. Leur piquant et leur saveur particulièrement intenses correspondent parfaitement au caractère local. Les *pickles* sont souvent servis en début de repas pour ouvrir l'appétit ou accompagnent des plats copieux et généralement gras afin de compenser leur richesse. Les restaurants palestiniens et juifs servent toujours les *pickles* avec du houmous. Les *pickles* de concombre ashkénazes, qui ont acquis un statut légendaire, sont à goûter absolument, tout comme l'émincé de foie (VOIR PAGE 186). Les Séfarades les servent en apéritif avant le repas et ils accompagnent également le repas lui-même, ajoutant un peu de piquant aux ragoûts et tajines lentement mijotés.

Les Arabes et les Séfarades préparent des *pickles* de navet ou de chou-fleur dans de l'eau de betterave (VOIR *PICKLES* DE NAVET ET BETTERAVE, PAGE 307), les colorant ainsi d'une teinte rose familière qui ajoute de l'éclat à la table lorsqu'ils côtoient des mets aux couleurs ternes, comme les pois chiches, les lentilles ou l'aubergine.

En général, la plupart des cuisines de Jérusalem n'ajoutent pas de sucre à leur saumure et certaines se contentent d'eau salée, sans ajouter de vinaigre, surtout pour les concombres. Il est toutefois difficile de tirer des conclusions générales en matière de *pickles*, l'objectif étant surtout d'employer des ingrédients de saison, qui varient bien évidemment. En outre, chaque cuisine tend à ajouter ses propres petites touches – du zeste de citron, une épice, du piment, des herbes –, uniques et caractéristiques.

Leur préparation est facile et requiert 3 à 6 jours. Veillez à utiliser des petits concombres, disponibles chez les épiciers moyen-orientaux.

---

4 ½ cuil. à soupe de gros sel de mer
1 cuil. à café de graines de moutarde noire
1 cuil. à café de graines de coriandre
10 baies de quatre-épices
1 cuil. à café de graines de fenouil
10 grains de poivre noir
5 clous de girofle
1 cuil. à café de graines de céleri
1 petit piment séché
1 gros bouquet d'aneth (50 g)
7 gousses d'ail, non épluchées, légèrement écrasées
6 feuilles de laurier
10 à 13 mini-concombres ou concombres libanais (900 g environ)

Portez 1 l d'eau et le sel à ébullition, puis retirez du feu. Réunissez toutes les épices, le piment, la moitié de l'aneth, l'ail et les feuilles de laurier au fond d'un bocal stérilisé de 1,5 l (VOIR PAGE 303). Placez les concombres verticalement, en appuyant pour bien les serrer ; essayez d'en mettre le plus possible. Remplissez le bocal de saumure chaude, en veillant à bien recouvrir les concombres. Parsemez du reste d'aneth et couvrez le bocal sans serrer – ce qui permettra aux gaz de s'échapper. Gardez-le dans un endroit frais et sombre 3 jours.

Au bout de ce temps, goûtez l'un des *pickles*. Il devrait avoir un léger goût de vinaigre. Laissez fermenter 3 jours encore si vous préférez des *pickles* plus relevés. Une fois que la saveur vous convient, fermez le bocal et conservez-le au frais 2 semaines maximum.

POUR 1 GRAND BOCAL
1,5 L ENVIRON

Pickles de légumes au curry

¼ de petit chou blanc, en dés de 3 x 3 cm (220 g)
3 carottes moyennes, épluchées et coupées diagonalement en tranches de 1 cm (330 g)
2 mini-concombres, coupés diagonalement en tranches de 1 cm (190 g)
2 branches de céleri, en morceaux de 3 cm
¼ de petit chou-fleur, en petits bouquets (120 g)
1 cuil. à soupe de curry
1 cuil. à café de quatre-épices en poudre
6 gousses d'ail, tranchées
2 piments rouges
10 cl de vinaigre de cidre
fin sel de mer

Choisissez les légumes que vous souhaitez utiliser selon vos goûts et ce qui est disponible. Vous pouvez ajouter du rutabaga, des radis, des navets, du chou-rave et même des prunes dures et pas mûres.

Mélangez les légumes dans un saladier et mettez-en la moitié environ au fond d'un bocal stérilisé de 1,5 l (VOIR PAGE 303). Ajoutez le curry, le quatre-épices, l'ail et les piments. Couvrez avec le reste des légumes.

Préparez la saumure en mélangeant 1 ½ cuil. à café de sel pour 20 cl d'eau chaude (vous aurez besoin de 80 cl environ de saumure). Une fois le sel dissous, remplissez le bocal de *pickles* jusqu'à 2 cm du bord. Ajoutez le vinaigre (les légumes doivent être complètement recouverts) et fermez le bocal.

Placez le bocal dans un endroit bien éclairé et si possible ensoleillé. Les *pickles* devraient être prêts sous 5 jours – ils doivent être croquants et gorgés de saveurs piquantes et salées. Gardez-les au réfrigérateur 2 semaines maximum.

POUR 1 GRAND BOCAL
1,5 À 2 L

Pickles de navet et betterave

10 petits ou 5 grands navets frais (1 kg)
3 petites betteraves (240 g)
1 piment vert ou rouge, en tranches de 1 cm
3 branches de céleri tendres, en tranches de 2 cm
30 cl de vinaigre blanc distillé
fin sel de mer

Si leur préparation est très facile, elle requiert toutefois 2 jours. Leur saveur est piquante sans être trop complexe, parfaite pour accompagner des viandes onctueuses (VOIR SHAWARMA D'AGNEAU, PAGE 210)*, un tajine ou une assiette de houmous* (VOIR PAGE 114)*. Leur couleur rouge vif égaye la table du dîner.*

Épluchez les navets et les betteraves, coupez-les en deux s'ils sont gros, puis en tranches de 0,5 cm d'épaisseur. Placez-les dans un grand saladier et parsemez-les de 1 cuil. à café de sel. Remuez bien et réservez pour laisser mariner toute une nuit à température ambiante.

Le lendemain, transférez les légumes et leur jus dans un grand bocal stérilisé de 1,5 à 2 l (VOIR PAGE 303). Ajoutez le piment et le céleri, puis 3 cuil. à soupe de sel, le vinaigre et 75 cl d'eau chaude. Ajoutez si besoin plus d'eau et de vinaigre pour remplir le bocal, en respectant une proportion de 2 volumes d'eau pour 1 volume de vinaigre. Fermez le bocal, secouez-le doucement pour dissoudre le sel et placez-le dans un endroit bien éclairé. Au bout de 3 ou 4 jours, les *pickles* devraient être prêts. Gardez-les dans un endroit frais 1 mois maximum.

Index

D

E

R

S

T

V

Y

Z

HERITAGE
HERITAGE
MESHRABIAT
مشربيات
الجذور
AL - JOTHOUR

Remerciements

Noam Bar, notre ami et partenaire, est à l'origine de l'idée de ce livre et a contribué à chaque étape de sa réalisation. Si cela n'avait pas été pour Noam, il n'y aurait pas eu de livre de cuisine *Jérusalem* et il n'aurait pas eu un tel impact.

Nomi Abeliovich a passé dix-huit mois à travailler sur le terrain pour nous – à réaliser des interviews, rassembler des recettes, réunir méticuleusement des informations comme une source constante de savoir et d'inspiration. Nous lui serons éternellement reconnaissants pour sa contribution inestimable.

Nous tenons à remercier Cornelia Staeubli, qui n'a peut-être pas participé activement à ce livre, mais qui est impliquée dans tous les aspects de nos vies professionnelles, dirigeant Ottolenghi presque toute seule et nous apportant son aide, ses conseils et la tranquillité d'esprit nécessaires pour s'engager dans un si gros projet.

Il s'agit du troisième livre issu d'un travail avec notre éditrice, Sarah Lavelle, et notre agent, Felicity Rubinstein. Il est toujours agréablement simple de travailler avec elles. Nous sommes reconnaissants à Imogen Fortes pour avoir travaillé dur afin que tout soit clair pour nous. Nous aimerions également remercier Fiona MacIntyre, Carey Smith, Ed Griffiths et Sarah Bennie d'Ebury pour leurs efforts soutenus.

Nous sommes sincèrement reconnaissants à Caz Hildebrand, Jonathan Lovekin et Adam Hinton pour leur contribution particulière à la beauté de ce livre. Tous les trois sont, à leur façon, des collaborateurs extraordinaires. L'esprit créatif de notre ami Alex Meitlis représente une source d'inspiration permanente.

Sarah Stephens et Tara Wigley nous assistent depuis des mois pour tester les recettes. Nous les remercions vivement pour leurs commentaires avisés. Sarah mérite un grand merci supplémentaire pour avoir préparé tous les plats destinés à être photographiés ; la tâche était immense. Nous aimerions remercier Claudine Boulstridge – ainsi qu'Alison Quinn et Toni Birbara – pour avoir vérifié et revérifié toutes les recettes, toujours méticuleux et sincères.

L'associé de Yotam, Karl Allen, et celui de Sami, Jeremy Kelly, ont aussi collaboré implicitement à ce projet, supportant nos essais souvent ratés avec amour et patience. Nous leur devons beaucoup.

Merci à Lindy Wiffen et Gerry Ure du fabuleux Ceramica Blue pour le temps passé et les efforts fournis afin de choisir des plats attrayants pour nos illustrations. Et merci à Sanjana Lovekin pour avoir réuni toutes ces pièces.

Merci à toutes les personnes proches impliquées dans notre travail depuis des années ou simplement présentes depuis toujours dans nos vies : Michael et Ruth Ottolenghi, Tirza, Danny et la famille Florentin, Hassan et Na'ama Tamimi, Adrian Von Ferscht, Gianluca Piermaria et sa famille, Carmel Gedaliahu-Noy, Tali Levin, Eric Rodari, George et Maureen Kelly, Pete et Greta Allen, Tamara Meitlis, Shachar Argov, Garry Chang, Helen Goh, David Kausman, Ramael Scully, Basia Murphy, Lingchee Ang, Colleen Murphy, Angelita Pereira, Francis Pereira, Sarit Packer, Itamar Srulovich, Peter Lowe, Maria Oskarsson, Chris Mok, Savarna Paterson, Charissa Fraser, Heidi Knudsen, Oshrat Yakutiel, Gal Zohar, Gemma Bell, Osnat et Assi Cirlin, Keren Margalit, Yoram Ever-Hadani, Itzik Lederfeind, Ilana Lederfeind et Amos, Ariela et David Oppenheim.

Les chefs d'Ottolenghi et de NOPI méritent des remerciements particuliers. Nombre d'idées sont nées de nos échanges avec ces personnes travailleuses et créatives.

Pour leur coopération, nous sommes reconnaissants à James Nutt, Lauren Rowles, Katie Buchanan, Zam Baring, Andrew Palmer, Arlette Lugassy, Rachela, Ezra, Elran et Limor Shrefler, Daniella Lerrer, Sherry Ansky, Ezra Kedem, Yossi El'ad, Michal Barenes, Yakub Barhum, Rama Ben Tzvi, Tomer Niv, Keren et Itzik Kadosh, Shai Zeltzer, Ze'ev Dunya, Itzik Gil, Ruba et Rami Khalil, Halil Mussa, Samir Zalatimo, Hanni Zalatimo, Yasser Muhammad Taha (Abu Shukri), Fadi Yasser Taha, Razi Shahin, Muhammad Shahin, Nabil Ibrahim Hijazi, Muhammad Ikermawi, Eli et Aliza Tarazi, Ge'ula Hassidoff Shmu'eli, Meir Shalev, Rafram Haddad, Nawal Abu Gosh, Anat Teitelbaum, Eitan Alon, Micha Shagrir, Itzik Har'el ainsi que le personnel et les étudiants de l'école de cuisine Notre-Dame de Jérusalem.

Nous nous sentons particulièrement redevables envers toutes les personnes qui ont acheté nos livres et préparé nos recettes ces cinq dernières années et touchés par le flot ininterrompu de réactions et commentaires encourageants.

YOTAM OTTOLENGHI & SAMI TAMIMI

Édition originale publiée en 2012 par Ebury Press, une marque de Ebury Publishing. Une branche du groupe Random House

Textes supplémentaires : **Noam Bar**
Textes supplémentaires, photographies et recherches : **Nomi Abeliovich**
Photographies des recettes © **Jonathan Lovekin 2012**
Photographies des lieux © **Adam Hinton 2012**, à l'exception des pages 4, 15, 61, 115, 175, 193, 209, 230 et 281 © **Nomi Abeliovich 2012**

Carte de la page 18 reproduite avec l'aimable autorisation de la Bibliothèque Nationale d'Israël (Jérusalem) ; Collection de Cartographie Eran Laor
Yotam Ottolenghi et Sami Tamimi font valoir leur droit à être identifiés comme les auteurs de ce travail, en conformité avec la Loi 1988 du Code américain du droit d'auteur.

Édition française :
© 2013 Hachette Livre (Hachette Pratique), Paris.
Traductions : Christine Mignot
Relecture : Christine Cameau
Mise en page : les PAOistes

Imprimé en Italie par Castelli Bolis Poligrafic en septembre 2015
Dépôt légal : juin 2014
23-20-1575-04-2
ISBN : 978-2-01-231575-4

FUNMIX
SUGAR CRACKERS
BOUNTY
XL
KitKat